迎向數位、佈局全球的文化政策與文創產業

從文化到文創

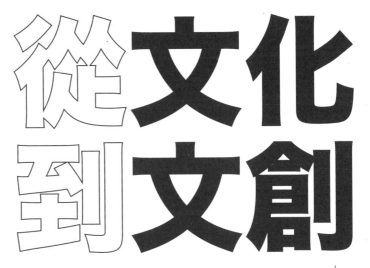

U0006780

洪孟啟

著

自序

以文化理論為根，以草根文化人為師

　　政大東亞所前後十年的學習生涯，所給予的理論基礎和辯證訓練，對於日後在工作、研究或教學上都有著深遠的影響。其中最受益於鄭學稼老師、林一新老師、郭華倫老師、李定一老師和崔垂言老師與沈清松老師。

　　鄭老教我們馬列主義研究和聯共黨史，他將兩門課融為一體。橫向的是分立馬克思主義、奧地利學派和列寧主義，引導學生出入於屬於大陸哲學的德意志思想天地、黑格爾的意識辯證與俄羅斯傳統哲學和文學世界；縱向的是從時間軸帶著我們悠遊於第一國際、第二國際、第三國際以及列寧革命戰略的理論源頭。

　　林老教資本論，先自李嘉圖的地租論入手，之後導入商品關係，從價格至價值，從具體到抽象，再到勞動關係和社會關係，完全顛覆了我們原本理解的資本主義經濟學，一切重頭開始。林老和鄭老的三門課互為呼應，一旦弄清楚了，乃豁然開朗，得以舉一反三，紮實的訓練著受教者觀察天下、理解事物的方法。對二位老師的敬仰與感念之情最是終生不忘。

　　郭華倫老師的中共史論，他總是規定我們先讀所交代的章

節，上課之後要學生提問，唯恐提問不入流，於是就必須去找別的資料，其中鄭學稼老師的中共興亡史和王健民老師的石叟室滙篇即成為我們直接可取的「線索」。大家總想自郭老口中挖出八卦或密辛，絞盡腦汁，旁敲側擊，但是皆毫無所獲，而珍貴的是他常會點撥一下該看的資料，除了中共幾位元老的傳記之外，就是某個階段的論著，例如歷史決議文、毛澤東的農民調查報告、實踐論、矛盾論、論持久戰，劉少奇的黨的建設以及陳伯達的文稿等等，日後逐漸理解郭老當時的提點真是畫龍點睛，對於日後關於形勢的分析極有助益。

李定一老師的課是中國近代史論，初看課名直覺沒啥好談的，中近我們讀的都快成精了。待李老一開講則如醍醐灌頂，他直攻古今中外，並常引用戰國策作側攻，頓時讓學生打開了視野，把國共關係拉進整個中國的大歷史，包括政治、社會與文化，並且也接合上西方殖民帝國與中國近代政治糾葛，其玄妙處一一浮現，尤其當與郭老的點撥處相呼應的時候。

崔垂言老師、沈清松老師分論中西哲學，崔老藉周易談中國文化；沈老從詮釋學入手，導入青年馬克思的異化論，二老之學互為犄角，也承接鄭老、林老二位大師諸論。

我非常感恩東亞所的受教時光，尤其能在諸位恩師門下更是人生最大福報。當年打下的理論基礎特別受惠於文化的反思和辯證，民國 83 年奉宋省長之命籌設台灣省文化處，當年所學皆能有所用。

為籌設文化處我繞了台灣至少 3 圈以上，待文化處成立更走遍 300 左右鄉鎮，殊深感念宋省長給我擁抱這塊養我、育我鄉土的機遇，此期間也結交許多無怨無悔，投身第一線的文化工作者，文化的反思不再是於雲端和象牙塔之內，而是實實在在的滲入草根、浸透血脈。在小結構上眾多草根的文化人化為我的老師，大結構上的城鄉差距成為我思索如何妥善運用文化資源的教材。

　　若將台灣省文化處的預算平均分給每個省民，大約一人只能分到 4.75 元，文化資源的有效運用是關鍵。就文化場域而言，可區分為三種：城市型、鄉鎮型與半城市型。縣市文化中心（日後的文化局）資源多分配至城市型；鄉鎮型多依賴鄉鎮公所，其中文化主力是草根文化人，包括文史工作者、社造工作者和少許文化志工；半城市型多倚附於宮廟，以宗教信仰圈為資源工具。

　　有鑑於此，乃將資源集中運用於鄉鎮型文化場域，重點有三：強化鄉鎮圖書館的功能、輔助社區與文史工作者、支援草根展演藝文團隊。目標在使將近 600 個鄉鎮圖書館成為社區文化中心，並且全力推展志工制度和社區閱讀，復以家庭為單元的讀書會為重心，使此社區文化中心作為一個平台接合縣市文化中心，媒合社區與文史工作者，另外藉支援草根展演團隊作為活化文化資產的載體。這些思考一則是來諸第一線文化工作者所給予的經驗和想法，再則是受惠於當年恩師們和東亞所學

習期間所奠下的基礎。

　　公餘之暇也曾於幾所大學研究所授課，包括文化思潮、社區文化發展、文化行政和文創產業等，根據自己的學習經驗，於教材安排上將近三分之二為理論，目的在培養同學的文化理論基礎及反思能力；此外每個學期都帶領同學遊學社區，讓學生認識第一線文化工作者的理想和作為，使學生能擁抱泥土草根的機會。

　　本書基本上是依我在大學授課大綱所編寫，主要還是從文化自我反思的角度開展，內容包括幾個方向：全球化的發展趨勢和挑戰、面對趨勢的辯證思考、面對挑戰的戰略反思、文創產業的理論基礎、文創產業的特質，以及文創產業旗艦政策的評介。因為是依教學大綱所編著，並且其中摻雜了許多個人的工作經驗和自我的文化反思，是有其侷限性與主觀反饋，個人並非滿意，或許只算是一個心得報告，欠周全處定所在在，敬祈海涵並請教正。

　　本書另刊列附錄一編，特別邀請第一線文創工作者李媛小姐、李佳陽先生、陳光中先生敘述個人投入文創工作的心路歷程和經驗心得，不藏私地分享大家，對於三位的努力與成果，謹特致敬謝之忱。

　　此外，另有三冊書於寫作計畫中：文化消費與文化行銷、社區營造與文化發展、當代文化思潮與文化工作，也是教學數十年的心得報告，希望對自己作一次檢驗。

目錄

自序　　　　　　　　　　　　　　　　　　　　　　　　003

第一篇　宏觀視野　　　　　　　　　　　　　　009

第一章　全球化挑戰與趨勢　　　　　　　　　　010
　全球化挑戰　　　　　　　　　　　　　　　　010
　全球產業發展趨勢　　　　　　　　　　　　　012
　全球經濟區域整合　　　　　　　　　　　　　014
　全球化下的民族主義　　　　　　　　　　　　017
　全球文化趨勢　　　　　　　　　　　　　　　019
　全球人口結構的改變　　　　　　　　　　　　024
第二章　全球資本主義文化邏輯　　　　　　　　027
　現象：生產結構變革　　　　　　　　　　　　027
　本質改變：資本主義文化　　　　　　　　　　029
　辯證結果　　　　　　　　　　　　　　　　　032
　新生事物：全新的人類社群關係　　　　　　　035
第三章　如何面對新趨勢　　　　　　　　　　　040
　戰略思維　　　　　　　　　　　　　　　　　040
　面對新趨勢的戰略回顧　　　　　　　　　　　045
　面對新趨勢的戰略設計　　　　　　　　　　　050
　文化發展戰略設計　　　　　　　　　　　　　053

第二篇　微觀實踐　　　　　　　　　　　　065

第四章　文創產業是什麼　　　　　　　　　　　066
　概念的提出：諸種界定與引申　　　　　　　　066
　文創產業概念的發展　　　　　　　　　　　　068

　　　文創產業產業鏈概念　　　　　　　　　　　093
　　　文創產業的發展形態　　　　　　　　　　　099
第五章　文創產業的特質　　　　　　　　　　　　112
　　　一、領域與空間的鉅大涵蓋面　　　　　　　112
　　　二、生產與消費方式呈現全球性及地方性　　114
　　　三、文創產業發展呈現創新性　　　　　　　118
　　　四、文創產業未來形態的風險　　　　　　　120
　　　五、文創產業以風險極小化為管理策略　　　121
　　　六、文創產業深受科技發展影響　　　　　　122
　　　七、文創產業傳播方式呈現霸權性　　　　　122
第六章　我國文創產業問題、策略與政策　　　　　124
　　　問題　　　　　　　　　　　　　　　　　　124
　　　策略　　　　　　　　　　　　　　　　　　129
　　　文創產業的核心概念　　　　　　　　　　　135
　　　文創產業總體狀況　　　　　　　　　　　　136
　　　文創產業旗艦計畫　　　　　　　　　　　　138
　　　文化扎根　　　　　　　　　　　　　　　　151
結　語　　　　　　　　　　　　　　　　　　　　161
附　錄　　　　　　　　　　　　　　　　　　　　165
　　　李佳陽與李亭香餅店　　　　　　　　　　　166
　　　李媛與享媛藝數珠寶　　　　　　　　　　　173
　　　陳光中：都要讓它變成是對的　　　　　　　182
　　　關於文化概念的梳理　　　　　　　　　　　196

註釋　　　　　　　　　　　　　　　　　　　　　234
附錄註釋　　　　　　　　　　　　　　　　　　　249
參考書目　　　　　　　　　　　　　　　　　　　269
附錄參考書目　　　　　　　　　　　　　　　　　278

第一篇

宏觀視野

第一章
全球化挑戰與趨勢

全球化挑戰

追本溯源，全球化應始於二戰以後，至 60 年代末期開始加速度開展，影響遍及經濟、政治、社會、文化、科技乃至軍事，使世界各國從區域間到國與國間，皆在全球化的籠罩之下，國際間有如鏈索，彼此的相依關係可用蝴蝶效應來描繪，尤其進入 21 世紀生活、金融和科技的牽動更有如水銀瀉地，全球化的挑戰是各國所共同面對的課題，挑戰主要來自五方面：

第一個是氣候的變化。目前全球在極端氣候氣候的變化方面，影響最大的會是爭奪能源，而爭奪能源當中最嚴重的就是對於糧食和食物的爭取，既是民生問題，更是國安問題。關於糧食問題的綢繆之道各國所努力的方向，簡言之有 6 項重點：改良傳統植栽方式、加強災害預警系統、強化風險管理機制、整合減災資源與能力、落實減排措施以及積極參與國際合作。

第二個是人口結構的變化，人口結構變化，影響最大的是人口的老化與少子化，主要關注面，是如何調適人口結構改變

所引發的長程問題，諸如工作方式改變、代間衝突、社會對立等潛勢壓力，以及如何強化高教改革，促進國民學習速度與能力，以提升人才紅利。

第三個是政經局勢的重大變化，後冷戰階段國際政治結構已然由兩極、單邊轉為多元或多邊，因此從地緣戰略考量，各國必須要選擇政治競合、區域經濟結盟策略。在第四次產業革命的帶動之下，未來國家實力，或甚至戰爭的勝負更是取決於經濟和科技能力，此外全球化所形成的國際分工體系，由垂直轉為水平，使供應、生產、需求三鏈的競爭加劇，亦乃強化了區域經濟結盟的趨勢。

第四個是第四次產業革命。前面三次產業革命各有特色，第一次水蒸氣的運用，主要是在過去經驗及知識的累積上再發展；第二次電力的運用，是知識和技能的創新；第三次資訊的運用，則綜合前兩次產業革命的特點，讓知識的實踐與技能的創發同步進行，電腦的操作者既是知識的運用者，也是技能的創發者，是跳躍式的發展；第四次產業革命是藉助資訊革命的二個結果：資訊網路化與資本主義再結構。智能的運用全方位依恃創新、全面融入生活，其中復以智慧能力的開發和速度能量的掌控為二大競爭元素，為此提昇國家人力品質的高教革命自是必然，學習能力強，學習速度快的社會，他的國家競爭力也相對的強。

第五個是貧富差距與脫貧的問題。貧富差距現象是資本主

義再結構的「異形」，資本主義再結構的發展，不是資本主義體系的變弱，而是變得更強，尤其又生成國家資本主義，固然貧富差距是再結構的「異形」，當然脫貧問題的解決，「國家資本主義」的政府自是不可卸責。1990 年以來，全球有 12 億人口的脫貧，而當中中國大陸貢獻了 7.38 億的脫貧[1]。

全球產業發展趨勢

面對挑戰，特別是在第四次產業革命的推波助瀾之下，全球產業發展趨勢的走向有二：第一，屬於產業本身，我們以 1980 年代數位革命做為一個分界點。80 年代以前，在資訊革命的基調上，是以電子為主的一個系統重組。基本上它是傳統的生產以及資訊爆發的一個結合。也就是說一方面操作，一方面創造。

到了 80 年代以後，進入到所謂的數位時代，數位時代有兩個特徵，第一個是思維模式的改變，從 E 世代即所謂的電子世代（Electronic Generation），轉變為屬於網路世代（Net Generation）的 N 世代，再轉變為數位世代（Digital Generation）的 D 世代或者 Z 世代以至 Alfa 世代，步入數位時代原有傳統的線性或樹狀思維，逐漸為莖根思維（rhizome）[2]；第二個是生產模式的改變，從傳統製造業轉變為以數位和網路為主的資通產業以及創新領域產業。

全球產業發展趨勢的第二個大的方向，產業創新趨勢，在此趨勢引導之下，必須要顧慮到產業創新的有效政策方向。基本上各個國家在推動這個政策的方向有三：

　　其一、在 R & D 上的大幅投資（G20 國家，於此方面投資率皆為 15％到 20％），由國家帶動科技創新研發，不論是政府直接介入，或是政策獎勵。

　　其二、於政策設計上將創意者、投資者、轉化者作鏈結，主要使彼此之間互蒙其利。使各自擁有 1/3 的股權，形成一個創意生產力的聚合，從創新端到轉換端（孵化器），到投資端（製造端）形成清晰的分工鏈，避免彼此重疊以致資源分散。

　　其三、以往的最大的問題是創新者的角色過於繁複，他既是創新者，又是轉化者，或更是製造者。使得他有如校長兼撞鐘，往往令創新者由於專業以外工作的負擔，造成其創新中輟。有鑑於此，如何對創新者作權益（股權、智財權）保障、如何將所有權和管理權分離、如何藉金融及融資體系的改革，形成一個更有彈性與效率的創投環境等等，皆是為政者的嚴肅課題。

　　面對以上發展，前瞻未來，影響全球產業格局有五大趨勢：

　　■**趨勢1**：愈演愈烈的民粹主義，它打散了民主政治的基礎需要的兩項條件。文化底蘊與人民素質，它本質上輕智與反文化傾向，以及降低人民素質的行動雖然多半為權宜之計，但是長遠卻不利產業發展，技術不是產業發展的唯一條件，國民素質以及國民自身的文化素質，更是整體進步與發展的豐厚資產，

特別之於文創產業。

■趨勢 2：新興區域的機會變多，如何能夠善用資本累積和勞動力是充分條件。過去發展中國家或未開發國家、低度開發國家最大的問題，並不是資本累積不足，而是投資不足。

■趨勢 3：面臨轉捩點的勞動力市場，當前在網絡科技影響下，形成新的經濟型態，諸如打零工經濟（gig economy）、分享經濟（sharing economy）或者是平台經濟（platform economy），甚至完全不參與任何型態，四處移動所謂的流氓無產階級（lumpenproletariat）勞動方式[3]。這些經濟型態於創新產業和科技產業方面顯現的**趨勢**是勞動力的自由度、轉場度與職場忠誠度皆在急速轉變中，傳統穩固不變的企業組織和職場組合關係，都必須作更彈性的適應調整。

■趨勢 4：消費方向的改變，零接觸經濟是必然**趨勢**，電子商業和實體經營的互補是當前企業經營的思維方向，更細膩、更精緻的營運技巧不可少。

■趨勢 5：一觸即發的智能技術革命，將掌控未來經濟走勢，影響性會是全面涵蓋，舉凡政治、經濟、文化、教育、社會等，無一例外。

全球經濟區域整合

全球化的發展之下，各個國家的脆弱性日益彰顯，為彌補

此弱項，尋求區域性的合作乃為最佳選項，期望透過區域性的合作，以強化經濟實力與擴增影響力，未來愈來愈趨向區域內合作，區域間競合。近十年間，全球重要的經濟結盟狀況，全球共有 248 個自由貿易協定（Free Trade Agreement／FTA），於亞太地區有亞太自由貿易區（FTAAP），占全球 GDP 57％、跨太平洋經濟戰略伙伴協定（CPTPP），11 個會員國，占全球 GDP 13％，人口 5 億，95％的產品互惠、區域全面經濟夥伴協定（RCEP），占全球 GDP30.7％，人口 22 億、中日韓三國自由貿易協定（CJKFTA），占全球 GDP21％[4]。

　　其中復以 2020 年生效的 RCEP 區域經濟合作體最引人側目，其涵蓋全球三分之一人口，占全球國內生產總值（GDP）和貿易額 30％。協定主要內容涵蓋各類互惠與合作面，包括貨品貿易、服務貿易、投資、經濟與技術合作、智慧財產權、競爭政策、爭端解決等議題，以及給予東協較低度開發國家特殊、差別待遇、成員國減免 95％進口關稅、開放服務業與專業人士進出鬆綁。

　　RCEP 最值得注意的後續發展：

1. 東協進入主動性、參與度高的新經濟態勢，脫離「單一種植制」與「單一城市發展」的殖民地經濟結構，邁向新興工業結構體。

2. 有別於制度同質性高、文化差異小的歐盟與北美自貿區，RCEP 是歷史、政制、文化和經濟體皆有差異的組合，此種經濟合作型態未來所產生的聚合與暈染效應，將有助於東亞

地區的總合經貿競爭力，和區域的制度性穩定。

3. 中國大陸將成為 RCEP 的實際主導力量，尤其於美、印退出之後，會進一步強化中方的全球反貿易保護主義的角色和影響力。

4. 給予東協較低開發國家特殊差別的待遇，以及進口貨品免稅、開放服務業與鬆綁專業人士等協定，將大幅度吸引國際投資，以及增強其勞動結構的優勢。以越南為例，其勞動人口年齡平均為 40 歲，此一人口紅利，若經由前述措施轉人口紅利為人才紅利，未來發展不容小覷，此與其他東協國家亦然。

5. 對於台灣的聯動性將更加敏感，2019 年 RCEP 與台灣經貿關係，占台灣貿易總量 57.5％、占台灣對外投資 65％；若與經貿環境相似的 CPTPP 比較，其占台灣貿易總量 24％、占台灣對外投資 14％，顯然的 RCEP 對台灣的聯動性相對的高。

再以 2018 年觀察，我們出口總金額是 3,359 億，其中 60％是到 RCEP，未來當中有 30％的稅總金額 600 億將受約後影響，雖然我們有國際技術協定（ITA）76.3％的減免稅額，但是不能夠忽視 ITA 的零組件，2019 預估約後台灣的 GDP 將減少 1.8％（目前 GDP 年成長率約 2％），所以這個影響不可謂不大。

此外觀察兩岸經濟，大陸經濟每下滑 1％，台灣下滑 0.29％，反之亦然；相對於美台則是，美國每下滑 1％，台灣下滑 0.07％，此亦反證台灣與大陸的經濟關係和經貿聯動性頗為敏感，尤其 RCEP 協定於 2020 啟動之後[5]。

全球化下的民族主義

　　歸屬感是人類的群聚本性，也是所謂「民族主義」的本源，它的發展是有著一段漫長的道路，這個發展的歷程，或許可以粗略的以 19 世紀作為一個轉折點，這個轉折點標誌著「帝國」與「帝國主義」的差異。

　　於帝國階段是一種寬鬆的治理型態，於此治理型態之下對於宗教信仰、種族血源多採取任其所在的態度。至帝國主義階段則逐漸強化「他者」的身分區隔，其中蘊含兩組具有辯證關係的意識：種族優越感的排他性、歷史恥感的報復性，並由此而生的近代民族主義意識形態，此一意識形態當其組合了民粹主義和虛無主義元素，即養出了納粹主義和史達林主義等類的自由主義異形。

　　此外，19 世紀的西方國家由於持續海外拓殖，以及工業化的蓬勃發展需要基於共同語言、共同節奏的人民，於是浮現了「國族」、「國民」、「新」、「青年」等語詞，並且也開啟了安德森（B. Anderson）所指的「想像共同體」（Imagined communities），近代民族主義觀念也應聲而起，其特徵之一是民族主義與自由主義思想的連體，第一次世界大戰更是催化劑。各個不同的種族因戰爭相聚，卻因相聚而發現彼此身分、階級、血統、權利以及生活背景的差異性愈來愈大，各個種族之間不是融合，而是對立。戰爭結束，威爾遜和列寧相繼喊出了「民

族自決」與「反帝反殖」，語詞內容有不同，但內在潛台詞則是：訴諸排他性的自由與平等[6]。

民族主義的當代發展與前個階段比較，相對要溫潤且包容，步隨全球化的發展逐漸傾向經濟民族主義，但是其中也涵潤了懷舊（鄉愁）（nostalgia）和民粹兩組有如雙面刃的因子，這兩組因子發展的分野點是紀傑克（S. Zizek）所指的「歇斯底里」（hysteria）及「顛覆」（subvert），前者不知道自己作什麼，後者反是[7]。

依目下而言，全球化下民族主義的那兩組因子卻是歇斯底里的前者比重多於後者，其中懷有虛無主義成分的當代民粹主義正是如此，當虛無主義的徹底毀滅再造，與傷情、濫情的民粹主義話語連體之後，出現相互矛盾的現象，輕者如於經濟面新興經濟發展國家，一方面肯定全球化，卻另方面否定全球化所必須接受的移民和貿易進口需求；重者於整體社會面出現反智與集體理盲；於政治面出現假民主之手行殘害民主之實。

聯合國秘書長克特雷斯（Antonio Guterres）指出，正有「四騎士」衝著當今全球化的發展而來：地緣戰略的緊張（Geostrategic tension）、全球暖化（The burning planet）、增高的全球互不信任（Rising global mistrust）、數位科技的闇黑面（Dark side of digital technology）。在新冠疫情之後還會有第五個：全球深度的蕭條（Deeper recession of the world）[8]。

全球文化趨勢

全球文化趨勢主要受兩大方向影響，新自由主義政經體系之下的社會調適問題，以及創新科技所引發新生產、新交換模式下的生活方式。

第一個全球化文化趨勢以資訊媒體文化的結構性變化最令人關注，麥克錢尼學派（Schiller-McChesney）的論述可為代表，其主張聚焦於資訊壟斷和確認偏誤（confirmation bias）。認為資訊自由與公開為整體文化趨勢走向，不過於新自由主義政經體制引導之下，大企業或財團紛紛投資資訊謀體，影響媒體訊息處理和提供的公證性，因此媒體的自律乃更為緊要，雖然政府試圖介入，或修法、或制訂新的遊戲規則，但是也往往在各種主客觀因素影響之下而過度干預。

此外，由於數位科技的發展，出現了新的媒體方式，乃至於新的訊息結構，尤其當此數位媒體被收編、被壟斷，形成數位科技的闇黑勢力，凡此不獨挑戰了媒體經營權，挑戰了閱聽人的資訊收受權，更挑戰了政府的權力資源[9]。

從政治治理的角度，權力資源是政治影響力的展現，猶如資本，善於運用此資源則權力資本雄厚，反之則否。權力資源涵蓋面甚廣，於今數位科技的擁有是諸權力資源的關鍵，有效的治理能力與資源調度、掌控息息相關，直、間接影響社會走向，如何取得社會各個介面的權益公平和權力平衡，目前皆處

於摸索和重組階段，當然也是社會衝突的暴風眼。

　　第二個全球化文化趨勢是民粹主義風潮之下所形成的所謂新民族主義，作為一種意識形態，民粹主義的本質是同質化自己的群眾，強調為保護一般大眾的權益，必須反對維繫威權體制的菁英和外來的「他者」，然而於運作之中卻存在最大的盲點，盲點在於把經濟邏輯作為政治邏輯錯用，簡言之，就是把「人」化約為數字，其實這乃是一種「異化」現象卻不知，或故意不知，此一邏輯錯用，於為政者看到的民眾只是統計表或民調報表上的數字，想到的只是如何利用此數字，心中對於有血有肉的民眾無感且冷血。

　　於一些街頭運動者亦復如此，以全球化抗爭行動為例，由於以動員數字作主要考量，因此整個操控隱秘並對外不透明，其結果是整個運動對現有世界秩序無其他選項，現有參予者只扮演「數字者」，無從了解與分享主事者的目的意圖[10]。

　　第三個全球文化趨勢是從反全球化到去全球化，也就是從反美國化到反菁英化。反全球化本質上是對新自由主義的反彈[11]。80 年代的雷根與柴契爾政府是新自由主義的高峰期，其原始背景在企圖解決 30 年代經濟解困的鑲崁式自由主義（embedded liberalism），自 70 年代以來欲振乏力的困境，雷根政府提出三套解方：貨幣緊縮、供給面經濟（supply-side economics）、金融去管制化[12]。自由市場概念是三套解方的基礎，政策目標是提供大企業及富裕者擴大投資的誘因，以期以大生產帶動大消費的經

濟活力，另一方面則是縮減社會福利和政府治理經費，其結果是貧富惡性循環，所謂「馬太效應」（Matthew effect）出現[13]。

上百萬人失業破產，連鎖效應之下，導致 2008 的全球金融危機，許多全球財經能力薄弱的開發中國家，接踵陷入債務泥淖，是謂「第三世界債務危機」（third world debt crisis）[14]。反全球化應聲而起，直指以美國為主的新自由主義是虛假的自由市場、虛假的自由經濟，而是選擇性的藉用強權政經力量介入的剝削，對窮人、對貧國。

2008 全球金融危機是引發「去全球化」（deglobalization）的導火線，其主要觀點最早源於貝洛（Walden Bello），主張去全球化並非自外於世界經濟，而是重新結構政經體系，使各國及在地經濟能力提升，其方向是將全球經濟從跨國合作整合，轉為以在地民眾、社區和國家之所需[15]。

持平而論，全球化對世界的合作發展與和平安定頗有貢獻，其中復以世界銀行、IMF、WTO 等組織值得肯定，但是懷璧其罪，近半個世紀的發展，特別是當步入 21 世紀，以中產階級為主軸的民眾，主要是經濟發達國家，認為自己撿到的是全球化的苦果，全球 25 個經濟發達體自 2005 ～ 14 年有 70％的家庭收入下滑，而 1993 ～ 2005 年僅為 2％；20％頂層收入者的收入，是20％底層收入的 5.2 倍，中產階級普遍貧窮化；另外以美國為指標，16 萬最富裕家庭擁有的財富是 1.45 億底層貧困家庭的總和，最富有 20 人坐擁的財產超過全美半數人口的總和。面對此種兩

極化的貧富差距，芸芸眾生皆指向藉新自由主義推動全球化的菁英群，也成為反全球化、去全球化民粹主義怒潮裡的浪花[16]。

民粹主義與民族主義的連結是當代歐美國家的主流思潮，不反對西方現有的民主體制，有如當年宗教改革的說詞，不是教會不好，而是交給了不對的人，民粹主義者是在民主政治的體制內，反權威、反菁英；在去全球化的議題上，反對傷害平民大眾的自由貿易、資本輸出、外來文化與移民，要求政府採取貿易保護政策、限制對外直接投資、限制移民、阻遏難民以及退出區域經合組織等等一系列全球化政策。

這項雙反行動的積極推動已然是歐美各國的主流，其中復以新保守主義的右翼政治勢力為大，此類主張吸引了左翼去全球化勢力。在策略路線上左右兩派的差異處在，右翼是：大眾—菁英—外來「他者」的三元對立辯證；左翼是大眾—菁英的二元對立辯證，因此本質上不脫「訴諸排他性的自由與平等」文化邏輯[17]。

全球文化的第四個趨勢是人工智能的**數據化**，智能外化是人類文明進化的催化劑，人類依賴工具促進智能外化，並因此增強管理複雜性事、物的能力。人工智能**數據化**是更強化了人類智能外化的潛力，友善的**數據化**所展現的有：人類智能化、**數據類型、數據接口**的標準化；脫離一次方程式習性的線性思維；網路化的通用性（互聯網）和開放性。

姜浩於其「**數據化**：由外而內的智能」，轉用卡爾波普爾

（Karl Popper）的三個精神物質二元論的「三個世界」（物理客體、心靈主體、抽象客體／客觀知識）重組三個數據化世界，三個世界是實體世界、思維世界、虛擬世界。虛擬世界是人為的、外在的運用自己的智慧，有意識、有目的的改變自然世界中已有的物質狀態，形成新狀態，即智能外化於物質世界，在一切人造物之上，它最大的作用，是促使人類跳脫習慣仰賴物理性物質的靜態二元論的智能外化活動，一則令三個世界進入開放的互動世界，一組互動二元論關係；再則解放了人類固有的線性思維模式，開啟一個更開放的空間、時間環境，讓創新潛力破繭而出[18]。

全球文化的第五個趨勢是相對於前組樂觀氣氛的憂時論，可以藉哈拉瑞（Yuval Noah Harari）的「數據主義」（dataism）來理解。渠認為人類文明的進化是從自然神論到人本主義，這個過程是將人類的自我決定權從雲端回歸凡塵，人類成為自己的主人，此有如存在主義所強調的「存在」先於「本質」，然而正當吾人歡欣於科技所賜，而進入數位時代時，卻驀然發現那在燈火闌珊處的是「數據主義」，我們的自我決定權又返回了「雲端」，活生生地開了存在主義一個大玩笑，本質先於存在[19]？

於「數據主義」之下將有機生物化約為演算法，數據取代人成為主體，數據人類化，人被化約為數據身體，數位科技的闇黑面走向人類文明的舞台，吾人所見、所知的事實或真實是被創造的，引發的是認同的困擾、價值系統混沌（value chaos），大數據超越人類認知，使生理年齡超前心智年齡，催生「無用階級」；整體發展趨勢是去「中心」，可是人類本性是一種需要秩序穩定感的動物，自乃拋不去「需」中心習性，過去的中心有如一桌安排妥善的佳餚，如今中心碎片化，有待重組、重配，現在進入到一個重新整合的階段[20]。

全球文化的最後一組趨勢，是數位次文化暈染力量的愈來愈強，所浮現的現象其犖犖大者如：網路鏈結（connectivity）滲透力的無遠屆，從 M2M，H2H 至 AI……，全球人口的 45％約 34 億人納入網路世界，一種新的社群（community）：f-factors（followers、fans、friends）取代傳統的社會組合，同儕關係的影響力擴增，口耳相傳的「羅馬式會話」（Roman's conversation）成為主要人際溝通方式，網友角色益重，同溫層組合下的相互說服成為常態，對異質性意見愈形排斥，理性討論空間緊縮，網路霸凌泛濫，社會民粹化氛圍充斥，為政治操控者提供條件[21]。

全球人口結構的改變

過去 40 年，全球適齡的勞動人口占全球人口數的比例穩步上升，從 1975 年的 61％上升到 2015 年的 71％。從 2015 年以後人口老齡化去勞動力參與率的下降，導致全球勞動人口數量占全球總共人數的比例，面臨增長停滯的局面。在過去勞動力市場全球化由於移民條件寬鬆，各國能夠在國家層面平衡，降

低全球勞動分布不均的狀況，但是在去全球化的政策衝擊，全球化程度趨緩，人以「slowbalization」一詞形容，此現象自乃影響企業利用全球勞動力的機會 [22]。

　　此一衝擊再加上人口老化問題之下，日益嚴峻的勞力的短缺對部分國家造成特別嚴重的打擊，比如在日本，到 2025 年 65 歲的人口可能超過 35％；此外 2020 年到 2030 年全球勞動力的失衡將達高峰期，以中國為例，2020 年至 2030 年勞動人口從 9.89 億降至 9.63 億，勞動參與率從 68.44％降至 65.17％，過剩人力 5,520 萬到 7,520 萬，到 2030 將短缺 2,450 萬，估計全球將損失了 10 兆美元 [23]。另一方面，於人口老齡及國際勞力市場吸納問題之外，有部分國家確實面臨了勞動力過剩的局面，主要是勞動參與率低，如伊朗、南非、印度和沙烏地阿拉伯等國家，其適齡勞動力參與率不到 60％。針對以上種種，各國的著眼點是增加人口紅利之外，更未雨綢繆的加強人才紅利與創新紅利雙組合，因此連動了所謂的高教改革，必須要培養出一批高素質勞力，以及高端技術人才。

　　全球人口結構改變的，直接影響商業發展，在快速老齡化的市場當中，企業競爭爭相搶奪經驗豐富的員工，以及少部分剛就業的年輕人口，整個趨勢是：

1. 提高工資待遇，以吸引和留住最有價值的員工。
2. 在選擇投資地域時，評估政府的政策對增加勞動力市場就業機會的影響。
3. 權衡政府政策、移民模式、勞動人口結構與技術不斷的演變，

企業在招聘員工時就保持了相當大的一個靈活性。

參考 Global Talent 全球勞動力調查，顯示 2021 ～ 22 年日本與台灣人才供給赤字最高的國家，分別為 -1.4 及 -1.5[24]。依據國發會調查，我國適齡勞力（15 ～ 64）於 2015 年達到最高峰 1,737萬，之後逐年下降，2017 年起老年人口超越幼年人口，預估 2029年老年人口將達幼年人口的 2 倍，人口老化對勞力市場嚴重衝擊。

同樣的統計，2020 年勞動力為 1,683 萬，預估於 2070 年台灣總人口約 1,449 萬到 1,776 萬，工作人口 783 萬，65 歲以上人口 658 萬[25]。台灣的勞動化趨勢除老年化，少子化現象造成工作年齡人口減少此一因素外，另有二項不容忽視的現象：

1. 晚入早出：我國平均投入職場年齡為 24 歲，45 歲以上中高年齡勞動參與力相對低於其他國家。

2. 高出低進：鄰近國家大肆挖角我國高階人才，但我國移入卻多為補充性勞力，近年持續增加的新移民約 60 萬人。

國發會統計 2020 年台灣就業總人口 1,167.9 萬，其中製造業 332.9 萬，占比 28.50 ％；資訊電子業 150.8 萬，占比45.30％；另外服務業就業人口占 58.6％，占 GDP65％以上，此中的關鍵問題，高科技產業年產值 2.6 兆，占 GDP 一成以上，於亞洲地區占貿易總額 64％，就業人口占 5.1％，顯現就業結構性問題[26]。僅就文化產業政策而言，如何藉文化創意產業媒合服務業與高科技產業，以擴大高科技產業的附加產值，提升服務業的創新能力，宜為政策規劃的重點。

第二章
全球資本主義文化邏輯

現象：生產結構變革

傳統馬克思經濟邏輯，生產方式決定生產關係，生產關係包括了所有與生產方式相關的生產資料、生產力和社會關係，因此不同的生產關係構成不同的經濟型態與社會型態，在此其中交換關係是生產關係的應變項，屬於「生產力—生產方式—生產關係」三套環節的下游。然而在新的經濟發展型態下，不再是生產掛帥，交換逐漸取得主導權，形勢逆轉，交換關係取代生產關係，顛倒為「交換關係—生產力—生產方式」的三元邏輯。以往在製造中心論的主導下，無論農業生產、工業生產，唯有體力勞動才屬於生產力，因此必然要依託物質工具，在「智能外化」的過程中是相當於靜態的精神物質二元論，腦力勞動屬於次要，或甚至不屬於「生產力」，當「交換關係」（消費）端決定生產力和生產方式，尤其第四次產業革命的發展，智能外化於物質世界，「腦力勞動」（非物質勞動）鹹魚翻身，連帶的創新產業也進入產業主流。

實際吸納（real subsumption）超越取代形式吸納（formal subsumption），馬克思藉「形式吸納」和「實際吸納」說明資本主義的生產關係本質，前者是指資本家以增加勞動力，延長勞動時間的方式以增加自己的利潤，是將位於其領域的勞動納入自己的生產關係，亦即將資本外部吸納至內部；後者是將勞動力更深入的整合於資本之中，使勞動者不斷適應生產器。

換一個理解的方式，我有如你家的傭人是全天候的時間歸你控制，你不必再去找工人，只要不斷的指使我即可，但是實際上，一來傭人未必24小時不脫你眼下，再則人終究不是機器，我會因工作過勞而工作品質與效率下降，於是為增強你的利潤，你想著如何改善，這時候是「形式吸納」階段，實際上我的時間也未必百分百為主人擁有。於是我的主人開始想辦法提升我的工作效率與品質，於是安排我一些固定的工時和休憩，但是主人買了機器讓我生產力加倍，要求我要適應機器工作精進，這就進入「實際吸納」階段[1]。

現在問題來了，先是80年代全球化新自由主義浪潮裡的後福特主義，它的主要特性是更依賴腦力勞動（非物質勞動）生產，其次在電腦網路發達之下，勞工幾乎全天候都在老闆的要求和監控之下。網絡社會使得實際吸納進入個人的生產關係，也全面滲透社會生活。

所謂基礎建築（生產方式）決定上層建築（觀念、制度、文化、生活方式），現在網路科技兼具生產、交換的二重性，

復以屬於上層建築腦力勞動的實際吸納化，於是也全面機械化，吾人乃更不斷適應並融入「機器」（生產工具），如哈特（M.Hardt）所說，勞動的實際吸納過程並不依賴於外界，勞動不是廣泛地，而是更密集地融入資本的整合，社會更徹底的具有資本色彩，這也是所以資訊革命下的資本主義再結構，不是變弱而是變得更強。

網絡社會強化了非物質勞動，但是非物質勞動必要與網路相關連的新知識和新經濟接合，這些新知識和新經濟是屬於創新創意的一環，不參與這個領域，或者不跟上這個範疇的知識，此所謂的非物質勞動僅是簡單勞動操作屬於打零工經濟（gig economy）。此外網絡社會也促成了速度霸權，其特點是掌控了速度優勢，擁有發訊、學習、互動、反擊和運用（大）數據的能力，由電托邦（teletopia）與 e 托邦（e-topia）所建構的權力的中心，是實況空間（realtime space）的全球性、瞬時性、立即性、分身性。在這些過程之中新的中產階級形成，以文化資本，取代了舊中產階級所強調的經濟資本[2]。

本質改變：資本主義文化

前述現象面的生產結構變革，交換關係取代生產關係，實際吸納深度整合勞動於資本，以及非物質勞動與速度霸權所顯現的結構性影響，促使資本主義文化本質的改變，最主要體現

於兩個層面：新自由主義質變與生命政治權力的漫延。

新自由主義意識形態話語權的掌握，是幾乎累積了 30 年的努力，從海耶克（F.V. Hayek）到傅立曼（M. Friedman）的經濟論述，到透過財經工具，藉用全球化環境將美式的個人自由和自由市場觀念擴充為人類共同的普世價值，強調如若國家的介入，無論採何種形式，都將會破壞民主體系，為專制獨裁政體敞開大門 [3]。

然而 2008 年的金融危機掀開了潘朵拉的盒子，馬克思所描繪的 19 世紀剩餘價值現象，卻在 21 世紀出現，「剩餘價值」輕易的從勞動人口手中移挪到資本掌控者手中，同時傳統自由主義所強調的社會公平、多數公義乃至福利國家突然有如昨日黃花，自由主義走下神壇，由連結 19 世紀民族主義的西方民粹主義新意識形態接手。

於此新意識形態之外，以去全球化思維為平台的西方左翼觀點，也展開了對資本主義邏輯的反思，政治面上的後馬克思主義（Postmarxism）以葛蘭西（A.Gramsci）的文化霸權（Cultural Hegemony）為立論基礎，主張更激進的民主主義；經濟面上的則是重讀「資本論」，重新反思資本主義體系以貨幣和雇用勞動所建構的社會關係，以正確理解資本主義財富收入與分配不均問題的關鍵，一種新的政治經濟學萌芽 [4]。

於西方資本主義體系之外，自由主義國家藉由經濟強權的自由市場，以「向下競爭」（race-to-the-bottom）策略，跨國企

業運用金融操作與財政槓桿，以國內保護主義，海外自由市場的雙標原則，對世界貧窮國家進行「實際吸納」兼擴張，新自由主義邏輯等同新帝國主義邏輯，從傳統的「世界帝國」，轉為「世界經濟」，國家資本主義新結盟形勢，逐漸取代原有由美國主導，又為美國拋棄的全球體系，世界秩序從兩極對力，經過單一霸權，走向多元爭勝，現實的一面是春秋戰國時代來臨，有如俄國經濟學家孔德拉吉葉夫的「孔氏周期」（Kondratieff cycles）分析 18 世紀以降的世界，分期為 A、B 兩階段，現在似屬於諸強競爭的 B 階段[5]。

　　資本主義文化本質改變的另一個層面，是生命政治權力的漫延。資本主義文化的進階版是治理術的升級，是生命政治權力的部署形成規範的常態化，關於此方面的觀念導引主要來自傅柯（Foucault），以及與傅柯連接的阿甘本（G.Agamben）。

　　傅柯先從生命政治（biopolitique）的歷史譜系展開，同樣是規訓治理（disciplinary governmentality）於不同的時期有不同的生命控制，17 世紀與之前統治者公開行刑，透過對肉體的占有展現權力；18 世紀以來將肉體的人還原為理性的、可治理的人，形成有明確空間（界域）的權力場（field of power）和規訓權力（disciplinary power），精神控制取代肉體占有，也從領土治理轉為人口治理，人口統計不僅只是一個數字，生命權力（bio-power）作為治理的基礎，統治者必須安排被治者的生命福祉，以取得治理的合法性與生命政治權威，規範常態化也釀成權力

的毛細孔化,而不僅是權力的無所不在。

　　一則因著「毛細孔化」生命政治的宏觀人口治理滲透到日常生活面;再則因著生命權力形致的規範使人完成自我馴化,以往可以決定生命終結的「至高權力」轉化為生命的現代話語和技術(醫藥、救治、防護),乃標識出此一權力的常態化甚至終結化[6]。

　　阿甘本接續傅柯的生命政治論述,也顛倒了傅柯的「常態」與「終結」,主張現代大眾技術文化所開展的新的混合體,虛擬可以進入客體,人兼具有消費者和被消費的雙重性,個人的存在被縮減為赤裸生命,一種以技術為本的安全機制(security mechanisms)轉「緊急狀態」為「常態」,傅柯的權力去中心化,恰恰又回到權力中心化。最明顯的例子是防疫施作,由於各級政府皆將防疫軍事化,諸如「指揮」、「動員」、「解禁」、「圍堵」、「攻克」等等軍事術語的常態化,於是「常態化的緊急狀態」乃堂而皇之地闖進大眾的日常生活而不自知,資本主義文化邏輯裡的自由、平等、福祉,重新被結構性的鑲崁於「至高權力」安全機制化語權中[7]。

辯證結果

　　上述「現象」與「本質」的辯證結果有以下數端:

1. 資訊資本主義所構成的資本主義再結構,結果是資本主義不

是沒落而是更強大，並且隨數位能力與數位融合功能所取得的監控力取得上風。以個體而言，為不被群體拋棄，也為了自身利益，自願也不自願，半推半就地接受監控，有如浮士德和魔鬼交換靈魂，資本主義體系重組，監控資本主義（surveillance capitalism）形成，在充分掌控監控力之後，它如虎添翼地站在另一個獨孤求敗的高峰[8]。

2. 新的治理形式出現，所謂的後全景式（post-Panoptical）權力關係形成，現代權力展現了它的積極面：權力是變動的（fluctuated）、生產的（productive）、複數的（plural）、可再生的（reproducible）、無處不在的（ubiquitous）。此一積極面帶動權力生產規訓與生產能力（competence of producing），尤其藉由權力的毛細孔化，以社會安全部署途徑，將規訓權力滲透至每個個體，進行生命政治的身體控制[9]。

3. 數位科技能力與網絡社會的發展，促使資本主義結構轉變，由以福特主義，重工業化與大量累積為基礎的「厚重資本主義」（Heavy Capitalism）轉為以「工具主義」（Instrumentalism）或「數據主義」（Dataism）為骨幹的「輕巧資本主義」（Light Capitalism），充滿了變異性、瞬時性以及有如黑盒子，交雜著新奇感與不確定感，同時也構成：知識／權力、速度／權力、資訊／權力的二元組合，絕對速度超越相對速度，控制絕對速度則相對速度不再，速度霸權形成，掌握了速度，即掌握了權力，時民社會（contemporain）出現，速度差異之外，

另以資訊的不平均，出現同時間的空間集中與分散現象，「殖民」轉為時間規劃的「內殖民」，內殖民化代表殖民地不再於國境之外，國境內外於時間規劃，或被排斥在外者均淪為被殖民者，大眾被迫因應調適，其中以高速度（時空）之下，反射性思考取代思考為最嚴重的調適困境。此外全球政經不再為東／西、南／北的雙軸性型式，而是絕對速度與相對速度的二重區分，並且微敘事取代小敘事，此中思維邏輯落為點狀，知識取得零碎化、碎片化是為社會隱憂[10]。

4. 相應於全景式權力關係，液態現代性和遊牧菁英為其特點，空間的占有不是唯一的權力形式，也不是唯一的主權形式。軍事侵略不是戰爭唯一的手段，過去以軍事侵略所發動的戰爭，有其豐厚的投資報酬率，如今則不然，以軍事占領為主的全球安全體系的穩定，其報酬率遠低於經濟、科技投資，也因此軍事手段以外，經濟和科技都是另外一種戰爭。此外由於空間的占有不是唯一的權力形式，於公司治理上時間與速度才是關鍵，遊牧菁英的經理人應時而生[11]。

5. 文化霸權的也是都市文化霸權，其中復以電子商務為主的電子霸權影響文化生活為甚，生活上個人的選擇不再是個人，而是附隨周邊的網絡關係，於是商品的行銷策略也作了大轉彎，主攻網群，藉網路行銷攻城略地，培養網軍取代原本的廣告銷售網，不只商場如此，就連政治戰場亦如此，原本有機社會之下的社會忠誠不再，取而代之的是以部落形式的同

僑忠誠，商場上以品牌忠誠為核心，政壇則以幫派關係作鏈結，幫規取代黨規，幫派利益高於民眾利益。並且電子霸權無遠弗屆的傳輸力和穿透力，構成有如「黑客帝國」（The Martix），全都會取代了大都會[12]。

新生事物：全新的人類社群關係

資本主義文化邏輯辯證結果的新生事物，可以綜合為四種關係：空間轉化、網絡企業、網絡社群、國際合作。

一、空間轉化（spatial transformation）

空間轉化是一種歷史進程，都會的發展過去總有脈絡（urban context）、紋理（urban texture）可循，可預測性、可預期性為其本質，如今卻面臨挑戰，由於區域分工的雜化（hybridization）促使都會空間轉化過程成為一種矛盾糾結的辯證關係，出現鉅型都會區（mega-metropolitan region），新都市型態顯現拉斐伏爾（H. Lefebvre）所指的「第三空間」，雜合了符號、象徵，既是生產的，也是再生產的，於社群關係上呈現多族群、多元化的生活型態，於脈絡紋理上被納入（inclusion）跨界網絡與被地方空間所排除（exclusion）的雙重運動所支配，變數增高，不可預測預期性也相對增高。

典型的模式是一方面在商業壓力之下，都市中心和公共空

間變成主題公園化，對都市住民而言是象徵而非經驗；另一方面都市住民為搶回主導權，推展兩種運動，屬於「納入」跨界網絡的社區保衛和環保運動，企圖再詮釋都市發展過程的脈絡紋理。然而卻也因此產生空間排除，都市化過程呈現不對稱、不均衡方式，納入與未納入者皆成為孤島，彼此互不相屬，也互為疏離，社群關係成為另一種離散（diaspora）[13]。

二、網絡企業

網絡企業已然常態發展，商務農業出現（commercial agriculture），類似 18 世紀以居家為型態的所謂小農經濟和住家混雜特色復現，生活上商品全面滲透，城鄉差距縮小，治理體系方面原有的垂直分工轉為水平分工，居民與地方的互動以至互賴關係高於中央，加以地方在資源運用和操作能力上日趨成熟，使其變為更有彈性、靈活的制度行動者，於整體資源分配方面也日益擁有更多的發言權，特別是在全球在地化（glocalization）趨勢下地方在發展議題上的影響力和主導權日益俱增[14]。

三、網絡社群

網路全球化發展的確對人類的整體進步具有驚人的貢獻，不過人類社會也付出了相當的代價，類如個人隱私權遭受侵犯、個資透明、知識庫壟斷、資訊壟斷以及認知偏誤等等，擁有全

球 130 億人口的 GAFA+BAT 經由應用服務規範、效果鎖定程序形成知識、資訊的垂直壟斷最令隱憂，為此世界各國亦紛紛尋求補救之方[15]。

另於社會發展面，網絡社群所構成的網狀社會（reticulated society）構成新的鏈結（connectivity），人與人之間不見得需要面對面的人際互動，而依賴一種同儕間關係，外在第三者的影響超越原有的有機組織，引發社會解組。

首先出現的是父權家庭（patriarchal family）危機，此來諸網絡社群裡的同儕取向瓜代了以家庭為核心的社會功能，個體之間與文化之間以家庭構連的模式斷裂，其社會關係同時被個體化（individualization）和社群共同體性（communalism）影響，蠶蛹化（cocooning）是個體化的極端現象，空白世代（Florians generation）為普遍現象，二者皆以共同體的網絡社群為認知來源，此網絡社群為看似水平的階層關係，絕大多數底端的參與者、旁觀者或非活躍者，以處於頂端的「鄉民」（netizens）如創作者（creators）、評論者（critics）、按讚者（collectors）的或社會連結器（social connectors）馬首是瞻，組成餵食鏈[16]。

其次網狀社會的結構性所觸動的其它影響，其犖犖大者如[17]：

1. 演算治理（algorithmic governmentality）連鎖帶動的體系遲鈍（system stupidity），功能遲鈍（function stupidity），意志缺失（abulia）以及「新野蠻主義」（new barbarism）。新野蠻主義的厭思去智性格，亦自然接納演算治理，盲信電子機具

的結果，既不深思何以致此，也不深究當權者藉電子科技的政治作弊，自我繳械自己的監督權，於是人眾走向「群盲」（herd）仍沾沾自喜，認為自己為科技社會的一員，再催生了唯自動化為宗、唯自動化是賴的自動化虛無主義（automatic nihilism）並形致集體願景（collective protention）的消逝。

2. 數位匯流（digital convergence）的特點是單一無縫的通用網路平台，其強大的整合力構成思考能力的框架化（gestell），使吾等在記憶功能發展上亦逐漸退化，「真」不再為真，許多虛擬的記憶浮現，對於固有傳統記憶逐漸「失憶」，我們成為不再需要集體想像的「孤獨群眾」，在人際互動上乃日益蟲蛹現象，社會關係萎縮為所謂「荒原時代」（desolate time）和「廢人化」（proletarianization）成為另一組現象[18]。

3. 數位闇黑（digital darkness）是一種網路霸權的泛濫，一些位於網路頂端的鄉民，由於沒有社會道德與責任壓力，有如威爾斯（H.G.Wells）筆下的隱形人葛里芬（Griffin），一個道德上的侏儒、良知下的懦夫和現實世界裡的魯蛇，無法面對光明，只能躲在黑暗角落傷人，唯有的作為是網路霸凌（cyberbullies）和確認偏誤（confirmation bias），造成如M.D.Rich 所指摘的真相衰敗（truth decay）[19]。

四、國際合作

新的國際合作模式：由於國際社會的接觸面和涵蓋面，日

益複雜且廣袤，一些固有的合作組織或則功能有限，或則能力不足，或則組織老化，於是出現新的合作模式，主要在為大的企業結合民間非營利組織或者官方非營利組織，建立持續互惠合作的平台，此亦讓企業的影響力加倍擴張。

除此之外也有一種地下經濟或稱灰色經濟的合作，多數在開發中國家，其功能是彌補國家經濟失能狀況，解決供需失調和勞動人口就業問題，目前其規模約占全球 GDP 的 15％～ 20％。由於多數屬經濟犯罪自然與黑社會相關，而多數與地下經濟關連的大眾，卻也與黑社會產生「愛恨交織」（ambivalence）的共生關係，也是全球資本主義邏輯的新生物吧[20]。

第三章
如何面對新趨勢

戰略思維

　　面對全球化發展的新趨勢，如何融入國際社會為戰略思維的基礎，尤其於台灣而言其緊迫性更高。全球在地化（glocalization）是當前主流，無可避免的，無論個人喜好如何，區域經濟合作、維繫生態共生體系、全球性的政治合作與去意識形態是乃必然方向。於政府的反應方面可以區分為兩組面向，一組是政經面，如何整合進入區域或區塊競合的叢組中，並且取得優勢位置；一組是文化如何於全球化尋求文化特色的傾向中，藉全球化浮出水面。務實與問題導向是一貫要務。

　　戰略思維的務實導向第一原則是不能將自己的安全利益，建立在對方的善意和自己一廂情願的想像之中。為整合進入區域或區塊競合的叢組即必須將地緣政治納入考量，且藉引馬凱碩（Kishore Mahburan）的地緣政治三鐵律：任何大國不會允許周邊敵對勢力的存在、大國在國家利益和國際關係價值觀之間作選擇時，必以國家利益為優先、在地緣政治利益上，小國必

須掌握先機，洞見未來並保持敏感[1]。僅以參與區域經合作而言，台灣應如何自處，當今為政者自不應不務實。

戰略思維問題導向的另一組原則是從「不可能」中找「可能」，此一思維途徑的積極面是發揮創意，消極面是不落入失敗主義的陷阱。台灣有許多「可能」，不妨自產業部局、治理走向、社會發展和文化展現各方面思維。

從產業部局而言，AI 應用常態化的發展趨勢，帶動零接觸經濟時代，諸如宅經濟、創新經濟，以及 D2C、B2C、C2C 和區塊鏈的發展皆給予相當大的揮灑空間，藉宏觀的政策設計，塑造任何「可能」的經濟生態環境並非不可能，過去我們在比當前還要不穩定的時期創造了經濟奇蹟，並且藉四支箭：加工出口區、工研院、資策會、科學園區，為台灣產業佈局打下了定心椿，過去可能，未來為什麼不可能？

就治理走向而言，在現實趨勢上有兩匹野馬，數據主義下的大數據工具化，逼使資訊透明，也成為權力的基礎，新政治倫理和社會道德亟需建立，此其一；新治理型態的發展，後全景式權力關係治理超越了空間時間的限制，於人際關係固然是進入所謂「相互承諾年代的終結」（the end of the era of mutual engagement）[2]，但是因著時空限制的解放，以及資訊屏障的拆除，大眾於治理能力上的要求更務實、更去意識形態，愈關注目的達成的效能（effectiveness）和執行能力的效率（efficiency）。過去我們穩定而制度的文官體系，以及現在所謂「竹節資本主

義」（bamboo capitalism）的經發形態[3]，復以基建與投資互補，開啟了也創發了台灣經濟模式，過去可能，未來為什麼不可能？

　　全球社會發展的趨向有二：液態社會（liquid society）與風險社會（risk society）。

　　液態社會之下的液態生活，個人的身分包括職業都可能時時變動，呈現零散、彈性與瞬時性，社會關係亦復如此，一種新遊牧族群出現。另表現於社會整體上則是全球風險社會，其與農業和初階資本主義社會不同的是，早期社會的中心議題是面對匱乏環境如何為社會不平等和財富分配不均，建立一個合法的解決途徑，風險可以預期預測；如今人類面對的是高風險、全球風險社會，風險複雜多變而且系統性的展現，所形成的制度化風險和技術化風險，涵蓋了經濟危機、生態危機與恐怖主義網絡危機。不容諱言的，危機之中許多屬於人為危機，來諸政治決策、官僚機構和大眾媒體的決策行為，並且基於人性弱點，常會出現「有組織地不負責」（organized irresponsibility），其典型特色是決策者和專家群藉一套法律或專業話語集體「甩鍋」，轉錯誤於危機和大眾。

　　在全球化趨勢之下，上述的液態社會與風險台灣已然面臨，由於文化背景的差異或有不同的解讀與展現，然而我們的優勢是台灣民眾素質不低，社會開放度和自由度皆高，並且台灣多元文化的本質和性格，也培育出吸納異文化的大眾。液態社會和風險社會的理論創發者，鮑曼（Z.Baunan）和貝克（U.Beck）

所提供的解方，不論是從自我反思、網絡治理或協商主義（consociationalism）精神的審議式（deliberative）合作模式，皆可為思維方向。

全球文化發展的主流趨勢是創意產業或如習稱的文化創意產業，我們主要借鏡英國的創意產業概念，但亦有認知偏差處，即誤解 creative 的內涵，誤以為重點在於「創意」。從創意到意象（image）、符號到價值，這些環節大都很抽象，如何將之化為具體事物與產業生態，就要靠「內容」（content）。內容意味著由抽象發想化為具體產業的過程，固有文化即是產業具體內容的基礎，更是創意的根本，文化底蘊愈深厚創意愈豐盛，不以文化底蘊為本的創意是空虛、是鬧劇。

「中華文化本身就是一種文明，中國從來就不是一個民族國家，中國人之所以自認為是中國人，不是因為民族身分的認同，而是因為近二千年文明成果的認同。」這是英國漢學家馬丁雅克（Martin Jacques）的一段話[4]。中華文化是我們珍貴的文化資產，是我們民族認同的本源，也是我們創意的深厚文化底蘊，文化蘊涵於我們的生活之中，台灣的驕傲是我們將中華文化裡活的生活方式與文明保存了下來，成為全球華人的文化中心，讓我們擁有文化的話語權，也是台灣安全的文化保護網。可惜的是，對於此外人企之不可得的珍貴文化瑰寶，現在卻有人處心積慮的要將之拋棄。

站在整體文化戰略和為台灣下一代的立場考量，對於這種

基於少數人權力利益的算計，以及後殖民心態下的意識形態作為，就長遠發展趨勢而言是相當不負責，而且損人不利己，期期以為不可。

1. 我們沒有為下一代作選擇的權力，這既是民主政治的基本價值，也是避免社會風險的原則之一：決策非由少數人先制定好。

2. 中華文化是我們固有的生活內涵，也是台灣文化軟實力的競爭優勢，自動拋棄等於脫隊棄權，也形同遠離全球在地文化趨勢裡的優勢。

3. 當前世界各國都熱於學習中文，了解中華歷史文化，從競爭角度，僅以文化溝通能力和信任度而言，台灣下一代本即立於不敗之地，如今若強行弱化此一有利條件，無論長短期皆是對下一代福祉的出賣。

4. 中國大陸放棄馬列回頭擁抱中華文化，努力爭取文化話語權，如今若放棄過去幾十年台灣各階層的奮鬥成果，將自身的文化發言權、歷史解釋權拱手讓人，豈是明智之舉？

5. 歷經百年的屈辱與歧視，民族復興已然成為全球絕大多數華人的期望，如今若自外於中華民族，或甚甘為列強馬前卒而與全民族為敵，困自身於險阻，陷台灣人民於水火，豈不是損人而不利己？

　　台灣有著相當多元豐盈的文化資產，由於地理位置關係，吸收外來文化也相對的快，並且我等台灣民眾個性率直，具有

開闊的胸襟，對人對物皆有民胞物與情懷，一種自然包容的態度，也由此產生海納百川的文化生態，在作文化思維時吾等應善自珍惜，為台灣的文化戰略發展出「不可能」的「可能」。

面對新趨勢的戰略回顧

關於面對新趨勢的戰略設計，可以先作簡要的回顧檢視之後，再從產業發展和文化發展兩個面向來討論。

回顧過去半個多世紀，台灣經濟發展的成功並非偶然。首先在發展歷程上我們始終沒有脫離全球發展趨勢，二戰結束50年代世界各國面臨的共同問題是資金不足與糧食短缺，台灣當時選擇的是「兩條腿走路」戰略，農業開發和工商發展並行，在農業方面以農村復興委員會（農委會前身）為主導，進行土地改革，一方面發展農會和水利會準官方組織，協助推廣包括農業教育、以村里為核心的社區基礎建設。再方面進行農業技術改良，以台灣省政府作為主要推手，改良品種，擴大產量，並以此穩定物價，安定民心。三方面推動以農村社區為中心的手工藝、手工業，增加農民副業收益，逐漸改變農村單一產業結構。於產業方面以美援會（國發會前身）為主力，推動基礎建設，扶助中小產業發展，並獎勵民間及僑外投資，累積經濟發展條件。

60年代停止接受美援，掌握美國轉全球製造中心為全球消

費中心的結構性轉變，一則爭取美國市場的同時也全力開發全球貿易，建立以外貿為導向的產業政策，相繼成立紡拓會、外貿協會等半官方經拓組織，當時外貿會於台北等主要城市廣設外貿資料中心，提供國際貿易資訊及協助，鼓勵並放寬外貿公司開設條件，形成中小企業提著 007 手提箱走天下，台灣成為全球貿易大國；再則美援會轉型為經濟合作發展委員會（經合會），統籌國家資源使作有效運用；三則逐漸強化內需能力與習慣，成立國貨中心，辦理各類嘉年華式的商展，引進美式先享受後付款的分期付款制，鼓勵消費特別是購買國貨。

70 年代面對全球石油危機引發的世界不景氣，台灣以累積的經濟實力跨出三大步：以交通建設、石化工業、鋼鐵工業等為主的十大基礎建設帶動產業轉型、成立應用技術研究發展小組，推動台灣科技發展與產業轉型、提升以技職教育體系由中端熟練勞工培養，發展為高端技術與經理人才。

其次在產業發展戰略架構上，再由政策面和執行面回顧，政策面的特點：第一為中央統籌調度、分配資源，將有限的經建資源作有效投資，從中央各部會到地方各政府其屬於一定預算規模者，皆需由經建會審核通過之後財政、主計部門方支給。

第二為計畫經濟與市場經濟並行，經濟計畫四年一期，規劃整體經濟規模，並以國家重大基礎建設、文教科技發展為主要項目；市場經濟配合世界經濟發展趨勢作金融調控，協助民間產業發展。

第三為射出促動產業轉型的四支箭，1966 年經合會主委李國鼎力排眾議，創設創新全球的「加工出口區」制度，採用勞力密集，發展輕工業，以製造及代工出口產業發模式帶動四大產業目標：拓展對外貿易、吸引工業投資、引進最新技術、增加就業機會，其園區開展與管理經驗為日後科學園區參照，也為其他國家借鏡，這是第一支箭。

70 年代以來由於觸及成本上揚關卡以及全球產業發展趨勢，政府決定於時俱進，當時行政院長蔣經國對立法院提出「對我國現階段經濟發展方向」報告，強調：「我國現階段經濟發展方向應以引進技術，發展高級及精密工業為主，改變過去以勞力密集為主的經濟型態。」[5] 帶動產業轉型的另三支箭射出：工業技術研究院（工研院）、新竹科學園區（科學園區）、資訊工業策進會（資策會）。工研院為國際級應用研究機構，為延攬海外科技人才和應用科技的研發基地，1973 年以來投入積體電路，新興科技研究累積三萬餘件專利，機構內多數科技專家也同時在清華和交大教學或參與研究，此外也彌補台灣中小企業研發經費和能力之不足，協助或育成，台積電、聯電、晶元光電等高科技產業即是[6]。

科學園區促進台灣產業脫胎換骨，以促進高端知識與技術密切合作，培養科技創新能力，展現現代化工業能力，以帶動整體建設力量為任務。目標在塑造良好科研與投資環境、招攬海內外人才、園區兼具研究性和實驗性、創製高科技產品，進

入市場。分析於高科技發展四元素：技術、資金、人才、管理，人才潛力是最大優勢，我們有龐大大專畢業生，高科技人力成本僅為美國的 1/5 ～ 1/10、研發經費僅需國外的 1/10，以加工出口區為主所培養的大量熟練勞工，此外在近 30 年台灣對外貿易所累積的國際信用和國際客戶的購買習慣，以及政府創新產業賦稅優惠條件，都是進攻海外市場的跳板。再次創發一個新制度，在先求自立，再求發展，並先以半導體為發展重點，引入矽谷模式，在蔣經國（行政院長）鼎力支持，孫運璿（經濟部長）、李國鼎（政務委員）和徐賢修（國科會主委）三位推手高瞻遠矚的產業政策推動之下，為台灣蓄積了深厚更豐盈的經濟資產[7]。

　　資策會設立的動機主要是因應全球資訊革命之後所引發的持續影響力，由李國鼎於政務委員任內全力促成。其目標在全面推廣資訊技術的知識運用，塑造資訊工業發展環境及培植資訊產業競爭力，用以提升國家整體競爭力[8]。面對全球競爭趨勢，全民資訊知識與應用能力是國家軟實力的基礎，於此基礎上國家得能建制自身的資訊系統，以維護社會穩定與安全，也是令整體社會免於「觀念殖民」的關鍵。以此觀點而論，資策會對民間社會的觀念推廣最見功效，70 年代電腦科技剛剛引入台灣，對多數民眾而言不但陌生而且有幾分拒斥感，資策會以台北的科技大樓為中心，以非常生活化的展示和互動建立大眾認知，同時每年舉辦嘉年華似的資訊月，目前此項活動已經成為資訊

業和電腦同好的年度盛會，除知識傳遞交流之外，對於台灣資訊產業的續航力頗具貢獻。

回顧台灣產業發展戰略的成功經驗，可以歸納為 5 點：

1. 屬於治理能力方面：於政策層面有兩組基本要素，決策者的效能（effectiveness），在目的達成上作出正確的決策，也就是下達正確的戰略指令，在這方面信任專業和充分授權為不二法門，如此不但彌補個人來自於性格缺陷與知識不足的侷限，也足以激發戰略執行者的創意力和責任感，所謂士為知己者用即是。於執行者的效率（efficiency），在指令執行上無偏差達成，這方面是與決策者良性互動的結果，也是個人專業能力和責任感的展現，蔣經國時期授權專業的「工程師治國」即人稱的「工程師紅利」，是台灣治理能力的標竿。

   於事務面文官制度的良窳是治理成功與否的關鍵，台灣政府過去的成功在於有一個穩定而公平的文官體系，人事晉用皆需經過文官考試，考試方式與過程嚴謹而公平，私下請託、私相授受絕無可能，國家名器於制度保障下無人濫用，或等而下之有賣官鬻爵之徒。

2. 屬於人力素質方面：於教育層面先是受教權的保障，國民義務教育自 70 年代實施九年一貫，人人受教，於高等教育公平競試；其次涇渭分明的研究與應用高等教育系統，屬於應用系統的技職學校參考德式體系，從高職、五專、三專到技職大學形成進階式專業人力培植制度，再加上加工區和產業園

區皆為台灣產業累積高素質的「人才紅利」。

3. 屬於產業群聚方面：中央政府率先設立產業園區，各級政府為提升其地方產業特色與競爭力，亦紛紛投入，形成產業群聚以及產業互補與機能擴散效應。

4. 屬於基礎建設方面：基礎建設是經濟發展的火車頭，對於產業投資和發展均具有連鎖性的效應，台灣成功經驗的最大特色是針對全球發展走向，以及自身未來經濟發展願景，整合包括人力資源的各類資源，基建與投資互補，不好大喜功、不作炫富類的建設，實事求是。

5. 屬於政府與民間緊密配合：政府在法令規章方面不斷進行行政革新，賡續邀集海內外專家與企業家研擬獻策，例如每年夏季所舉辦的「國建會」（國家建設研究會）即為之一；政府高層與企業界各司其職，所謂士大夫無私交，政府閣員不與業界私自往還，清廉自恃，有為有守，企業界專心、安心經營。

面對新趨勢的戰略設計

一、產業發展戰略設計

70 年代以來台灣推動產業轉型，從勞力密集邁向高科技高端工業，步步紮實，有條不紊地循序漸進，累積 30 年的心血，現在資訊產業展露頭角，全球 100 大資通生產公司台商占有 11 家，產業排名廣達第二，鴻海精密第三，筆電生產廣達世界第

一。我們從晶圓、IC代工到技術領先，IC設計、薄膜電晶體液世界第一，積體電路從電腦及周邊製造發展為光電產製，在3C路線群聚效應形成的高科技產業群，現在續往數位匯流、雲端技術、鉅量資料、物聯網（IoT）、人工智能（AI）、高效能演算（HPC）及矽晶太陽能電池等高端科技推展。於此趨勢和基礎上，未來產業發展戰略設計的重點可自幾方面探討：

1. 將新科技技術（數位、智能）導入各產業，提升產業創新軟實力，並協助青年斜槓組合及創業。

2. 建構整套基礎知識，在既有資訊產業優勢上進行網絡創新。

3. 加強對智慧財產IP權益保護與獎勵，加速制定數位科技專法。

4. 協助中小企業應用5G、AI、物聯網、大數據和區塊鏈，以優化服務業平衡貿易逆差。

5. 調整勞力結構，應對東協新興經貿體系低成本優勢。

6. 扶持傳統製造業（貢獻率2.7％）及服務業（貢獻率2.93％；占GDP70％），未雨綢繆避開「荷蘭病」（Hollandse ziekte）陷阱[9]。

經濟部與國發會曾先後提有產業發展願景，其中尤以國發會所提涵蓋面與前瞻面最值得肯定並具參考價值：

經濟部推動的6大新興產業，包括綠色能源、生物科技、文化創意、觀光旅遊、醫療照護、精緻農業；4大智慧產業，分別為雲端運算、智慧電動車、發明專利產業化、智慧綠建築。產業發展願景為：提升產業軟實力（優化產業結構，推動創新

設計）、擴大投資消費力（促進國外內投資，增進民間消費力）、形塑資源綠實力（順應綠色成長模式，善盡國際責任）、佈局全球拓商機（參與全球經濟整合）、創業發展增就業（調整產業與人力結構，以創造就業機會）、打造環境好樂活（追求農業發展，對國民生活品質的提升）[10]。

國發會的七支箭，主張應該立即啟動經濟發展規劃[11]：

第 1 箭：打造大健康產業。推動數位療法、加速精準醫療發展、助攻防疫科技產業、健康促進服務產業發展、智慧醫療系統輸出、醫療監理沙盒。

第 2 箭：發展零接觸經濟。提升企業具備數位化能力、透過虛實整合提供加值服務、開發學習平台在地化應用。

第 3 箭：勞動市場彈性化。增列「中間類型勞動者」，並提供高風險平台零工工作者基本社會保障、創新鬆綁勞動法制、滿足勞工多元工作方式選擇及企業聘僱彈性的需求、協助勞工轉職及再就業，因應數位人才競爭力殷切需求。

第 4 箭：台灣成為亞太創新中心。引導企業能量，助新創成長及出場、完備新創環境，加速掌握商機、佈局 AIoT 創新服務、厚實 ICT 發展，加速跨領域應用。

第 5 箭：發展資料經濟生態系統。推動開放資料及再利用法制化、建構國家級資訊平台（data Hub）、提升公共建設數位含量，完善數位基礎建設、積極參與國際合作，促進資料跨境

傳輸、培育跨域資料分析人才、建立資料經濟衡量指標。

第 6 箭：強化供應鏈韌性。協助企業調整全球佈局、提供產業鏈彈性並強化關鍵研發、建立異地備援機制、建構國內自主糧食安全供應機制、建置戰備物資產業、形成區域性夥伴供應鏈聯盟。

第 7 箭：建置數位資本市場。加速建立股權募資平台合格天使投資人名單、放寬現行證券商股權群募資平台規定、提供誘因，擴大天使投資人參與股權群募資平台、建置未公開發行公司股權交易平台、放寬證券型代幣發行（STO）機制交易限制、積極增加國內投資人自主性，放寬企業募資規範、協助優質新創上市櫃、關注數位貨幣等金融創新議題。

文化發展戰略設計

於探討文化發展戰略設計，擬先自資本主義文化邏輯內的地域權力邏輯，進行反思以釐清可能出現的政策盲點或泥淖。

21 世紀資本主義權力邏輯涵括了地域權力邏輯和傳統資本主義邏輯。

其中土地投資是重要工具，土地投資它在後工業資本主義社會中已成為吸納過剩資本和勞動力的主要工具。其進行的開發同時兼具都市化及資本集中化。全球化的都市開發不僅是市場規律，更融入公權力及暴力，形成創造性破壞和掠奪性累積。

本質上都市開發是代表食利階級（rentier class）的交換價值，和代表在地居民的使用價值之間的利益衝突，為使在利益衝突上取得優勢，食利階級乃結合地方政府、政治菁英、外來資金以及媒體與社團組成「增長聯盟」（growth coalition）塑造價值中立發展和發展有利公益的意識形態，以遂行其大眾教育、利益正當性及減除交換價值與使用價值矛盾的三層效果。

在操作上藉由都市更新及 BOT 政策以形成地理疆界的穩定性、可控制性以及制度性增長的經濟條件，由此建構的跨階級區域聯盟，是由霸權集團和歷史集團所結構性聯結的地方權力集團（local power bloc）。

新的文化霸權搶奪了話語權，食利階級藉地方權力集團，隱身捍衛地方文化和維護社群共同利益的身分之中，進行一波一波的掠奪性累積[12]。

面對上述的資本主義權力邏輯，在文化政策上最核心的是不要落入開發的泥淖，其中尤其要守住文創產業這一關，主要考量是由於目前文創正夯，因此許多假文創之名而行開發之實的食利者乃隱身其中。幾乎全球各國文創產業多屬微型企業，我國 85％的文創產業屬之，並且率多為年輕創意和創業者，為保障他們的創意權和發展權，而不成為食利階級掠奪性累積下的犧牲者，在政策上我們除了政策補助和育成之外，也要鼓勵文創業者跨域合作、協助取得融資，誘導企業，特別是現有的文創園區跳脫開發邏輯，不成為食利者的同伙，而是在現有的

基礎上將其作為創意和媒合的窗口及平台，為此也是不希望再以 BOT 為唯一選項的理由，否則只是應了新的資本主義權力邏輯。

再者，在資訊革命的推波助瀾之下，非物質勞動霸權及電子霸權，尤其後者已然成為資本主義的權力核心，此一現象學者以 e-topia 名之，即掌握光速即是掌握知識／權力、速度／權力、資訊／權力，而且目前全球趨勢是大型企業已經藉助文化或文創管道進入，為不使我們被淘汰出局，為此以政府之力作文化與數位科技的融合已刻不容緩，諸如規劃中興新村文化科技實驗基地、公共電視 4k 示範基地、動漫基地以及各類科技媒合皆是值得考量的重點政策工作。

當然，不再作新的開發，而將文化資產的維護視為重要重大公共建設的觀念，已經納為施政政策之一，應予持續努力。

作者個人研習歐陸與社會主義哲學，以及社會理論 40 餘年，頗受惠於思維邏輯訓練，尤其於文化自我反思上助益甚深，但並不是一個社會主義者或運動者，寧願作為一個保持清晰和客觀的反思者，在理念上堅守生命生而自由，人人人格平等的人道主義基本立場，深信國家的責任是努力維護社會的公平與正義，既曾作為政府的一員，有維護公平正義的言責和義務。

文化部門在文化展的戰略佈局上，於文化建設委員會（文建會）階段是以社區營造政策為主軸，至 1994 年申學庸主委提出「社區總體營造」政策後定位更清晰，文化部成立後轉為雙

主軸，社區營造與文創產業交相互補。

　　社區營造政策在台灣推行甚久。始自50年代末、60年代初，早期曾參照大陸時期的鄉村建設經驗，並曾為聯合國納為開發中國家鄉村建設模式，其後配合農業復興計畫及台灣傳統社會環境轉為農村建設，以村里為區域、以生活生計為內容的社區營造，此一體系組織由內政部主政，其他農業、醫護、教育、經濟各部門皆涵括期中，社區組織從中央至鄉鎮層級式組成，與農漁會相似為準政府型態，目前全國約有五千個社造單位。

　　自文建會提出社區總體營造後思維重點轉變，文化建設為核心，認為國家重大經濟建設皆由經建會負責統籌，惟文化建設方面文建會則未發揮功能，希冀藉由社區總體營造政策進行文化資源整合，再則過去文化工作忽略在地文化思維與在地文化特色，社區工作係以文化為中心，計畫以「產業文化化，文化產業化」為媒介作社區體質轉變[13]。經此定位，此後社區營造成為文化發展主軸與核心，其他文化工作的推展率皆環繞此軸線發展，此政策現象影響文建會系統的社造型態乃具有多元及彈性特質，各類社造與文史工作團隊如雨後春筍般出現，於在地文化發展上為一股清新且具活力的生力軍。

　　對於社造工作推動主要仰賴公部門補助，且絕大部分來諸中央，然而粥少僧多文建會採取競爭型模式，為公平計在評比內容上乃訂得相當細瑣，智者千慮必有一失，其副作用是逐漸形成「穿制服」現象；此外另有二個法制上影響地方政府文化

單位的副作用，一則是 1991 修憲關於凍結憲法 164 條文教預算分配規定（原規定教科文預算中央不得低於總預算 15%、省市 25%、縣市 35%，其後雖有劉裕猷等代表提出彈性修正案但於事無補）；再則 1999 之地方制度法授予地方首長充分的預算分配權，使原本文化預算已低的縣市文化單位更捉襟見肘，經費也更依賴中央。這兩個副作用久而久之乃出現強幹弱枝結果，又浮現另一種副作用，特別是觀念上認為文化政策在中央，地方既無權亦無責。

■ 文化戰略設計 1：避免強幹弱枝

　　要避免強幹弱枝結果，在政策研訂的大前提是協助地方培力，預算運用上軟體重於硬體，作法一是研擬一組目標政策，引導參與者創意發揮，擴大參與面並協助地方培育人才；作法二是預算集中運用，不採雨露均霑方式。

　　台灣省政府文化處階段作法一案例，提出「校園我的家」和「村史運動計畫」，兩組案例的政策目標皆為協助地方培力與創意開發，於執行方式上亦為：（1）不限定參與團隊提案內容細節和處理方法，例如村史運動案有文字紀錄者、有展示活動者、有群體尋根者、有組成離散後定期聚會者；校園我的家案有改善校園環境者、有集體記憶保存者、有師生及家長集體創意者、有社區和校園合體者等等，目的皆在激發創意與建構集體記憶和群體意識。（2）分區辦理評審與培訓結合，針對不

同提案由不同專業公開講評，參與者相互觀摩由做中學，學中作，並於參與團隊中培選種籽隊提供地方文化單位合作。

　　作法二案例，預算集中運用，政策目標為協助鄉鎮圖書館電腦化資訊服務及圖書管理，縮短城鄉知識差距，其執行方式為針對全省 500 餘鄉鎮圖書館，以每一單位為基準編足補助款，但不採雨露均霑而是集中運用，由 26 位圖書管理與資訊應用專業組織評估團隊，依縣市責任區詢訪，依評估結果集中資金分批執行，以 3 年為期鄉鎮圖書館全面電腦化。

■ 文化戰略設計 2：深耕文化

　　深耕文化可用的資源與方式頗多，並且已行之多年散見於各補助政策，有些業已形成規則化、制度化。檢討起來資源分散以及未能生根地方為長期存在的難題，在作法上要建立一個穩定而持久的媒介體，其中文化資產是一個選項，重點是軟體重於硬體，文史工作者、社造工作團隊為重要的合作與培植目標。深耕文化有需要從草根化推展，文史與社造工作者的特色是素質整齊、熟悉、關心也用心於在地的藝文推展，遍佈於各行業，地方草根人脈豐厚，他們是在地文化的鏈結點，結合此股草根資源為長期穩定的系統，再加上公部門硬體設施，以及地方文化資產的活化利用，可以就資源整合與文化耕耘收事半功倍之效，也可以避開地方食利者對在地文化資源的侵蝕。更重要的是由此發揮鯰魚效應，引發公部門超越慣性思維，既扮

演有如「集線器」（hub）的鏈結者角色，也作為觀念的創新者領頭羊。

■ 文化戰略設計3：整合文創產業資源

　　文創產業引進台灣並形成政策，至今仍處於摸索階段，反映於政府部門的是缺乏整體合作機制，雖然在上有一個由行政院長為召集人的組織，但是形式大於實質都走上相類似委員會或小組的宿命，在行政組織本位主義的實踐惰性下，各主政部門各自為政，其他相關非屬主政部門亦多拱手相視，缺乏橫向聯繫協調機制，致使此10年光景進步有限。

　　民間雖多看好文創產業並有志者眾，然而處於文創產業上游最關鍵位置的金融體系則支援不足，一則來自金融機構的保守習性，民間獲取資金困難，雖然政府部門籌有文創開發基金，然而出資與審核權仍歸金融機構，亦使此政策良意難發揮，融資基金多留於櫃中；此外金融管理部門於除弊高於興利心態之下，對於民間投集資管制森嚴，使產業募資不易。文創產業多為新創事業，產品或為觀念作品、或為實驗形態，既容或取得專利權但獲利保證不明，且多屬微形產業，不同於傳統產業有具體成品和有形資產為保證，復以前述金融體系習性，乃使文創產業處於龍陷淺灘困境。其中有一插曲，文化部曾建議參照英國模式將彩券所得之百分之若干，提撥作為支援文創事業，果然在保守作風下鎩羽而歸。

由於資源整合不足，應有產業群聚效應的文創園區亦難如預期，經管形式上一如一般的 BOT 案，呈現業主（政府）與承租者（業者）關係，且由於資金籌措不易，並文創事業的投資高風險性，基於 BOT 回饋規定，乃使業者忙於營收，疏於如何發揮產業群聚效應，促發文創發展達成設立園區之原始目標，多數園區業者成為二房東，園區成為商展場，人所詬病的所謂「假文創」充斥其間。此外文創園區也成為城市中的孤島，與地方文化脈絡、城市紋理不相關聯，因此如何去孤島化，如何與地方文化政策以及地方文創產業發展建立伙伴關係，也是文創產業資源整合的課題。

■ **文化戰略設計 4：文化與科技融合**

　　文化必須與科技融合，尤其自新冠疫情（Covid-19）以來急迫性更高。文化活動是文化範疇的主要平台，透過展演形式傳遞文化內涵，建立共同的時代記憶，組合彼此的歸屬感，建構屬於相互理解的「感覺結構」（structure of feeling）[14]。感覺結構反映時空關係，於不同時空、不同世代對社會文化現象皆有不同的理解和感受，有理性的自我認知，也有感性的身分認同，藉此理解當下，數位網路已然促使時空壓縮，其中復以世代間隔縮減最明顯，以往 20 年為一世代，如今可能 3～5 年即為一世代，相對之下是感覺結構更敏銳，因此文化不論是其範疇內涵或展現形式必須與時俱進，與科技融合乃王道。

新冠疫情幾乎等同一次生活方式的徹底改變，威廉斯（Raymond Williams）曾指出文化就是一種「日常生活」（ordinary life）且一直在變革，是一場「漫長革命」（The long revolution），不論個人與社會皆然。2020 年等同一場革命的展開，數位網路科技同時扮演著推手與殺手，對善於共伴者它是推手，對不適應者它是殺手，文化界特別是展演藝術界影響最大。

　　面對新冠疫情引發的生活革命對文化界衝擊尤深，除了展演空間萎縮、時間壓縮以外，最急要的莫過於數位與 AI 技能的運用，諸如針對新生活型態，如科特勒（Philip Kotler）所形容，現在的世界乃「五代同堂」，其中嬰兒世代與 X 世代為領導階層，Y 和 Z 世代是主要生產及消費群，價值觀、代間差異、財富極化發展日益嚴重，如何藉用 AI 的各種行銷科技（martech），縮減極化現象打造無障礙並吸引人的全新體驗，開發時空新境市場（展演），是乃吾等共同課題[15]。關於科技智能的開發，目前我國藝文界無此能力，需要政府以當年的工業研究院模式（官方開發，民間推廣）進行，位於文化主事者的角度，如何快速組合與科技融合的政策作為實刻不容緩。

■ 文化戰略設計 5：國際接軌

　　對於此一議題議之者眾且皆有共識，於政府方面也頗為盡心，台灣每年參加國際活動的團隊，不論是展演、參展皆有表

現，其中尤其以小劇場類型展現我們社會的開放自由，以及藝術的實驗性、創意表達與獨特個性最能與國際接軌。當今世界各國都以國際交流為重心，這也是 20 世紀以來的「第三波革命」，從第一波政府成立文化部門，研訂文化政策；第二波的擴大參與，文化平權，到第三波的藉國際交流與互惠，展現國家軟實力，用以累積文化親近度，維護國家利益。我國於掌握此世界時潮接軌國際的政策作為可有兩重點：與國際藝術主流建立對口關係，以及藉用數位網路技能展現台灣文化創意。

■文化戰略設計 6：以塑造克己復禮、善以待人的社會為目標

這是最根本的目標。藝術家的普遍特質是觀察力敏銳、社會正義感強、敢為天下先，批判權威、不媚俗。文化的宿命是往往躲不過政治的糾纏，但是藝術家與純正的文化人則能夠不去迎合，並予當權者以諍言，維護他們言論的空間是為政者智慧的表現，更是必須的義務，此外也是社會成熟的象徵。

民粹主義與狹隘民族主義相結合的情節，影響當今以西方社會主流思潮，為投其所好，政客輒以粗俗鄙陋言行為政治表演，藉由霸權及政治語境（political rhetoric）重新「命名」（naming/name-calling）底層大眾（紅脖子）形象與行為，轉「粗獷」為「粗俗」，復加為政客所操弄的媒體，藉用語言、符號和姿態（gesture）重構現實導引社會想象，有如「鏡象效應」（mirror effect）芸芸眾生相信並主動扮演此角色（有如

cosplay），這是一種依附於權貴者優越感的再現過程，大眾是被塑造的、是可操弄的，也因為如此，於權貴眼中大眾只是一些數字。身為知識分子的文化人不僅不能迎合，更要當個胡適之所言的：寧鳴而死，不默而生的烏鴉。

民主的價值在維護「眾聲喧嘩」（heteroglossia）的烏托邦，在此國度裡，容納意義多元，接受差異，頌揚創意，解構僵固的均值化權力（homogenizing power）認知，穿透再意義化的語言扭曲挪用。當下民粹政治的隱憂是不容眾聲喧嘩的烏托邦，古今中外藉用「仇恨語言」（hateful speech）是普遍且簡易的法則，以此重新掌握語言的命名權，於命名過程中將仇恨語言和傷害語言（injurious speech）滲透於大眾，使其從屬於所命名的新社會禁忌，或更成為社會的約定成俗。

鼓動對立的仇恨語言是政客的低成本工具，於今出現一種普遍令人憂懼的現象，是許多乘民粹風潮而掌權的政客，當其擁權之後卻逐漸走向「民選獨裁」（electoral autocracy），匈牙利的歐爾班（Orban Uktor）可為典型，主張有別於「自由民主」的「非自由主義民主」（illiberal democracy），修改憲法限制人民權利、以行政命令治國（rule by decree）取代依法治國（rule by law）、新設機構排除反對勢力、主導司法裁定「假消息」並重罰、打壓媒體自由、反對文化多元主義，以及反移民強調單一種族、單一社會國家。

以上諸現象終必導致社會分裂相互仇視，為避免歷史的頓

挫在此地出現，為避免我們不得不從「灰燼」（trace）和「廢墟」（ruin）之中「重生」與「救贖」，吾等文化人應體認道德的提昇，來諸道德情感的提昇，此「道德情感」簡言之即孟子所指的側隱之心，寓於社會的倫理與人倫，實存於我固有文化實踐，基此抱持為天地立心，為生民立命，為往聖繼絕學，為萬世開太平的胸懷，為台灣培養整體善念的社會性格（social disposition），塑造一個克己復禮，善以待人的社會。

第二篇

微觀實踐

第四章
文創產業是什麼

概念的提出：諸種界定與引申

關於文創產業概念的發展，為方便理解其脈絡，大致上可以幾組不算很精確的時間座標來看。

30 至 50 年代，以阿多諾和霍克海默的文化工業（cultural industry）概念，主要思想背景是對啟蒙思想怪獸化發展的恐懼，納粹黨是這個恐懼的總合，由此延伸出對工業化集體發展的焦慮，認為其下的集權控制體系，將形成由上而下的監控，於此同時文化以工業形態大量的量產以後亦將面臨萎縮的命運。此一焦慮並非單一現象，此其後一直是文化反思過程中的議題，喬治‧歐威爾《1984》對於科技獨裁、英國早期文化研究對電子媒體由上而下操控的疑懼等等可為縮影。

50 至 60 年代的大眾文化（mass culture）基本上是冷戰的產物，接續法蘭克福學派的「宰制」（dominate）概念，認為大眾是易於為威權動員政體控制，其中大眾文化即是希特勒和史達林所操弄的工具；此外此一論述亦將大眾（Mass）類同於暴民

（Mob）隱喻其暴力性格 [1]。

60 至 70 年代有所謂的媒體文化（media culture）和通俗文化（popular culture）概念。前者以電子傳媒為焦點，一方面有麥克魯漢（M.McLuhan）「媒體即訊息」（The medium is the message）概念中的去中心化；另方面也有伯明漢學派疑懼電子媒體對於文化的消費行為，特別是文化受到媒體操控。

後者源自拉丁美洲國家的通俗文化（popular culture）概念，拉丁美洲國家的文化發展從來是以脫歐為軸心，聚焦於本土文化特色的發展，為作區隔乃以 popular culture 為名，強調是拉美人民（popular）的文化，是屬於我們的文化，我們一般人民的文化 [2]。這個方面的論述也和葛蘭西的文化霸權接軌，以及與依賴理論相呼應。

80 年代的 cultural industries，從單數的「industry」變為複數的「industries」，由我們習稱的「文化工業」轉為「文化產業」，認為文化不是只有單數的工業，而是有多種形式的。此一概念的提出乃為接踵而來的文創產業概念鋪好了道路。

至 90 年代以後就出現了，創意產業（creative industries）和內容產業（content industries），以及與智慧財產權有關的 copyright industries。

文創產業概念的發展

一、30～50年代

　　班雅明（W.Benjamin）對於工業文明的解讀具有雙面性，一方面是呼應馬克思主義，一方面是承接希伯來神學。對於此雙面性，傾向唯物史觀的政治面；傾向內在批判的「救贖」（redemption），班雅明一直期望以藝術為媒，藉辯證意象（dialectical images）合理平衡世俗政治與超世俗神學的雙面性[3]。

　　班雅明的「氣韻」（Aura）消蝕與馬克思的「商品拜物教」（commodity fetishism）呼應，「技術」（Technik/technology）包含生產技術與創作技巧，創作技巧因工具發展和時代環境而改變，因此生產技術即有其社會性與歷史性，生產關係改變社會關係。首先工業文明的複製，涵蓋了生產目的、生產過程和生產關係，複製已然類同於生產力，等同於整個資本形成的過程；其次大量複製的無限量產使精緻藝術獨一的本真性（authenticity）、存在的本質和內在價值一再貶抑，展覽價值取代崇拜價值（kultwert/cult value），精緻藝術窒息；其三具有民俗和工藝屬性的傳統藝術，在都市文化的商品形式下，交換價值排除傳統藝術的內在價值，商品形式左右了生產技術，傳統藝術商品化，也為新的交換關係收編，複製技術固然使複製者自傳統中解放，但是也令複製的唯一性轉為集體性（massenweises vorkommen/occurring en masse），複製的雙刃性—改變人類認知

方式、改變藝術品與大眾關係－藝術品轉為大眾藝術[4]。

精緻藝術與傳統藝術從各自互不相涉的領域，因複製的技術及量化而彼此混淆，導致資本主義文化關係的結構性改變，藉班雅明的辯證意象，其正面是順應整體轉變，人類習慣於感受複製狀態之物，其辯證面則是大眾化為單子（monad）或矩陣（matrix）的列兵，單一個人不再有自身的個體地位，而是依從群體位置標記，循大眾知覺方式仿照複製品，也成為複製的複製品，大眾成為「類同物」（das gleichartneg / the same），人自我異化。

作為政治美學化的工具，電影和攝影最具有代表性，複製技術將無數碎片零散組合，它們既弭平了創作者與觀者之間的差距，也免除觀賞者的「沉思」條件，大眾作為漫不經心的接收者，法西斯藉助政治美學的宰制形式於焉得成[5]。

面對工業文明造就的新生文化，班雅明的感情是複雜的，他的無政府主義傾向，使對商品化都市總是懷著「現代人的憂鬱」，帶著反叛與憎惡；他的浪漫主義情懷，對現代藝術則抱持著「寓言」似的鍾情；他的虛無主義衝動，又期待現代藝術以激進且野蠻的手段，擊垮傳統的文字語言暴力，解放已然異化的人類；他的歷史主義情結，想望在歷史共時化（synchronicity）的基礎上，讓人藉著「啟迪」（illumination）與「召喚」（interpellation）從廢墟中獲得救贖。站在工業文明的轉折點，班雅明有如他的浪蕩子（flaneur），以文化邊緣人的

姿態獨坐於人群之中，既是冷漠的壁上觀，也是沉靜地反思與批判[6]。

臣服於商品拜物教下的都市文化，作為商品的一部分，物化（reification）的藝術淪為服務業，藝術的創作完全依附交換價值，藝術的功能於是顛倒，不再立基於內在價值，喪失了內在批判（immanent critique）的氣韻，逐漸轉為通往政治實踐的工具。班雅明認為正是藝術作品的氣韻顯現出人與自然的非異化關係，因此人是應當也有能力保有這股氣韻的，現代藝術應該擔當起救贖角色[7]。

在現代藝術的氣韻裡，波特萊爾的詩集以浪蕩子的姿態，映照現代都市居民的體驗，是「經歷」（erlebnis/live to see）取代「經驗」（erfahrung/practical knowledge），一種現代工業社會的碎片感，人只是活過而非體驗過的工具人生，取代前工業社會，現在與過去經驗相連、人與自然、人與人相連的整體感。波特萊爾「震驚體驗」（shock experience）是現代都市社會的共同特徵，藉著此一震驚感讓人由物化的世界走向它的反面。

超現實主義擁有的浪漫主義和反美學雙重性格，使其輕易地解構傳統的、單線的、恆常的時間觀，同時藉幻覺作為日常生活的寓言，達到夢境的狂喜（jouissance），這種創造性的超越，跳脫資本主義文化幻景，藝術不是如寫實主義般地作為避風港（haven），更不是天堂（heaven）；達達主義則以其破壞的性格，挑戰商品市場、挑釁讀者視覺習性，以不融入大眾藝術的姿態，

闖出商品拜物教物化社會的宿命。班雅明認為此新的藝術形式是新技術時代的革命，目標在摧毀傳統的藝術氣韻，開啟「世俗的啟迪」（profane illumination）[8]。

　　卡夫卡的作品反映人的無助感，特別是在龐大官僚科層體之下的個人，在班雅明看來，卡夫卡小說裡的恐懼與動物形象既是過去的經驗，也是未來的預示，同時蘊含了現代都市居民的體驗，也是神秘主義的體驗。發展至此吾人似乎感受到班雅明希伯來文化的移情，從一個被遺忘的生命，到一個被拋棄的民族，猶如亞當夏娃的被放逐，人的身體被放逐到肉體，這個異化體再度被遺忘，此際是要被動的等待果陀，抑或主動的迎向救贖，如果救贖是從廢墟和死亡中走向解放，回歸本來。在論「白癡」裡，班雅明表達只有透過梅希金公爵的死亡，他的靈魂才能獲得拯救；於保羅・克利（Paul Klee）的繪畫《新天使》說：「他看見某種災難把廢墟堆在廢墟上扔在自己腳下。天使會止步，喚醒死者，並且把已破碎的東西重新組合成整體。」[9]

　　阿多諾（T.W.Adorno）以「文化工業」（culture industry）含括通俗文化（popular culture）和娛樂文化（entertainment），以此作為對當代工業文明社會與資本主義文化的批判反思。阿多諾的這組理論同時是法蘭克福學派批判理論和社會哲學的基礎，並且也相當啟發了當代文化研究的走向。

　　對於這方面的理解，我們可以先從他的「否定辯證法」（negative dialectics）展開。阿多諾承繼了康德「二律背反」

（antinomy）的精神，相信人類的能力是有限的，無論任何思辯或論理都有正、否兩面，彼此都互為正確，因此現象面的對立與矛盾是永恆存有的，吾人不能以有限去解決無限，是乃「純粹理性批判」是免於人類自我托大的反思工具[10]。

阿多諾顛覆了黑格爾從自我意識所開展的絕對精神，並由此獲得自在（being in-itself）和自為（being for-itself）對立統一的辯證法，經此辯證過程意識自我颺棄達到精神復歸的同一性（identity），此邏輯發展卻是消滅一切異質與分殊。阿多諾認為這種同一性所引導的是走向總體（totality），而總體則視系統為禁臠，是虛假、抽象的概念，所謂文化工業體系內的總體意識形態為其縮影，其顯象形態即是以主觀的主體去化約或操控恆常存有的客觀客體。阿多諾以否定辯證法回應，強調「否定的否定不是肯定」，其用意有三，首先保持辯證恆動的本質，不落入靜態思維的惰性，藉助不斷的自我質疑，以否定的否定保持思想的澄明；其次接受異質性，容納差異，尊重少數，維持社會的內省力與創新能量；其三不陷入同一性的總體意識形態泥淖，以非同一性作為批判的元素[11]。

他吸納並轉用了馬克思的「商品拜物教」與盧卡奇的「物化」觀念。阿多諾以商品拜物教論述為基礎，就物化概念開展對文化工業的批判反思，認為商品化社會的主要特徵是交換價值取代使用價值，於此過程中人與人的關係轉為物與物的關係，社會關係商品化，人與人物化；為維持等價交換的公平性，將

原屬於個體、具有自主性的具體勞動化為由市場決定的抽象勞動、質量互變勞動者商品化，勞動商品偶像化，人自身的物化；資本家為增加其利潤，強化生產效率，將可計算性與合理化融入所有的生活面，藉交換價值普遍化邏輯滲入「心靈」，是為阿多諾所指的總體意識形態，構成一種幻覺。

此幻覺強化了人的物化，而文化工業尤甚，資本主義物化擴張力的大顯神威處在於他將人抽離出自然，失去自然的人類乃寄託於機械製造的幻覺，此「幻覺」的雙重性（交換價值普遍化及機械製造的幻覺），予流行文化與娛樂文化展其所長，通俗文化的複製化、標準化、時尚化；娛樂文化的偶像化、虛幻化、集體化以及框架化的情趣與休閒。文化工業藉助所謂「文化工具」令人忘卻現實的種種困境，陶醉於虛幻的愉悅之中，阿多諾如是說：「文化創造了對人類有價值的社會的一種幻想，而這種社會並不存在。」[12]

阿多諾強調共同性的制度化和對心理意識的操控，是文化工業的共同特質，這個特質固然和商品拜物教精神相連，卻也與支撐資本主義意識形態的啟蒙精神相契合。啟蒙精神的中心思想是：凡合乎科學原則者其邏輯必然正確，循此思維則人類可以馴服自然，為掌控自然則定然要求標準、公式、量化、機械、紀律以及依此產出的同一性原則的共同節奏與工具理性（instrumental rationality/zweckrationalitat）。

啟蒙精神在科學萬能的簇擁之下走向神壇，啟蒙神話接手

神話原型，展開宰制的雙手，逐漸的由對大自然的控制轉為對人的宰制，人有如荷馬的希臘悲劇英雄，以愛恨交織「施虐—受虐情節」（sadomasochism/sadist-masochist），悲壯地走向海耶克（F.A.Hayek）的「到奴役之路」（The road to serfdom）。啟蒙意識形態所組構的總體意識形態替法西斯納粹極權主義搭好了舞台，文化工業的集體操控慣性成為極權文化統治的利器[13]。

　　阿多諾和班雅明一樣皆寄望於現代藝術的救贖，但是對於這位救贖的彌賽亞卻有不同的角度，班雅明以其浪漫的樂觀情懷，認為現代藝術可藉新技術，例如電影導引大眾從被動的從眾者轉為主動的參與者，藉由「震驚」及「渙散」（dispersion / zerstreung）使大眾成為真正的接收者；阿多諾則從工具理性的角度出發，認為工具理性將目的與手段混淆，電影可為代表，將商品完成商品拜物教化，更進一步的予人物化。納粹奧茲維辛的屠殺是工具理性的典型，真是合乎了科學邏輯就一定合乎正義？阿多諾進一步指出極權文化並非納粹法西斯社會所獨有，透過大眾媒體與影視技術，在工具理性迷信的引領之下，從民主面貌出現的極權政治並非不可能[14]。

二、60～70 年代

　　阿多諾的文化工業理論作為法蘭克福學派批判理論和社會哲學的基礎，指出產業技術造就了通俗文化操控群體意識的能量，見證了納粹藉通俗文化工具宰制國家，驅使人民為其法西

斯意識形態效命；於流亡美國期間發現結構化的資本主義體系，亦同樣藉助文化工業的技術與技巧滲透為職業倫理意識形態，形成嚴密的商業化文化體系，反過來吞噬了韋伯所稱的新教倫理精神的自律與道德高度，此趨勢於 50 年代攀至高峰，是否屬真？有待驗證。

　　號稱富裕年代的 50 年代美國主導了世界資本主義體系的發展，於此同時美國自身高速度發展的驚喜與冷戰結構裡的危機感，對於未來喜憂交雜的文化困惑，隨著美國商業文化載具如水波漣漪也觸動了國際。文化困惑於 60 年代爆發，全世界進入大顛覆時代，法蘭克福學派所指似乎提供了驗證，已然成為批判反思的工具。

　　50 年代末英國知識界開始反思美國商業文化所形成的壓力，其中以新左派為主展開文化研究，起初仍循傳統馬克斯的階級研究途徑，將焦點置於勞工階級的身分取向與認同，68 年以法國學運為主體的激進左派運動折翼收兵，也讓 60 年代的大顛覆時代由街頭重回校園，英國伯明罕學派（The Birmingham School/CCCS）接續馬克思對資本與勞動的辯證思維，跳脫唯經濟取向的階級研究範疇，主張不需將「基礎結構」與「上層建築」做生硬切割，更關注「日常生活」（ordinary life）在歷史和現實生活實踐的意義，從常民立場以大眾文化為主軸與經濟關係「接合」（artuiculate），並以葛蘭西（A.F.Gramsci）的「霸權理論」（hegemony）和阿都塞（l.P.Althusser）的結構主義權力論為批判

基礎,從傳播媒體的微觀研究切入,雖然彼等對法蘭克福學派總是冷嘲熱諷,但是也和阿多諾相似以意識形態和文化工業的「主要載體—傳播媒體」為焦點,所不同於法蘭克福學派的是以直白的政治議題:通俗文化與青年次文化和階級區隔的反文化霸權反抗意識為訴求[15]。

　　商業文化與產業科技的竄升,使影響社會風向標的傳播媒體更是炙手可熱,也抖動了對大眾傳媒的研究,雖然也存有法蘭克福和伯明罕兩個學派的內涵,不過只是身影,實質上則以傳媒的工具性及技術面影響為主軸。

　　加拿大學者麥克魯漢(M. McLuhan)為傳媒研究開啟了一扇大門,尤其是對電子新媒體的先知型見解,對文化產業的觀念開展影響深遠。麥克魯漢先自技術面導入,認為科技誘導人的思考模式,習於破壞中的創新,同時也限制人的思考模式,其中傳媒科技延伸至人類生活所造成生活空間、社會形態、溝通本質的種種改變,使感官活動成為指導,誘發人的集體恍惚和麻醉或麻痺效應,也使人集體退化,甚且由於新科技對原有舊秩序的破壞,使人放棄思考,不再追尋意義,於是再提供大眾媒體積極介入人類生活的機會,從媒體的利用、控制,到媒體的社會占有以及所有制關係的轉變,此皆影響社會活動與作用的性質。

　　以上現象激發對大眾媒體兩組核心意義的探尋:媒體形式乘載了多少媒體意義、媒體形式與人的關係。針對此麥克魯漢

以「媒體即訊息」，「媒體即內容」和「媒體為人的延伸」給予了答案，於此同時他再追問四組問題，亦即所謂的「媒體律」（law of medium）：文化是否放大或加強（amplify）？文化是否削弱或淘汰（obsolesce）？過去被淘汰的重拾（retrieve）回那些？未來潛能消耗後，如何轉化（reverse）？麥克魯漢乃如是說：並無新媒體，只有再媒體（remediation）。

麥克魯漢認為傳媒技術的每一次改變都是對人與社會的革命，他的「再媒體」說銜接了他的歷史詮釋。

在文字出現前的原始社會，口語和聽覺主導傳播，人類的空間構築是多維馬賽克（mosaic）拼花式的音響世界。

文字出現，表音、表意取代口傳耳聽，讀寫文明給人以隱私，新的大眾傳播形式帶動新的社會型態，部落社會解體封建體系出場。

所謂「古騰堡體系」（Gutenberg system）的活版印刷出現，書籍的線狀型式（linear form）改變了人的感知能力，視覺作為主導，隨著視覺習慣單點視域和線性的連貫行為，使人習慣單一時間做單一事件與反應，個人的獨自閱讀引導思考方式，個人意志表達與個人主義視為當然；於社會生活上，機械生產方式亦形成專業分工的工作模式，傳播的古老部落被星雲狀（galaxy）的粉碎，封建王朝的城堡在有如「排版人」（Typographic Man）所牽動的法式革命下，如蟻穴潰堤，國族政治體制走上舞台。但是線性模式的「擴大再生產」卻也開啟了同一性的意識

形態，成為另一種操控形態。

　　電子傳媒的出現進一步肯定媒體以科技形式衝擊人類的本質，衝擊最強的是文化內涵由「外爆」（explosion）轉為「內爆」（implosion）。在麥克魯漢的觀念中外爆屬於機械時代，其特徵是人的身體，人的身體的延伸，既是對機械的摩拜，也是企圖對自然的征服，在思維邏輯上也是機械式的，可以分段分節切割、重組甚至斷尾求生。外爆是身體延伸的最後階段，當電子技術出現，以意識為本的內爆時代來臨，象徵身體往意識的讓渡，人的感官方式、思考方式都隨之讓渡，聽覺感官老帥歸位，人稱乃「麥克魯漢體系」取代「古騰堡體系」，或曰：聲音的復仇；於思考方式上是進入神經中樞的意識瓜代了線性，原有的同一性的線性思考，轉為去中心的多元性乃至多樣的雜化（hybridity）模式，也象徵模擬時代的到來，電子傳媒的強勁生產力、複製力以及傳播力使大眾傳媒如舖天蓋地般覆蓋市場，籠罩社會使真實成為過去，真實模擬意識，大眾有如從後視鏡觀看世界，總是倒著走向未來。此外意識有如固定資產，透過商業文化擴大再生產的「全渠道」（omnichannel）不但滲透吾人所有生活面，也藉著不斷創新的傳媒科技滲透意識面，影響人的溝通行為，如李維森（Paul Levinson）形容的趨向「獨立離格」（ablative absolute）與「格式化」（configuration）。

　　麥克魯漢從傳媒技術導入的電子新傳媒的先知型論述，固然引發了技術決定論與傳媒決定論的公婆之爭，但卻也啟迪了

文化產業、消費社會、資訊社會彼此交替或互為相融的研究取向 [16]。

　　布希亞（Jean Baudrillard）即藉用麥克魯漢內爆觀念的「意義內爆」和「社會內爆」，充實其消費社會理論。他認為外內爆相互替換，其結果反映的是不確定性，前者是現代性的過程，工業文明為主體，生產真實、製造真實，以代表真實的「符號」為表徵（representation）；後者是後現代性的過程，所有界域消除，是「仿真」的時代，符碼（code）取代符號，所展現的是以「擬像」（simulacra）表徵真實。

　　當代社會的最大特徵是日益依賴資訊，並且藉資訊獲取意義，然而大眾傳媒，特別是電視傳媒，普遍將資訊「仿真」（simulation），意義卻內爆為「超真實」（hyperreality），大眾傳媒於資訊傳遞中則消解意義，轉而挪用或拼貼意義，並且於有意無意間將所製造意義的非真實呈現大眾，真實與意義的內爆嚴重型塑人際互動的平面化，所謂的「內容」（文化、資訊、商品）皆是大眾傳媒操控的仿真物（phantom），目地只在請君入甕，以組構一個同質化的人類與心態，於此形成「波爾堡效應」（Beaubourg effect）下的「超文化市場」（hypermarket of culture）已然構成社會控制的未來模型，發展為類如馬庫色（H.Marcuse）所指的「單向度」（one-dimension）時空現實，社會關係、社會價值飄零 [17]。

　　布希亞再挪用式的發展麥克魯漢的「冷」、「熱」媒體概念，

認為在大眾傳媒操控之下，已然不再有冷熱傳媒之分，在平面化和單向度的時空條件下，大眾僅成為同一性的接收器，在「渙散」與「厭煩」的雙殺之中，大眾蛻化為「冷漠的群眾」。布希亞宿命式的悲愴情緒雖有別於麥克魯漢的原典，然而在文化產業的論辯裡卻也激起了萬頃煙波。

60 年代也是一個勇於突破的時期，於此階段關於文化產業方面也多有創見，其犖犖大者如：

德裔美籍學者馬赫盧普（Fritz Machlup）首創知識經濟學，主張世界經濟發展已至知識產品（knowledge-production）階段，所謂知識產品泛指人類所創發或人類心智所確證的活動，並且普遍進入人類感知與意識中，其內容包括科技的與日常的知識，以及產品的產製和分配，其生產形態不僅只是創發，而且更延伸至傳播和溝通。

認為知識工業（knowledge industry）時代已然來臨，以美國為案例論及知識生產與分配，1958 年國民生產毛額（GNP）的 29％來自知識產業，其年成長率 8.8％超越 1947 ～ 58，總體收入占國民收入的 26％，其中教育最高為 44.1％；知識經濟勞動已自 1900 年的 11％提升至 1959 年的 32％，知識勞動者中的 43％由勞動知識傳播者或全職知識接收者組成。另波拉特（M.U.Porat）補充，至 67 年資訊經濟占 GNP 的 46％，勞動者為 53％ [18]。

知識工業區分五類：實用知識（practical knowledge），智識

知識（intellectual knowledge），閒聊天和打發時間的知識（small-talk and pastime knowledge），精神或宗教知識（spiritual or religious knowledge）以及不需要的知識（意外所得的）（unwanted knowledge）；知識生產包括多種類型的活動，諸如知識傳輸，知識轉換，數據處理、解釋及分析等皆屬之，而知識生產者則包含傳輸者（transporter）、轉換者（transformer）、處理者（processor）、詮釋者（interpreter）、分析者（analyzer）和原創者（original creator）[19]。

馬赫盧普強調「資訊」與「知識」不應分割，前者為程序，後者是結果、是狀態，知識必賴傳遞完成才算完整，因此應特別關注新形成的資訊經濟，尤其是網路的興起，認為資訊產品，從影視、音樂到電腦軟體和股市活動不但充實了產業內容，也將驅動全球市場，知識工業的三組活動：對概念與知識進行合理的傳授；關注組合知識生產的內涵及其於 GNP 中所占的比重；知識產品影響教育改革的程度，即是知識完整的活動程序。馬赫盧普關於知識經濟理論影響頗深，有兩波重要的迴響，第一波起於 70 年代，聚焦於資訊經濟；第二波起於 90 年代至今，是將馬赫盧普的理論因應新資訊經濟的發展區做更廣泛的應用與再開展[20]。

德國學者恩岑斯伯格（Hans Magnus Enzensberger）以「意識工業」或「心智工業」（Consciousness industry/Mind industry），來詮釋工業文明發展日趨成熟後的社會。從歷史的經驗，在口

語傳播的社會人眾習慣地將自己交給少數人，由他們思考，聽他們領導；於中古時代則為他導的社會，其心智相當程度乃出自「外在」（without）的形塑，及至工業化關於社會思想的何所來與何所去，方浮出水面，當然對於心智的控制和意識的製造亦應運而生，心智產業的時代於焉降臨。於此際如若吾人仍然堅信即便處於極權如納粹或史達林政權，可以躲在自己的小城堡裡擁著獨立心智（the sovereignty of the mind），則將如巴爾札克所形容的會是「徒勞的幻想」（Illusions Perdues），為此之故所謂「獨立心智」不是騙術就是一種半瓶子水的資產階級哲學，也因此阿多諾的「文化工業」乃有詮釋的侷限，因為擺脫不去精英者從權力看文化的盲點；而至於麥克魯漢則是為已然成勢的大眾傳媒，假理論之手為人作嫁。

近百年來各類政體無論獨裁或民主都日益重視心智工業的發展，一般產業發展需要資金累積，心智工業也同樣需要累積，他累積的不是資金而是人力和腦力；屬於物質生產的一般產業藉由工業與技術獲取利潤成果，非物質生產的心智工業所依賴的不是工業生產方式，而是意識製造手段，大眾傳媒和公共教育為其工具，和一般產業一樣生產者不擁有生產工具及產業所有權，作為智識生產與意識製造的知識分子亦然。恩岑斯伯格相當悲情的說，知識分子再如何交心乃至「狗腿」（lackey），仍難獲取掌權者的信任，因為個別控制再嚴密總有百密一疏。對於已然成為此巨大工業複合體的共犯，面對這種宿命知識分

子，他強調，退出此一產業或和與其斷絕往來並非良策，應該認清此怪獸，進入風險、承擔風險，堅持初衷放手一搏。

心智工業的實然是他急速發展為關鍵產業，它的重點不在銷售產品，因此不再有一般產業的買家與賣家之分，目的在於「出賣」（sell）現存秩序，並維持恆久的宰制，其手段有二，一是藉審查制和禁令，保障對心智產業化的壟斷；一是以經濟壓力和獎懲系統的操弄，以及讓人體工程順遂地達標。

為達成心智工業目的，有四組必要條件：

1. 藉獨立思考為前提，將其哲學化、神學化，啟迪思想，使之具有普世性。

2. 以自由、平等和人權為前提，予大眾相信自己擁有為自己命運的發言權，使成為政治命題。辜不論其是虛或為真，或僅是統治者的口惠之舉，重點是遊走於虛實邊緣以迫使權威為自己辯護，而且只可動口，不得動手，當權者據此進行說服與收編思想。

3. 穩固基礎產業，滿足生活條件使心智工業成熟，復輔以傳統治理與固有習俗，使大眾有感於自身權益的擁有。不過對當權者而言，此中的兩難處是來自大眾集體能量發揮後的壓力。

4. 一如一般產業，心智工業化的基礎也需以技術能力為支撐，而其最基本的支撐力源自電力，否則無由奠定所有大眾傳媒的根基。

固然對於以大眾傳媒為基準的意識工業懷具隱憂，但是面

對以網絡科技為主體的新媒體，恩岑斯伯格則有如班雅明般滿懷樂觀，認為可以建構公平的人際互動與合作的社會，使人眾更獨立於權力體制，甚且書寫歷史 [21]。

　　大體而言法國對於法蘭克福學派的認識於 70 年代前仍非普遍，60 年代初已有部分學者關注到阿多諾的「文化工業」論述，例如羅蘭巴特（Roland Barthes）即接受阿多諾的非同一性思辯下的倫理政治實體（ethico-political entity）觀念，反對藉「大眾文化」（culture de masse）所形致的所謂「身體教養」（culture corprelle）或「文化教養」（culture cultivee）[22]；莫林（Edgar Morin）對法蘭克福學派作選擇性的挪用與增補 [23]：

1. 大眾文化因為它的普遍性與通俗性，因此不能用學術或藝術的角度衡量，也因此乃有大眾文化是美學幻滅之憂。

2. 大眾文化不具有民族學上的意義，它不能指涉一種特定群體，或許較接近於文化人類學的理解，產生於特有的生產方式與生活型態，隨時因時因地而變化，有著高度的可塑性與不確定性。

3. 它以工業技術邏輯發展，大規模生產、複製和消費，經由大眾傳媒不斷衍生繁殖，既誕生了客體，客體又反轉為主體，如斯反客為主。

4. 大眾文化係針對大眾而生，並因此滲入社會內在結構（家庭與社會階層）中的個人聚集體，透過傳播與教育途徑影響生活習性，思想方式及行為模式，社會也由消費行為與社會認

知所轉化。

5. 大眾文化具有強烈的辯證雙元性：

　　⑴它的文化消費大眾化構成了文化民主，它的操控技術卻形成另一種非民主，或甚至獨裁。

　　⑵它一方面對於創新的要求與精緻文化相連，一方面卻因產品創新的目的旨在吸引觀眾創造商機，以及多樣性和接收大眾性的考量，而與精緻文化講求原創，尤其是藝術領域相矛盾。

　　⑶它過度重視相同性所形成的同質性，使忘卻通俗文化也是一種文化的事實，致出現大眾文化與通俗文化之間的曖昧關係。

　　⑷它以最大多數為產銷關鍵，一旦消費群體隨文化產品的多樣化，而出現異質性時將如何調整此種矛盾？莫林如此示警：「標準」獲益於過去的成就，原創則是新獲利的保證；已知的風險來自厭倦，新的風險來自不討喜。（人的喜新厭舊本性）

6. 英美文化長期以來關於文化經濟研究，忽視文化工業存在的事實，而將其歸類於經濟學領域，此種無識促使偏差解釋。

　　值得注意的是，莫林一直是以「大眾文化」（mass culture）一詞，而非「通俗文化」（popular culture）。60 年代英美學界也習用此詞，用以指涉其納粹與史達林主義的屬性，莫林有此意否？再則其亦從阿多諾以「工業」（industry）單數型用指「文

化工業」，至70年代起，莫格林（Pierre Moeglin）與馬汀（Laurent Martin）皆指出，法國文化部引導以複數型態（les industries culturelles）指謂「文化產業」，其作用有二：因應資訊與數位化的新產業形勢；與法蘭克福學派的全球視野與社會哲學取向區隔，轉而對文化產品和服務，以及生產分配作經濟分析[24]。

　　一段文化產業觀念最多元豐富的階段，為下一階段走向文創產業的方向開啟了一扇大門。

三、70～80 年代

　　走過狂飆的60年代，當年的「嬉皮」已然蛻變為「雅皮」，仍然炙放著改變社會的熱情，逐漸接手社會主流的一代對文化的關心度與創新衝動更強，人稱70和80年代是文化創造力最豐富的時期並不為過。除此主觀因素之外另有三項客觀因素影響文化產業的走向：跨國企業所帶動全球化趨勢的加速度與加值、70年代以來所開展的資訊革命，也加速度滲入整個生活面，以及以伯明罕學派為主的文化研究量染力。此三項客觀因素之中復以伯明罕學派在通俗文化上的觀念啟發最重，其要旨有三：

1. 從日常的、全面的生活取向切入，將馬克思「經濟基礎決定上層建築，上層建築對經濟基礎具有反作用」的見解給與彈性調整，摒除了機械式經濟化約論（economic reductionism）的剛性，透過「接合」（articulation/conjuncture）尋求相關理論互融，更彈性地處理「基礎」與「上層」之間的不可調和性，為通

俗文化建構出動態的辯證關係。

2. 基於此動態的辯證關係使通俗文化與精英文化、主流文化和商業文化之間不再處於機械式的對立關係，而是相融或互補關係，相對的也為通俗文化與文化產業的論述開闊了寬廣的空間。

3. 通俗文化既不是娛樂性的庸俗文化，也不是政治性的革命文化，他的生產和發展皆與民眾息息相接，因此都自然顯現，也各自具有其地域特色。此一論旨也賦予文化產業的觀念發展，更跳脫一元論或同一性的泥淖[25]。

　　70 年代以來接續對法蘭克福學派的批判式接納，法國文化部引導文化政策研究的更多元發展，1975 年於東西赫爾辛基協定時，密特朗政府即強調文化的兩個取向：文化作為推動國際關係的主要輔助力量，以及讓更多的民眾分享文化。於此時際，米耶季（Bernard Miege）亦領導一個小組針對文化產業做深入研究，其研究一直持續進行，不但與英國文化產業研究呼應，並且也影響歐陸乃至教科文組織的文化產業政策走向。主要論點歸納如秩[26]：

　　以法國為例，1959 ～ 74 年間雖然文化消費在家庭支出的七個項目中排名第六，但是其平均成長率則為 264％，與衛健支出相當，此反映出的現象是文化商品化（commoditization of culture）、以電子媒體為主的新產品盤據市場，不過文化消費仍有高度的選擇性，一般勞工與低收入者尚排除在外，所顯現的

是相對重要性的問題，對於文化消費值的估算不能以簡單的一般統計作為所謂「戰略」基礎，而應根據特定條件和對象為考量。

因此關注點應置於多面向的「文化產業」（cultural industries），而非單一型態的「文化工業」（cultural industry）。米耶季開宗明義地點出，複數形式不但展現文化產業的複雜形態，也顯示文化產業的各種理論運作；至於文化工業理論是悲觀和化約論，一則工業化也帶來創新；再則文化商品化是複雜且矛盾的過程，中間有不少變項有待展現與克服；三則資本主義擴展至文化範疇時，即顯現其限制性與非完整性本質，實則文化產業就是一個持續鬥爭的場域，不過法蘭克福學派關於文化過早丟盔卸甲，認為文化被資本和抽象的工具理性（instrumental reason）體系收編之論過於悲觀；最後阿多諾和霍克海默的論述並沒有錯，彼等在觀念啟發上確有其貢獻，不過走出悲觀主義不代表美化文化產業，畢竟它的本質是複雜、愛恨交織和爭鬥的。

過去關於文化產業研究的發展有兩個源頭，法蘭克福學派與北美傳播政治學派，前者聚焦於藝術及審美創造力的前景，視文化工業或通俗文化為「美學解構化」（entkunstung/de-artification/de-aestheticization）的罪魁禍首；後者則僅關注產業及金融部門對大眾傳媒體系的作用，並因此偏向經濟治理以及對民主化影響程度的單向評估。

在宏觀的基礎上，以上二種取向所顯現的相類問題是，首

先將文化產業作為一個單一變項，忽略了文化產品從設計、行銷到消費方面的不確定性；其次企圖藉助一般產業統計或產業均值的方式，將高不確定性的文化產業和高多樣化的大眾傳媒技術與產品同質化，以致形成交換價值與使用價值關係的過度化約，忽略包括區域差異、產品差異、營銷差異乃至人才差異等等複雜因素。

米耶季復提出五組命題，用以界定文化產業，自此文化產業理論於焉成型，亦影響文化產業研究的接續發展[27]。

命題一：文化產品的多樣性，乃植基於產業生產的差異性關係。撇開各類文化產品的歷史因素和其是否與當代資本主義生產體系運作相符，更關鍵處在於手工或微型文化產品是否屬於文化產業範疇。因為此一問題乃關乎大眾市場和分眾市場之間的區隔，以及文化產品容否與技術、經濟和文化、社會等秩序相應，亦因此引發四類區隔：

1. 30年來飛速成長的科技產品，作為文化與資訊界享用的重要資源，並且不需要資訊業參與生產的複製產品。

2. 文化與資訊業參與生產的複製產品，已然成為核心的產業化文化商品。

3. 受限於技術或社會獨特性的複製產品，其於半複製階段需要藝術家介入者。

4. 不屬於文化產業範疇的產品，類如獨特的藝術作品。

　　命題二：由產業化文化產品所形成文化或資訊使用價值的

不可預期或不確定特性，乃界定出另一種特質。因此為轉使用價值為市場所認可的交換價值，文化產品乃需要持續更新，並也為減少或甚掌控產品價值的不確定性，產銷部門自需要訂定一套行銷策略。

命題三：為確保創作的自主性，藝術或智識工作者，總是習用匠師生產模式。其付酬方式則因人而異，有時亦多半處於低薪酬狀態，因此此一生產系統具有相當的不安全感，至於所以維持下去，不外是受買售契約所限，或出於作者自身的創作欲。

命題四：產業化文化產品的開發（從創意到消費）乃基於兩組基本通用的模式，編輯模式（editorial model）與流動模式（flow model）。一次大戰以來廣播的出現，引介一種同時基於購置特有文化成品和連接新聞及娛樂節目的新關係，易言之即購置特有文化成品的編輯模式，以及屬於大眾傳媒形態的流動模式。

編輯模式的編輯群以多樣形態為大眾傳媒的內容組構創意，並促發文化與傳媒產業展現社會象徵的社會經濟功能。二組模式所依持的並非如吾人習於想定的物質性或非物質性基盤，並且也不是各自獨立或附屬於任何一方，可以說彼等是為一種理想型，其基盤乃源於其公共服務使命和廣告盈收。

命題五：國際化理念，也同時兼顧民族文化與區域格局。70年代以來的全球化趨勢是國際化與在地化的競合關係，彼此

的挑戰點在於產業面、政治面和語言面，這種競合關係固然於科技範疇形塑標準化、網絡發展以及分銷權營造，但是也不容輕忽文化產業進入全球市場並非從容而平和。

總之如米耶季所指，以上五組命題一則為文化產業的推展奠立了理論基礎，再則於推展過程中也同樣面臨其他產業相同的問題，諸如衍生的保護性法規，新興網絡的發展以及跨國性標準對於民族文化的侵蝕等因素。

於此同時，1980 年 7 月聯合國教科文組織（UNESCO）在蒙特利爾（Montreal）會議，正式以複數形式表達文化產業，此外歐盟等國也以內容產業（content industries）為名，以應對資訊經濟的挑戰與機會，指稱「內容為王」（content is king），並意指所謂的創意產業（creative industries）或文創產業（cultural industries）[28]。

四、90 ～ 00 年代

從 80 年代第五代電腦到 90 年代人工神經網絡科技領域的驅動，促使文化產業的內容不斷擴增，文化商品更具體的展現出文化元素與資訊科技之間的互補關係，另則資訊科技的急速發展也逐漸浮現資源轉移現象，過去一直作為文化產業傳輸伙伴的傳統媒體被非媒體取代，根據特定條件和對象為考量，以及其於技術、經濟與文化和社會秩序的可能衝擊，文創產業乃應運而生。文創產業亦乃兼具推動文化產業轉型，以及配合新

媒體提昇文化創意潛能的雙重角色。

於文創產業概念的政策展現上，英國的首攖其鋒，界定文創產業四大核心本質：強調個人創造力、技巧與天賦；專指知識產權的運用、開發及保護；具有文化內涵，高原創性，並產值的增值潛力大；創造財富增加就業。針對以上，當然金融操作是它的最重要關鍵。

1993年佘契爾政府時期的大倫敦委員會，以「創造未來」（A Creative Future）為名，公布文創政策，1997年7月布萊爾新工黨政府成立「文化媒體體育部」（Department for Culture, Media & Sports / DCMS），設立了「文創產業特別工作小組」（Creative Industries Task Force）。1998年至2001年間提出創意產業政策核心，強調並鼓勵原創力對經濟的貢獻，以創意產業作為英國振興經濟的焦點，也以推廣創意產業為解決經濟困境的手段。「1998年英國創意產業專題報告」（Creative Industries Mapping Document）定義文創產業、界定文創產業指標、列舉十三項領域為文創產業，包括出版、廣播電視、電影錄影、互動休閒軟體、時尚設計、軟體與電子遊戲、設計、音樂、廣告、建築、表演藝術、藝術品和古董、手工藝等十三項[29]。

於此同時，聯合國教科文組織也就文創產業定出了政策目標、政策指向和產業範疇：

文創產業的政策目標包括：更接近文化、提高大眾交流的質量，發展獨立的公共媒體、促發創造性的工作、促使傳統文

化氣質現代化、加強民族文化生產、保護國家文化出口。

文創產業的政策指向包括三個部分：分別是聚合與雜合（convergence & hybridization）、務實的做法與行為（pragmatic）、多樣與多元（diversity & pluralism）。值得注意的是，這三個部分避用過去習慣的「整合」、「共識」等一元性的語詞，並且也將兩個互為爭議的多樣與多元語詞並陳，頗見其包容企圖[30]。

文創的發展範疇包括：劇場、藝術、音樂、文化資產、文學、電影、傳媒以及跨界融合。其範疇聚焦於文化領域，另以「跨界融合」為可能的科技發展趨勢保留寬廣的空間。

文創產業概念的發展，至此逐漸成熟，並且也形成政策，前瞻未來則仍有值得思辯處。

文創產業產業鏈概念

討論產業鏈概念之先，吾人不妨再將文創產業的政策理念，從觀念與實務二方面作一省思。

於政策觀念面言，可以綜合為[31]：

1. 阿多諾的文化工業論述確有其啟發性，西歐，特別是左翼學者發展馬克斯理論予以複數化，將其產業化概念由經濟面轉為以知識為基礎的文化產業，用為處理城市去工業化問題。此論影響英國的「創意產業」（creative industries）思維。

2. 創意之獨特性係由以創意管理為核心的組織組成，並產出具

有強烈象徵意義的產品，形成足具資本市場的智慧財產權（版權）。

3. 由於文創與傳媒業的創意管理技術並不完善，其產業亦不符合所定義之核心標準：可複製性及使用價值的不確定性，因此不能將一般產業創意和文化創意混為一談。

4. 創意概念在數位時代已然形成意識形態，視為藉互聯網組合群體創新網絡（COINS），以促進部門合作合理化，業務流程合理化的當然途徑。

5. 文創產業應區分其產品為二：文化「產物」（cultural "goods"）與「串流」文化（"streaming"culture），後者的特質是藉其強勁之暈染力以除舊佈新，前者則宜關注生產和勞動力對文化「產物」內涵的充實，及其社會邏輯。

6. 文創產業有五組社會邏輯：文化商品的編製、生產「串流」（production"streaming"）、新聞撰寫、電腦程式編寫、現場演出再製作等邏輯。

7. 文創產業業者間具創意與製造雙重角色，應超越一般產業的策略「並行」（strategic"juxtaposition"），而導向長於操作科技工具與內容接收作為的文化實踐。

8. 文創產業的未來發展頗難預料，若僅認為取決於技術變革或金融資本策略則失之草率，需考慮之因素頗多，基本上應放眼於發展中的結構要素，以及當前潛在創新載體之間的平衡。

於政策實務面言，可以綜合為 [32]：

1. 英國最早界定「創意產業」之名，乃源自 1998 年 9 月發佈的。「1998 年英國創意產業專題報告」，定 13 項內容做為擴大海內外經濟實力的新政策，此文件內涵仍循全球自由貿易邏輯，可謂乃新自由主義思維的最高峰。

2. 法蘭克福學派觀念與伯明罕通俗文化研究的影響，布萊爾政府希藉創意產業政策形成各種各類「產業」，文創產業即其中之一，其後再演為創意經濟（creative economy）施政藍圖。

3. 2015 年英國政府估計，創意產業占其產業量的 1/12，增加 5.6％就業率，5％的經濟貢獻率。同年延用 2001 年賀金斯（John Howkins）所創的創意經濟概念，聲稱民族文化經濟化不但具有全球吸引力，並可用以調適國內地域差異及特性，組構創意國家，於全球戰場取得競爭優勢。

4. 英國政府復主張投資人力資源，改進教育品質與開發創意、提升勞力素質，並積極建置展策機構，藉「創意場所營造」（creative place-making）取得新空間，以轉型逐漸固化的市場為「文化歡樂派對」（cultural gabfests）氛圍，媒合文創產業。

5. 其後並以創意轉向（creative turn）為據，應運而生創意城市（creative cities）、創意園區（creative region）、創意創新（creative innovation）、創意技巧（creative skill）、創意教育（creative education）、創意生態（creative ecology）以及數位創意經濟（digital creative economy）等文創空間。

6. 2016 年 3 月發表文化白皮書（1965 年以來第一本），強調三

種文化價值（固有、社會、經濟）的重要性，並以文化政策強化經濟、促進個人福祉、提升教育素質，以及開創人生機會與軟實力。

7. 英國將創意經濟體制化，2016 年成立 5 個主要大學聯盟，其中 4 個屬性為創意經濟的知識交換，第 5 個為智慧財產（版權）及創意經濟研究中心（CREATe）。

8. 2008 年歐盟公告以文創產業為歐洲文化的中心議題，歐洲議會亦以 The Economy Culture in Europe 為命題相呼應。

9. 2009 年歐盟發佈 The Impact of Culture on Creative，該文件進一步強調以文創產業作為歐盟經濟、社會創新的發動機，以發展歐洲為全球精緻文化創意基地為目標。

10. 2010 年歐盟發表綠皮書，聚焦於對於各種文化與創意內涵的掌握發揮，並反應歐洲文化多樣化的特色。

　　縱觀前述觀念與實務的脈絡，從文化工業到文化產業、創意產業、文創產業再到創意經濟的一路演化，可以理解文創產業的日漸成熟，且廣泛地成為一種全球性的新經濟型態，超越了傳統資本主義與馬克思主義的論述，同時它所展現的彈性、多變化、包容、跨界域與更強的個人化等特質，也促使吾人對其生產鏈的理解不能自我侷限。以下作者試圖藉兩組途徑理解：創意取向與生產取向。

　　先談創意取向，焦點集中於創意者個人的展現。

　　創意者先有「創意」（creativity），此時尚屬於思索階段，

借用卡爾波普（Karl Popper）的三個世界觀念，創意啟於客觀物理的第一世界，進入心靈探索的主觀心理第二世界，而至意識（心理）進入實踐的第三世界即為「創新階段」（innovation），所謂創新是在已知或已存在的基礎上再發展，既是知識的形成，也是創意的實踐。

由於三個世界並非各自孤立存在，乃處於彼此互為主觀的生活世界，當創新者步入「成品階段」（products）時，即自然需估量其實際生活環境，此期間包括省視各類經濟資料（economy date）、所面對的市場以及包括自己在內的創作勞力資本。

緊接著進入「呈現創作品階段」（representation），此時個人的創意與創新即扮演著關鍵位置，抽象的表達創意理念，具體地展現創新成果。既成為文化產物（cultural goods）亦逐步跨入「量產階段」（total mechanizing），這也是成為文創商品的「宿命」，不論創作個人捨或不捨。

「生產鏈階段」（production chain）出現，此時所需要的是各種產製組合（combination），包括創作者、投資者、技術者與工具面，以及產銷聚合（convergence），其中溝通與傳輸的是否「靠譜」，最關鍵處則端視傳媒聚合的良窳。

接踵生產鏈之後的是「擴大再生產階段」（expanded re-product），當然利潤最大化是投資者的終極目標，於此階段傳統的勞資矛盾浮出水面，也相似的創作者往往處於下風，不是

受困於財力，便是受絪於契約，此時的保障有二，智慧財產權（版權）的保障和文創產品象徵符號的主導權。至「價值階段」（value）能促使彼此雙贏的是，文創作品的原初價值展現、以創意為中心的意義創出、以產製方為主力的愉悅生成，以及以產銷方型塑的消費體驗。

最後粉墨登場的是「促銷階段」（promotion），集中火力搏命演出，不斷為文化產品建立話語、進行認知操作以及強化消費大眾的認同感與忠誠度，行銷團隊有如八仙過海各顯神通。

關於文創產業鏈的生產取向：

■第一階段，創意內容與智慧財產權的原創及產出，這個階段包括原創的過程、受委託的特定內容項目的整合、智慧財產權的授權。

■第二階段，原創概念的創製成型，並且原創作成品可以複製為一個模組，以待量產。

■第三階段，將創意產品與服務，經由行銷通路或管道，傳輸至消費者端的各類活動，並對原創產品的量化複製行銷，以及數位化再發展。

■第四階段，藉展演性功能的場域發表，或將成品以特定品牌與商品型式上市，目前非媒體行銷的急速成長，為及時掌握市場訊息，除了大數據工具的應用之外，曾一度打入冷宮的個體販賣和街頭行銷鹹魚翻身，成為行銷部門用來作為檢驗市

調及探測市場的尖兵。

文創產業鏈除開前述的二組「正規軍」取向之外，尚有針對消費，抓住人性（虛榮感）與心理（惰性）弱點的「野狐禪」模式：第一個是顧客錨定模式，其作法包括品牌的歸屬感、升等的優越感、競賽的成就感。

第二個是顧客鎖定模式，其方式包括產品系列鎖定、會員關係鎖定、尊榮關係鎖定、綁定關係鎖定（釣餌鎖定）。此外尚有運用者如，顧客量身打造模式、顧客體驗參與模式、顧客個別關係模式、顧客服務平台模式、顧客社群群聚模式。

文創產業的發展形態

米耶季指出文化產業已然成為當代主流，其所引發的關鍵變化如：金融化、集中化、國際化、多媒體、傳媒化、數位化、聚合、新媒體、放鬆管制與再管制、內容創意產業化、商品化、合理化、科技規範及運用標準化、實踐個人化。針對此些變化渠復提出四組系列的「突變」（Mutation），以理解文創產業發展形態，是頗具啟發性的指引[33]。

突變一，資本擁有者（資本家）的經濟與金融策略。其現象與趨勢為：

1. 經濟能力與社會力量的集中是全球共同趨勢，其中以日益集中和強大的傳媒群最引人注目，藉由全球重組形成垂直壟斷，

轉為更具彈性和靈活且因時因地不斷變化的操控，其控制能力並漫延至諸如生產、分銷和交換過程的操控。

2. 固然傳媒群的集中是當代媒體競爭的特徵，然而在各類傳媒技術的加持之下卻使整合過程更趨複雜，尤其於全球領域。

3. 金融體系與傳媒群體的結合，在所有權和操控能力雙結合之下，自然促使經濟權力漂移，經濟權力回首轉為政治權力、輿論權力，媾合為威脅民主社會的怪獸。

4. 集中所形成的寡頭壟斷者，一則將威脅非屬於寡頭壟斷的其他經濟體；再則將犧牲消費者權益；三則將創意創新的風險，轉嫁給個別或微型企業體。

5. 國際性的雙頭壟斷主導者，不投心力於生產，而興趣於分配控制和處置程序，利用特權購入分配權，此亦為目前文創和傳媒業的趨勢之一。

6. 此一趨勢雖引金融機構日益介入，但由於仍未形成產業經營戰略，因此直接影響文創及資訊質量的操作尚有限。

7. 非媒體和工具技術的澎渤發展已觸發資源轉移，最明顯的是傳統電子傳媒的廣告資源被分割，因此完善的廣告，例如對閱聽人和廣告業雙市場的分合策略，乃頗具關鍵。

8. 合理的編製策略，其中尤應用心於利潤追尋與權力追求之間的拿捏，雖然經濟權力可轉化為市場以至政治權力，但營運目標不宜過度偏向，終究權力遊戲的複雜度和不可預期性太高。

突變二，法律與政治的轉變，其中復以監管制度的再調整和版權體系的轉變為基本舉措。其問題為：

1. 基於經濟自由化和新監管需求的雙目標之下，對廣電傳媒、電信和資訊內容產業的監管法規始終處於不斷修正的狀態，但是也一直與兩組根本難題糾纏不清：主事者是否確定朝削弱電子傳媒的方向推展？對於文化和藝術領域的發展，政府有否釐清何謂公共服務的政治規範或標準，並扛起政策制定的責任，還是讓位於民間部門自主運作？

2. 關於版權的管理也是一直處於因應市場發展而轉變，美國1877～2007年間關於音樂錄製法規的演變過程，例如官方由製播專有權許可的「權威資源」（authority resource）角色，轉為「分配資源」（allocation resources）身分，即可做為文化產業於版權管理方面持變的縮影。由於全球化的發展，未來有可能跨國集團基於利潤的追求和操控的需求之下，藉世貿談判或壓力建構全球性體制。

突變三，個性化與差異化。其影響為：

1. 在全球趨同性的趨勢下，展露其顯性功能：過去三十年急速成長的個性化商品與工具，既是量產也透過網絡及內容彼此串接，功能彰顯之餘卻也形成雙重極化，一方面是對社會不平等差異效應的持續；另方面則為強化個體的行動規劃。此也構成世代與流派差異，促使彼此於職業和生活場域之間的相互滲透。

2. 中介傳播業（例如廣電）已滲入個人的生活領域，並也隨資訊和網絡科技而不斷強化，對此雖有諸多負面評論，然就一般生活領域而言，卻並未構成嚴重人際隔閡則為事實，但是傳媒工具與技術的壟斷，以及組織化的運作，類如「谷歌化」，所構成資訊和技術掌控者的優勢，也是不容諱言的真確現象。

3. 的確當下相對普遍的網絡與數位科技並非來自科技帝國的成就，而是整體社會成員參與的貢獻，為此之故多數工具使用者對於付費一事乃趑趄不前，或甚至懷濫用之念，此亦屬全球現象與趨勢之一。

　　突變四，對文化與傳媒產業特別具影響的四組運作模式：

1. 聚合（融合）：文化產業與資訊及數位科技之間的互補關係日益密切，不過吾人不能以一般的產業邏輯比擬，也不宜與產銷運作或甚乃以隱喻的方式理解，一則在運作特質上，文化工作者多屬獨立創作的「個體戶」（freelancer），規模普遍有限，並且變動和不確定性皆高，自然不能與工業生產的標準化相應；再則在運作本質上，即便採用各類資訊或數位科技方式以遂行藝術呈現，但是畢竟僅屬於輔助性的工具關係，至多也屬互補關係；三則在運作屬性上，一些公共文化機構、藝術策展組織、發行公司和獨立傳媒，多半扮演類如中介傳輸功能角色，很難與一般產業的運作模式混淆。

2. 同質化：通常以為在資訊科技的牽動之下，會促發文化產業間的聚合，並從而獲至同質化的結論，然而事實不然，文化

創製者的運作特質使彼此仍維持各自的工作方式，甚至連橫向整合的關係也很低。反倒是垂直壟斷的集團基於利潤最大化的商業邏輯，反而使商品類別標準化，以及商品種類減少，文化創製者與文化商品選擇性的被「同質化」，此或可以所謂「型錄與電視的辯證」（catalogue and tube dialectic）自嘲之。

3. 編輯模式與流動模式的前景：此兩組分屬平面和電子傳媒的前景與當代資本主義文化產業體系密不可分，關鍵不在何組模式會獨霸抑或消失，重點是隨著技術開發、文化商品的多重組合、經營組合與形態的不確定性，此兩組模式會以何種雜合的面目呈現於文創產業舞台。

4. 「創意產業」（文創產業）與文化產業：關於此議題可以兵分三路來「解題」，第一路：英國新工黨政府將「創意產業」從觀念到政策確實具有開創性，並且也融入創意經濟之內彼此相濡以沫，目前卻有意識形態化和趨近一致性的實踐惰性隱憂；第二路：創意管理和獨特象徵意義的創製品，是文創產業的二條腿，並且在智慧財產權的保障之下，的確能鼓勵個人創意潛力的發揮，對社會整體發展上有其結構性貢獻，就業率的提昇是事實，面對未來要考量的是其經濟基礎如何？第三路：一般產業創造力與文化創造力本有區隔，前者以產業邏輯發展，嚴格講文化產業包括於內，量產與複製為其特性，有如出版家和創作者的「版權」關係；後者強調創意的獨有和獨特，屬於智慧財產權範疇。如今為發展文創產

業（創意產業），則如何藉由二者共享的創意自主互為媒合是為政策考量核心。

　　參照前述四組「突變」的觀念指引，擬藉下列文創產業發展模式作再深入的探討[34]。

　　第一、鉅石型凝聚體（monolithic conglomeration）：以龐大跨國產業官僚集團為主體，例如迪士尼集團，掌控絕大多數文創產業，以品味標準化大眾消費的習慣養成與形塑為主要推展模式，徹底整合原創資源與創意市場，跨越不同產業界限，創造商品互補性、標準化與同質化文化的場域。

　　第二、共棲型聚合體（symbiotic conglomeration）：由上游中小型文創工作室，下游大型發行企業組成，形成短、中、長期的競合關係，例如亞馬遜集團與各類中小企業體或獨立創意工作室，前者以通路及市場掌控見長，後者藉文化產品，尤其以創意爭取主動優勢。發展出三組組合變項：

1. 大企業絕對主導，中小工作室有限自主，有如迪士尼與皮克斯動畫工作室；

2. 對等關係，主企業或公部門掌握規則先發權，多屬工作委外形式，中小工作室屬半獨立狀態，雖僅扮演受託角色，但也常經由創意展現爭取主導機會；

3. 平等夥伴關係，例如個別藝術創作者與經紀人關係，彼此分工合作各展所長，分享利潤。

第三、主宰型聚合體（dominant conglomeration），包括三部分：

1. 資本擁有者（資本家）掌控創意資源與科技能力，形成創意人才集中，強化標準化與同質性，提供創意人才全球性的宏觀視野；

2. 創意人才涵化為品味均質族群，形成聚合效應，有如布迪厄（P.Bourdieu）「場域」理論，同儕關係密切，彼此於專業領域中處於競合狀態；

3. 文化霸權群體藉文化話語權和社會優勢位置，轉化其他族群文化意涵，透過相對標準化的生產過程，製造新文化消費符號，鯨吞蠶食市場。

第四、虛擬集聚體（virtual agglomeration），網際網路的發展趨勢，特點是：

1. 模糊傳統界域，創作與合作也打破畛域，以及各類虛擬創意社群出現，例如群體創新網絡（COINS/collaboration innovation networks），主要內涵包括群體創意、創新知識分享、網絡社群，其組合為任務與功能取向，去中心化之外，可以隨時、隨機調整的彈性組織，組織形態有如蜜蜂和螞蟻的群聚形式，作為觀念傳導的平台。

2. 觸發企業組織轉變，虛擬性組織出現，扮演核心／集線器（hub）統籌性功能。面對新市場，迫於新形勢，企業逐漸往智慧型組織成長，以資訊技術，資料分析為核心，藉工業物

聯網（IIoT）／回授系統組構組織為「智造」基地，為斜槓整合的液態組織氣候。

3. 創製端與消費端形成新的互動關係，產品多樣性及產品細化，消費者型塑新品味、創造新市場，文化雜化現象浮現。

　　第五、數位經濟複合體（digital economy complex），象徵數位生產與消費時代的開端，也給予吾人更多的反思空間，其現象為[35]：

1. 觸動產業革命的六大創新，包括移動網路（mobile internet）、知識自動化（automation of knowledge work）、工業物聯網（IIoT）、雲端技能（cloud technology）、先進機器人（advanced robots）、3D 列印。此六大創新亦構成創意的戰略支撐，成為反思文創產業在推動上的盲點，例如是否過於執著於獨創性，而忽略或排斥新工具的運用？

2. 形成數位科技聚合（convergence of digital technology），包括：如零售百貨的 e-commerce、交通的 automatic vehicle、教育的 massive open online course、健康醫療的 electronic record & personalize medcine，以及社交網 social networks。這方面有兩種截然不同的認知，樂觀者認為可以補強生活文化的多樣性；悲觀者以為將驅趕人類的「廢人化」（proletarianization：此詞直譯是無產階級化，但接續老馬的異化論，則是人的自我棄絕，所以用「去人化」較達意）。

3. 眼下頗夯的網絡集合體 GAFT 與 BAT，已然促使個人或社群成為資供客（data-providers），被社群網去個體化，多數人深以為懼的是，由這些集團垂直壟斷下，為社會所形塑的新規範、新習性，從而養成另一種宰制，一種超越納粹或史達林主義的宰制。這種憂懼業已促動各國，尤其是大陸法系國家的修法趨勢。

4. 數位經濟的特點：

(1)品牌與顧客關係變垂直為水平。傳統主顧關係繫於形象（品名、商標、標語）；數位經濟的特點：

　A. 品牌成為顧客經驗的再現，體驗經濟渭為主流。

　B. 品牌概念與品牌定位相聯（品牌如朋友），為品牌充實文化內涵普遍受到重視。

　C. 數位的穿透力使品牌必須獨有本色（authenticity），本色也是品牌的無價之寶，強調在地文化連接，追尋文化創意成為王道。

　D. 數位的穿透力使品牌不能犯錯，必須持續保持聯接、溝通、誠信，獨特性（character & code）是品牌存在的理由（raison d'etre）。

　E. online 與 offline 的互動聯結，使產業必須不斷創新並保持彈性。

(2)行銷從 4P 到 4C：4C 指共同創造（co-creation）、共同啟動（communal activation）、對話（conversation）、浮動訂

價（currency），此構成數位經濟的營銷骨幹，為免重蹈過去偏重產製導向的覆轍，主張 4C 和 4P 的互補。

(3) 4P 乃重生新概念：產品（product）：善用數位科技強化服務、創意與盤點精算。例如，UBER.2009 年以仰賴上述經驗，市值達 600 億美元。促銷（promotion）：以集客式策略（inbound strategy）取代推播策略（outbound strategy）；改變外推式（push strategy）為拉引式（pull strategy），此間文化創意有關鍵策略的位置。通路（place）：善用 online 與 inbound，創造服務條件。價格（price）：保持彈性，創造產品質感與消費者的價值感。

5. 數位行銷革命：Marketing 4.0

(1)從區隔（segmentation）到鏈結（connectivity）。例如 1996 創立以來耐吉的營銷策略是「一對一」（one2one）鎖定目標客戶，並以其移情至大眾的品牌認同，且相當成功；而於 2017 開始調整，改以「直接訴諸客群」（D2C），以因應網購時代的新趨勢。

(2)行銷範式的演化：

A. AIDA 範式（Attention、Interest、Desire、Action）

B. 4A's 範式（Aware、Attitude、Act、Act again）

C. 5A's 範式（注意 Aware、吸引 Appeal、查問 Ask、行動 Act、推介 Advocate）

　　此項作為一則在應對數位革命的挑戰；一則為商品增添

更多的「人味」，當然文化元素為主軸。

(3)強化行銷漏斗（沙漏 marketing funnel），使潛在顧客由上而下、由大而小、由廣到深。其關鍵處在避免沙漏中間瓶頸段，即「提問」階段逗留太久，提問的原因不外有二：好奇心與價值感。因此在整個行銷策略的研定不能忽略此因素，此外就顧客長期養成和維持上，購買「行動」並非重點，重點在後續的「推介」，此既屬於顧客對品牌的忠誠度，也關係到品牌的永續性，此亦所謂的「長尾策略」（long tail strategy）。

6. 消費與企業互動的演化

(1)消費端：

A. 網路鏈結，使消費者評估產品時間有限，體驗也難以聚焦，如何在已然追求速度成習的消費者能對產品青睞，則長期培養消費者的文化親近度是主打項，長尾策略不可少，人文色彩居首位。

B. 由於資訊管道多元，消費者意見多、勇於表達，以層出不窮的文創展現，是引發良性互動的契機。

C. 不再依賴廣告，更相信同儕、親友與社群媒體的分享，網絡關係的培養為重中之重，要於多如牛毛的網路世界脫穎而出，文創工具不可少。

(2)產業端，必須回應消費端的「教戰守則」：

A. 覆蓋網路通道，加強網際溝通，聚焦同儕對話。

B. 強化露出管道，深耕品牌的喜好度與忠誠度。

C. 開拓顧客界面，不再耗時於所謂的「目標客戶」。

D. 提升關鍵接觸點，影響消費者鏈結與支持的力道。

E. 推薦品牌獨特性，展現品牌本色魅力。

第六、後新冠疫情的新型態（post-Covid-19's era）：

新冠疫情如秋風掃落葉，前所未有的直逼全球，更加速度地促使世界大結構的改變，是一個大江奔逝不回首的變局。其主要特徵和趨勢如：

1. 新產業型態發展，科技如雙面刃，既是進步也是裂解。

2. 零接觸經濟時代的來臨，諸如宅經濟、B2C、C2C、區塊鏈皆是趨勢。

3. AI 應用的常態化，如何降低對它的不確定感是一大議題。

4. 生化科技如遺傳學、免疫力研發以及遠距醫療，將進入主流科技。

5. 大數據工具化，逼使資訊透明，也成為權力的基礎，新政治倫理和社會道德亟需建立。

6. 新治理型態的發展，尤其是「後全景式」（post-Panoptical）權力關係，治理型態超越了空間時間的限制，人際關係進入所謂「相互承諾年代的終結」（the end of the era of mutual engagement）[36]。

7. 全球在地化（glocalization）趨勢下的區域經濟合作，為維繫

生態共生體系，全球化的政治合作與去意識形態成為必要[37]。

此一大變局是為後疫情時代，影響於文創產業者為：

1. 產業組織再造：跨界部門整合，群聚合作由應然而為實然。

2. 實體店轉型，虛實合體為大勢，其副功能是藉機汰弱留強。

3. 線上娛樂是消費市場主流，藉「虛擬聚合體」壯大。

4. 小社群（區）經營：

   ⑴外帶店（pick-up stories）常態化：麥當勞原型店。

   ⑵為節省店面空間，降低營銷成本，7-11 原型店普遍化。

   ⑶以 app 類網路訂單為核心，5G 世代新服務常態化，加速滲透小社群。

5. 五代同堂（嬰兒潮世代、X 世代、Y 世代、Z 世代、Alpha 世代）提前出線，必須老少新舊兼顧的營銷觀念也提前出現，科特勒（P. Kolter）所稱，融合以人為中心和以科技實力為主軸的產銷 5.0 革命翩然而至。

第五章
文創產業的特質

一、領域與空間的鉅大涵蓋面

　　傳統產業領域包括物質資本、經濟資本、資本累積與量產為其基礎，藉此追求利潤的最大化是簡單的資本邏輯，20世紀初所發展的福特主義，以及踵其後的泰勒主義是為典型，彼等發展至最高峰不但為所有遵循資本邏輯的各經濟體奉為圭臬，甚至希特勒納粹集團亦取用其生產鏈邏輯，用為屠殺猶太人等種族滅絕的工具，直指此種扭曲的工具理性惡果，法蘭克福學派和鄂蘭（Hannah Arendt）的極權主義論述可為經典，在理論上亦直逼為福特主義下全球體系合理化詮釋的美式體系理論，直接間接啟迪後續關於文化產業的辯證發展。

　　另則於產業結構本身，於20世紀中業以美國為主的資本主義體系開始轉向，由原本全球製造中心轉為全球消費中心，結構的轉變也帶動營銷觀念和社會哲學觀念的轉變，此兩種轉變聚焦於後工業化論述，具體展現於後福特主義，其內容大致歸納為，藉彈性生產和消費者主權途徑，因應生產過剩現象、面對勞資緊

張關係與生產力減弱現象，進行組織改造，組織由垂直式、模塊化轉為扁平式和八爪魚式，一方面推動更符合人性的創新管理，一方面主張委外革命，降低生產成本的同時觸發創意移植、營銷模式步入以人為中心的所謂「營銷3.0」（Marketing 3.0）階段，並且鼓勵藉文化創意配合組織改造，提昇整體生產動能，以及在全球化趨勢中轉垂直分為水平分工。

　　文創產業融合了營銷觀念與生產技術雙改變的趨勢，鼓勵產業往人類智慧和創意潛能的開發前行，其內涵包括知識資本、文化資本以及數位資本的聚合。知識資本集重點於智慧財產權的開發、運用及保障，其中復以文化產業的發展為聚焦，同時涵蓋了廣泛意涵的創意產業，與指涉清析的文創產業。

　　數位資本是資訊科技的廣泛代表和運用，從3C產品到網絡以至AI機乎涵蓋了我們所有生活面，由於文創產業在本質上源於對通俗文化的再詮釋，是一種抽象思維和具體生活的辯證反思過程，也是以務實的態度處理科技與文化彼此相融互補的關係，數位資本不被視為對藝術文化的威脅，通俗文化也不再是難登大雅之堂，反而成為文化群聚裡的鯰魚，文創產業也做為通俗文化與數位科技的黏著劑（adhesives）。聯合國教科文組織與歐盟以內容產業為文創產業的同義詞，事實上應有蘊含此意的考量。

　　於今吾人不宜仍以工具來理解數位資本，過去在機械時代，機械是工具並於分工體系之下，人的日常生活和工具彼此清楚分離，乃至於人與工具的空間也涇渭分明，因此人的思考模式

習慣於二元對立，甚至連 work 與 labor 皆有區隔，前者為有價值的勞動，後者則非，並也由此區分不同的身分，工具之於人大矣。及至跨入電子時代工作與生活益見相互融合，早自 65 至 80 年代出生的 Y 世代已經有所體驗，而到 97 年以後出生的 Z、Alfa 世代則更屬於「數位鄉民」（digital natives），再無人與工具，生活與工作的明確分割，其生活、工作和思考日益多元、多樣、多變化，在此主客觀條件之下與數位資源互融的文創產業不但逐步擴大領域，而且也急速暈染生活。

參照布迪厄的文化資本論述，以社會場域人皆有經濟資本、社會資本與文化資本，三項資本之中則以文化資本處於為社會和經濟資本累積價值的關鍵地位，其表現於各自的專業場域以及生活品位 [1]。同樣的前述的三個世代已然對生計、生活的認知需求超越於生老病死的物質空間，而是更趨向於文化資本的審美、休閒和娛樂的品味生活空間，因此當這些詞出現於生活空間時：資訊娛樂（infotainment）、寓教於樂（edutainment）也就不足為奇了 [2]。

二、生產與消費方式呈現全球性及地方性

（一）整體經濟面向

再贅述一次文創產業的背景圖：世界貿易總量增加、企業面臨全球競爭、三邊經濟勢力（美、日、歐盟）面臨挑戰、國

家資本主義形成、金融市場顯著擴張、去工業化現象之下，已開發社會新工作多數僅適於高技能人員。

關於去工業化後所形成的影響相對最為急迫，19世紀的兩次產業革命，幾乎是花了一個世紀的時光，勞工福祉才獲得解決，勞動技能才循序提昇。如今20世紀末期所展開的兩波產業革命，其速度、力道及覆蓋面超出傳統經濟發展理論的想像，傳統的勞力密集、資本密集、技術密集三段發展邏輯幾不適用，在資訊革命帶動之下經濟可以跳躍式的發展，影響所及，過去以區域為劃分的第三世界領域不再必然，在所謂已開發的第一世界其國民與勞動力若沒有搭上資訊技術列車，也同樣存在第三世界，即所謂第三世界內部化，或者被技術能力排斥於社會之外的「第四世界」；此外在如此高速度技能發展之下，勞動力問題所觸發的連鎖反應，不會再有過去一個世紀的調適時間。

為解決此等問題，其遠程策略在進行人才培育和技能轉化，高教改革已然成為共識，但是採用何種有效手段則人言言殊，各自尚在摸索階段而一些副作用已經浮出，諸如課程模塊化（modular）所造成的學非所用（美國僅16％大學畢業生認為學以致用）、美國61％的30歲以下青年認為必須學習新技能，其93％需自籌學費、英國在職青年的在職訓練機會平均減少50％，每週學習時數僅0.69小時，而公司卻要求謀職者必須學用無縫接軌，此外教育資源分配不足所加劇的階層化，和年輕人相對的被剝削感是社會穩定的最大隱憂。儘管高教改革之路

滿鋪荊棘，然而必須義無反顧的走下去。

至於近程策略目前或有以下數端：結合數位科技的應運內容，循教育系統設計育才課程、接合新一代的社交工具與配合新興工作型態如：依網路工作的「平台經濟」（platform economy）、「分享經濟」（sharing economy）、網絡組合的「集體創新團隊」（COINS team）以及零工和個體戶（gig & freelancer）工作型態開拓創新領域，推動創意經濟範疇內的文創產業為各國的所執行[3]。

（二）接合全球化與在地化的資訊資本主義（informational capitalism）

全球競爭力展現於四組條件：整體產業技術能力、進入前端市場的通路、生產成本與目標市場間的價格差額，以及與超國家組織對於成長策略的政治操控能力。其根源則植基於形成全球在地化（Glocalization），就產業而言，為一種全球品牌（global brand）和在地創新（local innovation）的組合，賴資訊科技的接合使此組合模式日益成熟並形為常態。

作為當前產業領頭羊的資訊資本主義，其所展現的功能褒貶不一，從文創產業的角度對於全球與在地的接合確有其必要，涵蓋了技能及創新特質的資訊科技乃水到渠成的成為最關鍵的接合劑。從組織模式的視野出發，資訊資本主義的幾組轉化確有值得肯定處：

1. 從大量生產到彈性生產，予企業體面對快速汰舊換新的資訊市場，有更強的應變力。

2. 小型企業與大公司危機的謎思（myth），在後福特主義觀念引導下，大公司藉外包或策略結盟方式，以公司水平化和微型化組織分散風險，不再停留於大就是安全保障的謎思。此以垂直型態風險管理謎思的解除，無形中提供微型文創產業較多的參與機會。

3. 豐田主義（Toyotism）：以資訊技術的廣泛應用為主導，簡化不必要的中間過程，減少「無馱」（muda／無必要的浪費），強調以最少的工作，最大的尊重（客戶和員工），最新的創意，創造最大價直底「精益生產」（lean production）。豐田主義的精神為文創產業奉為圭臬，尤其於資訊和創意接合面。

4. 資訊資本主義的顯性功能，在公司之間網絡化與企業策略結盟，以及水平公司組織和全球性企業的網絡串接。

（三）20 世紀文化領域三次革命促使地方抬頭

第一次大戰後以威爾遜主義為主流的文化治理觀念，引發第一次文化革命，從無目標自由發展狀態，到要求政府參與，逐漸打破少數菁英權貴壟斷文化話語權及資源分配權。

第二次大戰後傳播工具革命性發展，攪動第二次文化革命，民眾享受文化權利和人際知識交流增加，大眾文化、流行文化，開始展現魅力與影響力，地方性消費能力提升，尤其全球分工

體系在資訊革命深化發展的催動下，逐漸偏向水平分工，地方取得發言權，使其文化治理能力日益圓熟，文化工作者也開始湧向地方尋求資源及創意。

緊跟隨前一個階段，第三次文化革命啟動，在全球化的浪頭上，國際間文化合作促使文化互惠、交流成為一種主流，也同時地方文化特色的展現也蔚為風尚，數位科技為地方與全球、為文創產業和地方特色的接合提供強勁的助力。以上三次革命使地方抬頭，文化消費者角色愈來愈強，也相對地日益掌握文化消費選擇權、解釋權與發話權[4]。

三、文創產業發展呈現創新性

（一）為釐清觀念，波特（Jason potts）等文創研究學者特別區分「創意」（creativity）和「創新」（innovation）。說明創意屬於觀念層次，為產生和表達新觀念之能力；創新屬於實踐層次，係對創造力的利用能力。以上解釋釐清了文化創意產業的二個階段，從觀念的發想，到實踐有其一定的邏輯、一定的過程。此處反映了柏拉圖以來的二元思維傳統，以及傳統產業生產時期的機械邏輯，估不論其是否適宜，但是在語意釐清上應有助益[5]。

（二）英國界定創意產業（Creative industries）涵蓋也指涉文創產業，主張：

1. 創新性或創意性是經濟企業的主要動力與特徵。
2. 將文創產業定位於三個面向：經濟數據、市場、創意人力，並以「毛附加價值」（GVA）取代 GDP。
3. 創意產業源於個體創造力、技能和才華的活動；此處特別將文創產業聚焦於個人創造力的發揮，此固然與英國海洋文化背景和個人主義傳統有關，特別重視個體的獨立性，也與英國的就業形態相關，例如英國廣播公司的自顧工作者即占其員工的 54% [6]。

（三）文創產業控制全球重組的新規則，環繞幾個核心

1. 新體制的財富並非來自傳統產業生產的樂觀態度，認為只要產品適格定有市場，而是來自創新，來自不完全理解的不可知的世界。
2. 超級網絡的敏捷性、靈活性是形構未知世界理想環境的主要元素。
3. 因為不再追求完美，乃被迫放棄已知世界。
4. 網絡經濟為主導的環境中，創造性地毀滅比以往更快速、更激烈。

（四）文創產業的創新性在於：

1. 必須以新觀念、新思維、新方法來進行產業的整合與發展。
2. 文創產業以新觀念、新思維、新方法創造財富。

3. 必須面對瞬息萬變的市場。

4. 善用「文化機器」，藉以擴散到經濟和社會活動面，即認定
   文化產業是經濟版圖之一。

　　創意與軟體的基礎建設是文化規劃和發展的硬道理，也是
文化堅持及創新發展的重要條件。

四、文創產業未來形態的風險

　　文創產業未來形態的風險性包括：

（一）資訊資本主義的強勁掌控能力所引發的負面效應，促使
　　　國家主權弱化，傳統文化面臨邊緣化危機，文創產業首
　　　當其衝，為將損害降至最低，例如法國的文化例外主義
　　　（exceptionalism）、澳洲的文化防火牆（cultural-firewall）
　　　和加拿大以多元文化為軸心的場所轉移（forum shifting）
　　　策略。面對此主權弱化的挑戰，本於公平正義原則，賦
　　　權公民宜為治本正道，即保障並養成人民擁有運用資訊
　　　工具能力、享有資訊發展成果，以及免於資訊監控與霸
　　　凌恐懼的「資訊公民權」[7]

（二）資訊主義輻射下文創產品速率快、時間落差小，以致文化經
　　　濟的創新與產製同時帶有強烈的空間模式和短時效應，進
　　　而在時空壓縮下，褪流行與盜版相對快速，針對此現象的
　　　抗體是：文化信心、創新預感、想像力的堅持、自信和毅力。

五、文創產業以風險極小化為管理策略

（一）在員工晉用上不再以聘僱契約為控管方式，改採以智慧財產權的匯集，包括人才與技能，組織型態富彈性，主要採創意組合、研發主題組合，各組織間透過網路集結作橫向溝通，彼此為潛在競合關係，高獎勵創新，間接管控創意。公司形同智慧財產權的「外殼」，可以各種形式再利用智慧財產。公司整體以採取專案任務型結構，減低人事成本與保持吸納高素質人才彈性。

（二）對新人的發掘普遍不僅由自身人力管理管道，而是信任專業「獵人」公司做初步評估後推薦，企業主管或人力部門不承擔人情壓力，一切依專業、依需要用人唯才。此外於新產品研究與開發，視公司組織結構與體質，部分採取與單一核心公司結合，以彈性的外包代理形式，一則減少成本支出，避免不必要的浪費；再則委託專業，減少間接勞動；三則避免「彼得」現象，以及公司官僚化。

（三）藉文創產業習於空間緊密交織與傳媒聚合的人際群聚特性，建立生產圈及消費圈交集系統，結合街頭流行風概念，組構「行動者，社交網絡，企業」的三叉式「創新咖啡座」網絡型模，掌握最新時尚次文化走向，以降低投資風險。

六、文創產業深受科技發展影響

　　基於文創產業需要借助資科技術以強化其創意擴張的本質，自須習於科技溝通語言，久之也為科技管理觀念影響，一方面將習慣天馬行空，充滿形容詞的抽象語言，轉為精準、具體的技術語彙；一方面維持技術和觀念高汰換率的組織氣候，以資訊科技蜉蝣式生產特質，建立企業組織靈敏度、高彈性度及危機處理與環境掌握能力，此並為文創產業企業面對市場的重要課題。

七、文創產業傳播方式呈現霸權性

　　文創產業觀念與政策起於歐美國家，已然成為世界各國在觀念上、於行動上的模仿對象，無庸諱言的長期於西式文教體制和影視傳媒的薰染，無論深淺吾人對之已產生文化的親近度，或甚至形為意識形態而不自知，借用孔老夫子之言，我們多數是「由之」而非「知之」。這些現象即是葛蘭西文化霸權理論所反映的現象，對於霸權的接受有兩種形式，在政治、經濟和軍事壓力下，情願或不情願的接受，此其一；面對強勢文化懷具羨慕之情，或者功利之心，心甘情願地丟盔卸甲擁抱強勢文化，此其二。二者之間動機或有差異，但是結果則一，就是肯定此霸權的主流位置。

　　文創產業傳播方式內的霸權性，各有顯性與隱性二類，皆與大眾日常生活相連：

顯性霸權主要為西方文化產品，包括意識形態、價值論述，其大者如對某種政治體制的堅信不移，並構成信仰作為至高價值；其一般者展現於文化面最常見的為審美標準，英國國家廣播公司曾經對一群膚色、人種不同的孩童作調查何者最美，結果一面倒地選取碧眼金髮的芭比娃娃；再者如社會生活方式，其嚴重者更以此劃分人的階級地位，遠者如俄羅斯王朝時代，其上層階級的一切生活方式均以西歐馬首是瞻，語言以法語唯崇，恥於用斯拉夫文以其乃低級賤民的象徵，19 世紀末知識青年的「回到民間運動」是文化的反省，也是對此主流文化的反動，雖然最後以熱臉貼冷屁股地鎩羽中輟，然而其餘燼卻點燃了後續星火燎原的熊熊烈火。近者如搖滾世代、嬉皮世代、龐克世代，乃至藝術範疇塗鴉藝術、前衛藝術的反美學，也都是反所謂主流文化的謎思，阿多諾的美學理論和文化工業論述值得咀嚼。

隱性的霸權則為顯性霸權的隱藏包裝，其形式包括廣告、電影、流行音樂、故事文本以及各類文化活動。以上形式的表現最常反映於傳媒編輯，一種現象的直接描繪稱之為「直接意指」（denotation），不含任何詮釋；另一名為「間接意指」（connotation），經過編輯反饋再呈現，於此再製作的過程，製作者潛在意念的意識形態、價值觀皆自然透露，對於間接意指的分析是當前文化研究的重要課題，就研究者言是理解文化創意產業內涵，於業者言則為如何有效操作，以獲致期望目標。此亦所以米耶季於討論文創業的「突變」時相當關注編輯流程的道理[8]。

第六章
我國文創產業問題、策略與政策

問題

一、文創產業事權不一

不諱言,在多數政治人物眼中,文化等於「百寶箱」,平時放著,需要的時候搬出來秀一秀;文化是賠錢貨,因此文化預算永遠敬陪末座、文化官員不需要專業,任何人都可擔任;在一些地方政客眼中更是他選舉機器的「附隨組織」,在地方政府幾乎有一個通則,文化主管的汰換率最快、最高……,可說用政治霸凌文化。

就因如此,地方文化行政者的工作態度更不應自怨自哀,而是更積極深入基層,知曉民之所欲,更充實文化知能,以建立專業權威,更發揮地方治理的靈活性,藉腳踏實地的實踐取得尊重和信任。

就文創產業而言,歷年來在行政院有以院長為首的部會級會報,但形式大於實質,各部會間難有協調,本位主義掛帥,往往形成資源重複與浪費,不能如英國、韓國甚至中國事權統

一，集中目標、集中資源齊一發展。

　　記得筆者任職公務時，有同仁苦言，每當與財經部門協調時總被回以：你們一個文化能創造幾個就業？我們一起手就上千個。這類仍然停留於量化經濟發展的思維邏輯且自以為是，反映經發單位中級官僚的心態。

　　事實上，從功能理解，文創產業間彼此互融互補性頗高，例如文化部的「視覺藝術」、「廣播電視」與經濟部的「視覺傳達」；文化部的「音樂及表演藝術」與經濟部的「設計品牌時尚」、「創意生活」；文化部的「出版」與經濟部的「數位內容」；文化部的「工藝藝術」、「視覺藝術」與經濟部的「產品設計」、「廣告」；乃至文化部的「文化資產應用及展演設施」和內政部的「建築設計」皆可跨界合作、互補，產生「1 + 1 大於 2」的加乘效果，放棄本位，拋棄傲慢才是公務人員應有的敬業態度。

　　進一步而言，從組織運作觀點，「會報型」組織的流於形式有兩個必然的宿命，一個是組織之間的「拔河本質」，也就是本位主義之源；一個是權責推向金字塔尖端，所形成的實踐惰性。為解決或處理政策推行常由政務委員負責，發揮組織協調功能是其優點，而其缺點則是一個個孤立個案，難以作政策延續及整體觀，解決之方可以將政務委員作為文創政策的常設顧問，形同院長之下的執行長，另各相關部會依不同業務性質推薦專業顧問，但關鍵處是切莫組成有形組織，保持專業顧問

群的廣度，以及與時俱進的新血狀態。

　　總之政府的功能在作為一個優質生態環境的製造者、維護者與平衡者，如何制定公平競合的規則，如何部會間協調合作支持業界發展，協助業界解決困難，是公務人員的最高志業價值。

二、產業消費文化

　　長期以來我們的經濟研究多以計量經濟學為主，影響產業界的經濟估值方式，同時也與英美文化相同，產業界長期忽視文化產業並將其與其他產業部門視為一個部門，於經濟統計和估值置以同一系統、同一標準，忽略文化資本估值所必須依據的特殊條件，影響所及於文創產業的利潤估算亦走向政府經發部門的同一路徑，於投融資亦然，必須以等價的不動產為保障。所產生的結果於產業界對文創產業採取代工制或代銷制，文創產業僅為商品之一，不作實質投資，文化僅為其商品行銷過程裡的消費品；金融界於融資時一切以不動產為據，對創意或乃文化產品設計所可能產生的波浪效應則不予考慮，因此盡管政府設置了文創基金，但能獲得者屈指可數。

　　文創產業的發展需要做跨界合作，不能以單一產業視之，固然與資訊產業的跨界接合為文創業界的期望，此間有賴產業界參與建立媒合機制，惟由於前述背景，多數產業界並不積極，實則此一機制的建立不但可以使資訊產業藉其全球優勢條件，

協助我國文創界提昇創意能量，同時亦可以文創產業的多變化內容，為資訊產品開展創新產品。

三、文創基地經營艱困

國內有許多類如文創園區、藝術村、藝術工坊、地方文化館、文化園區、獨立書屋等各種類型的文創基地，多數由文化界人士經營，渠等的確懷具文創理想與文化使命感，然而不論公部門委辦或私人投資，在貸款利息、租金、回饋金壓力，以及契約限制之下皆處於經營艱困狀態，其中不乏因此負債累累者。為謀求營運持續乃不得已改弦易轍，招租餐飲、賣場、展演場多為選項，而承租者在商言商內容良莠不齊，久之乃為人詬病為假文創。

虛心檢討，此種現象的出現，吾等文化主事者皆有責任，其應檢討者如：園區定位不清、未能與政府間組成策略聯盟、未與在地公私部門接合，以致形同地方孤島、公務管理者緊守法條，使彼此皆綁手綁腳、過度強調創意的理想面，忽略通俗文化、消費生產和技術合作三結合的需要與事實面。

由於文創產業的多樣性，既不能以單一產業視之，也不能以單一管理方式對待，更不能以狹義的唯具體創意功能解釋，就後者而言，對創意園區的寬廣視角言其功能有五：

1. 提供展示平台使創意想像，創新產品有發表機會，激發大眾，尤其是青少年的想像與模仿。

2. 結合通俗文化，形成時尚風潮，為文創商品或創意產品構築通路。

3. 藉各類文創商品聚集文創業界，包括資金擁有者、創意開發者、創意運用者以及創意營銷者形成聚合效應，並藉此組成圓桌論壇式組合，促使相互觀摩、分享經驗和異業結盟等多功能發揮。

4. 建立創意窗口，提供產官學界創意人才網絡，為人才找出路，為創業找機會。

5. 園區藉各種展示與活動，養成民眾固定休憩區習慣，為民眾提供魅力和新奇聚集的「假日嘉年華」，使此種類儀式性（quasi-ritualistic）活動供給日常生活之外的第二類／非日常生活，滿足大眾追求心靈安適的人性本能需求。

四、成長的流動性陷阱

1. 成長趨緩（平均營收，2002～08，7.58％；2008～14，2.76％；2014～18，1.19％），廠商家數、就業人數卻反向增加，若未將其他非產業因素排除，易造榮景虛幻錯覺，誤導文創策略[1]。

2. 廠商單位產出減少，產業無法創造成長。

3. 廠商營收規模縮小，產業升級動能受限。

4. 文創產業落入低薪、過勞及小規模產業陷阱。

5. 專業人才不投入或外流，影響創新發展。

五、內銷大於外銷市場，市場規模再縮減

內銷市場規模縮減，文化消費成長為外銷下降抵銷；2009 ～ 14 內銷比重由 87.8％上升到 90.3％，外銷同期下降 2.6％，格外加劇文創產業營運壓力，亦削弱國際競爭能力。

策略

一、掌握文創產業的基本特性

1. 微型產業為主，群聚效應，顯性與隱性霸權競合。
2. 市場變化快速（蜉蝣式），YWN（青年、婦女、網路鄉民）對消費市場影響力日益增大。
3. 複製與量產：技術、通路、價差與政治操控。
4. 金融體系巨人影響力膨脹。
5. 緊追科技趨勢，被迫放棄已知世界。

二、建構長期發展機制

1. 人才培植、儲備為重中之重

   2002 年發表「挑戰 2008：國家發展重點計畫」，2010 年通過「文化創意產業發展法」，推近將近 20 年，此期間最需要的是此方面的軟、硬體人才，這方面的人才荒也是世界各國所面臨的問題。於此方面有產業與教育兩大重點，針對產業發展其首要之方是，文創產業要以作為亞太創意人才中心為

定位，依此定位其具體措施是聚焦於年輕人。首先為藉由大數據分析，建立清晰的文創產業鏈，從上游、中游到下游的資料庫，有如當年國貿局的作為，使有志於文創產業者了解產業環境；其次登錄完整的文創人才資料庫；其三掌握全球人才流動趨勢，對內藉政策工具獎勵年輕人出國學習、參與創意開發；對外則以台灣民主開放社會的優勢，展現成為全球華人創意基地的氣度和遠見，仿效當年的海外僑生政策，開放海外華人，包括大陸留學生為主的留學政策；其四法令鬆綁，給予產學界更寬廣的吸納人才管道。

於教育範疇，目前所知西方各國是以職場與高教系統工作坊的合作方式推動為多，例如法國里昂的「麵粉工廠影視中心」即採取此方式，學訓用一條龍，結業後取得學位並獲得工作，此外也於巴黎、亞維儂等主要城市作異業聚合，在主要社區設立文創工坊以協助青年就業、創業為重點，作法彈性，政府授權寬廣。

由於體制與國情不同經驗無法完全複製，我國或可採行幾種方式：在大學開設課程或學程，研究所偏重理論，訓練學生邏輯思辯能力，使日後擔任中高階經理人時懂得如何做決策。大學部以院際合作開設跨科系課程或學程，以實用為導向，課程循體制，學程採彈性，打破科系限制，培植學生跨界能力，以及開放校際及業界學用；發揮現有大學育才中心功能，結合產業界推動學生參訪及實習，並使其制度化與法制化，

保障保護學生權益。文策院負責業界在職進修、社會人士職訓或再進修，規劃套裝學程，實務導向，兼以文法商科系學生，依其專業及性向培養為營運管理、財務管理與經紀人，並建立證照制；引用傳統工藝傳承之「藝生制」，創意人才培植採用師徒制，建立專業職場倫理，亦為智財權奠立專業權威認知。

2. 開放且積極的金融渠道

文創產業成敗關鍵在金融操作，我國的弱項在此，募資、集資、融資以及外資引入皆保守，以致早期國發基金的文創基金僅流於影視產業，致其他頗具前瞻性和創新性的產製類品則獲取不易。平實而論心態保守並非財金部門之過，關鍵所在為相互之間需要建立共同語言，法制條件的建立即為共同語言。

為建立共同語言，其犖犖大者如，以智慧財產相關法律為基礎，建立智慧財鑑價制，此鑑價制驗證途徑複雜，其中文化部授權文資局、國立美術館、博物館、藝術銀行等皆可作為認定單位，並見諸法條，此為其一。

鑑於文創產業多為 10 人以下之微型產業，文化與財稅部門，宜依文創產業不同業別、規模，研訂租稅優惠制度協助其成長，此為其二。

比照科技創新產業上櫃及募資條件的邏輯，文化部門研修法條，以協助文創產業，或媒合相關科技產業，此為其三。

研訂或修訂社會集募資法規，同時建立產業發展評估制度，以建立公平合法募資基制，保障投資人權益，此其四。

修訂相關文化藝術獎補助條例，將靜態的捐贈轉為動態的投資，引用促參法（促進民間參與公共建設法）鼓勵民間投資文創產業，此其五。與時俱進，調整節奏，為建立共同語言以溝通合作之良方。

3. 一臂之距（an arm's-length）與極小化管理模式

一臂之距是起自英國的文化治理原則，此原則亦應行之於我國，採極小化管理模式，在心態上文化主事者應扮演文化界伙伴角色，作文化界的困難解決者、經理人，一則所相處為讀書人，宜以理、以禮相對待；再則必須以護衛藝術界擁有創作的空間與自由為天職，一旦藝術家失去了這些也失去了創作生命，此既是社會的損失也是人類的損失；三則絕大多數投身文化志業者，其創作欲和使命感為催促的動力，需知文化志業者是自己出資工作，而文化主事者是政府付資工作，焉可尸位素餐或甚作威作福。

4. 保障創新與市場公平競爭發展的法律機制

文化界對於智慧財產權的理解普遍生疏，因此受害者頗眾，眼前的案例，某不肖業者，假執行文建會為設置全球台灣藝術家網站案之名，尋取藝術家支持，但卻於文建會正式約本之後，夾帶著作權完全讓渡約本，以陳倉暗渡手法矇騙，上當受騙藝術家多達 200 餘位，直至一位前輩藝術家往生，於

其屍骨未寒之際，此徒手持約本登門告知亡者後人，稱其擁有所有作品財產權，此案立即引發恐慌，但數百受騙藝術家皆不知如何處理，惶惶不可終日，幸賴文化部挺身而出，此案仍在審理中，而此徒狡辯依然，受騙藝術家精神、時間與肉體之折磨非足外人道。此案僅冰山一角，其他文化人受侵權之害者當非少數，大多以自認倒霉了事，也為此等不肖之徒食髓知味，欺詐行為更見囂張。

有鑑於此，為維護文化界權益，以及創新市場的公平穩定，政府可以先做兩件事務性工作，第一蒐集資訊，分析業者經驗與意見；第二與智財局合作成立文化智慧財產專責保護單位。關於法律機制方面，首要之務為面對與文創產業未來發展關係密切的數位科技，速定文化創意產業科技應用專法，以強化對文創智慧財產權的獎勵與保護，其中尤不可忽略於國際強勢競爭下，我國文化創意工作者的人身保護。

其次針對專利權，在法律機制面作更嚴謹細膩的保障，於應用上作更全面的媒合與推廣。美國在專利權的保障和應用上頗為成功，也因此使其各種創新不斷湧現，此種創新能量正是美國國家軟實力的基礎。

最有名的案例是電腦先驅阿塔納索夫（John V. Atansofo）與IBM的專利權擁有和侵權法律攻防，糾纏數十載，1973年聯邦法院註銷IBM的ENIAC專利，鬆綁資訊束縛，為創新開啟大門。賈伯斯曾說若非此判決，不可能有車庫出生的蘋果

電腦，以及其後的資訊科技大突破。阿塔納索夫案反映了專利權的雙刃性，也說明了法律保障智慧財產權，以及維護創新市場公平性的重要。我們國民的創新能力頗強，是世界發明賽場的常勝軍，如何以更積極的態度推動專利權的再應用，如何扮演好業界與創新者之間的資源整合者，如何為文創成果搭建展現平台都是好課題。

此外將保護個人文創智慧財產權，提升至國家整體位階，除不斷調整保護項目及內容，凡對國際侵權行為協助個人或民間依法興訟，一則用以保護個人權益，再則鼓勵開發整體創新潛能。

5. 建立文化與創新友善結合平台

建立文化與創新友善結合平台，以及鼓勵創新生產力的複合成長：創新、轉化、產銷公平競合。

三、規劃短期發展方針

1. 發揮文策院獨立及跨行業的整合功能。

2. 應用大數據建立產業市場消費、需求變化分析資訊。

3. 獎勵文創內容產業開發。

4. 培育並發展成功文創產業模式的獨角獸。

5. 針對內外產銷適合危機，加強拓展海外市場。

6. 面對全球在地化與「文化例外」趨勢，協助產業建立海外合作開發、策略結盟體系。

文創產業的核心概念[2]

　　文創產業的基本核心，是在於它的文化素材以及內容，以此為基礎發揮多元創意；於此核心之外的第二環，是多元加值服務應用，也就是將鎖定的 14 項內容，與文創產業密切相連：文學、劇本、戲劇、動畫、漫畫、出版、學習、電影、節目、音樂、廣告、遊戲、製作、經紀；讓它能夠多元跨界合作，建立多平台管道，創造體驗形成體驗經濟模式，其內涵包括：社群媒體、文創園區、實體通路、IP 授權、雲端服務、行動裝置、聯網電視，此為第三環。最外環為軟體內容與硬體整合以及拓展國際行銷，在這個核心之下包括，文化創意產業、精緻農業、服務業、ICT 產業、傳統產業。

　　另外以文創產業的「創意形成」（Creation）作為核心，向外逐步展延的產業鏈，第二圈為生產面的「製作及生產」（Production）；第三圈為傳播面的「傳播、發行、分銷」（Dissemination）產品和創意擴散；第四圈是消費面的商品「展示和接收」（Exhibition/Reception），而於此環狀以外，則為商品支援及服務系統（Supporting Service）。

　　以上兩組環狀，前者是從創意到創新，由抽象的發想到具體的實踐過程；後者為產品從生產到商品的創意擴散歷程。文創產業有如向前奔馳的馬車，二環則為馬車的雙輪，創意是千里馬，駕御的文創者責任重大，其眼界、技術與膽識決定方向

和穩定。

文創產業總體狀況

依據 2020 年台灣文化創意產業年報統計，2019 年文創產業有 65,687 家，較 18 年成長 2%；營業額 9,124.4 億，較 18 年成長 3.7%，高於 18 年 GDP0.03，總營業額占 GDP 比重 4.82。主要產值來自內需市場，占營業額 90.42%，外銷下滑 0.69（外銷收入 9.58 億），顯示品牌國際競爭壓力持續存在，此與我國文創產業體質相關，難與國際集團化型態競爭，因此組成國內企業金融綜合體，強化創意能量與國際品牌與集團策略結盟，走向國際是最佳選擇。

文創廠商結構與中小企業相似，資本額 500 萬以下占 85.09%（18 年 84.78%），新設（一年以下占 7.02%），比重與 18 年相同，未滿 5 年占 30.24（18 年 30.08%），顯示產業成長穩定。就業人數占全國比重 2.4%（18 年 2.27%），較 18 年增 0.13%，就業人口 27.6 萬（18 年 26 萬），帶動非文創產業就業人口 35.8 萬（18 年 34.2 萬），亦處於穩定狀態。

單項產業內容成長率方面，廠商成長率前五名：視覺傳達設計業 12.62%、創意生活 11.19%、設計品牌時尚 7.57%、音樂及表演藝術 7.04%、電影 6.52%（18 年文化資產應用及展演設施 28.07%、視覺傳達設計 17.88%、數位內容 14.54%）。

負成長率前五名：數位內容－6.82％、出版－1.43％、產品設計－1.0％、流行音樂及文化內容－0.60％、工藝－0.17％（18年音樂及表演藝術－8.36％、電影－3.59％、產品設計－1.42％），平均成長2.0％（18年3.33％）。

廠商營業額，年成長率前五名：視覺傳達設計18.73％、視覺藝術10.29％、廣告9.15％、流行音樂及文化內容7.60％、創意生活6.74％。年負成長率前五名：工業設計－6.18％、工藝－4.76％、建築設計－2.01％、電影－1.74％、音樂及表演藝術－0.28％。

排除單一個別因素，總體反映文創產業生態情況：

1. 2019年全國GDP3.03％，低於文創產業的3.70％，另外於家戶收入文教及休閒支出，2019年較18年成長5.25％，反應在文創產業，顯示民間帶動GDP的重要性。

2. 從營業額最高前兩項（廣電及廣告）的總收入占文創產業的40.47％，比較收入最低三項僅占2.06％（視覺傳達設計，0.56％、文化資產應用及展演設施，0.72％、視覺藝術，0.77％），顯示文創產業經濟規模差異大，亦反映其電子傳媒的潛勢。

3. 數位內容與電影產業的下滑，一則由於我國數位生產集中硬體，面對軟體趨勢如手機遊戲、應用社媒、電腦競玩等市場需求走勢，有相當調整的空間；再則顯示電子商務與新世代消費習慣及能力的後續潛力；三則反映在電子傳媒對影視音

灘頭的搶攻，逐漸改變接收者的收視習慣，亦將影響其消費行為。

由上述文創產業生態的發展，亦說明文化必須與科技相融，文創產業的發展日益依賴資訊科技，而資訊科技需要文化創意以擴增其附加價值。

文創產業旗艦計畫

文創產業旗艦計畫擬以金字塔來說明，金字塔的底端是深耕發展產業，策略重點為環境整備，跨業連接，其內容包括工藝產業、表演藝術、視覺藝術、文化資產運用及展演的設施，也包括博物館、美術館，此些藝文性產業為一切創意的源頭，必須長期耕耘也是文化政策基礎之一：泥土化。

金字塔的第二層是重點發展的產業，以國際拓展為策略重點，產業內容包括電影產業、廣播電視產業、出版產業。金字塔頂端是流行音樂，為旗艦的重點發展產業，以成為國際標竿為目標，基本文創產業推廣必須著眼於文化感染，通俗文化擴散的主力前鋒，其中台灣流行音樂雖非產值最大，但具有華語市場指標性意義，且外銷比重高，為台灣文創產業的領頭羊，與整體影視音及出版內容之產業關聯效果大，其發展也會帶動其他產業，也鏈結另三組文化政策基礎：國際化、產值化和雲端化。

本部分擬藉 SWOT 分析，留下更多的自我驗證空間，以反思台灣的文創產業當如何作為：

一、培育文創人才，擴大產業匯流效應

重點是整合資源，設置文創研發機構，推動產學合作，培植後製技術與創作人才，以因應數位經濟趨勢所造成的磁吸效應，以及產業人才斷層與新興技術人才不足的問題。

2019 年成立的「文化內容策進院」以執行上述目標為任務，主要方向有五：

1. 助開發：孵育台灣原創內容，提升產製量能。

2. 看趨勢：整合產業商情報導，推動策進參考。

3. 找資源：國發基金投資挹注，加速開發進程。

4. 作品飛：拓展作品媒合交流，對接國際市場。

5. 育人才：開設專業通識課程，健全產業生態。

二、流行音樂核心競爭力分析

整體產業競爭力 SWOT 分析：

■ 優勢（S）：

1. 華語流行樂流行樂壇發展的指標。

2. 產業的產製能力成熟。

3. 華語地區的市場占有率達到 8 成。

4. 吸引華人歌手來台發展。

5. 政治民主、文化多元、社會開放、創作創意能量豐沛。

6. 低投資、高報酬。

■劣勢（W）：

1. 國內市場規模不足。

2. 盜版及非法下載嚴重，民眾缺乏使用音樂付費觀念。

3. 版權查詢不易、加值推廣受阻。

4. 培訓不足、人才斷層、缺乏常規教育體系。

5. 展演空間不足、欠缺流行樂表演的專業場館。

6. 缺乏國際演藝經紀與行銷人才。

7. 傳統媒體推廣技術和設備受限。

■機會（O）：

1. 許多國家以台灣作為進軍中國大陸的市場跳板。

2. 載體變革，數位音樂具有潛在商機。

3. 傳播工具革命，數位匯流提供沉浸式體驗開發機會。

4. 跨產業應用價值高，範疇廣，可帶動關聯產業技術以及人才的發展。

5. 音樂是共通的語言，易引起共鳴。

6. 全球華語人口約 15 億，潛在市場商機龐大，全球學習華語人口更日漸增長。

7. 現場演出市場潛力大（Nielsen 統計僅美國現場音樂會 2015 年

較 10 年前增加一倍達 65 億美元）。

8. 現場演出為重的主題公園全球盈收 400 億美元，僅上海迪士尼盈收 55 億美元。

■威脅（T）：

1. 中國大陸市場的崛起，磁吸效應日益增加。

2. 部分國際業者選擇跳過台灣，直接進軍中國大陸。

3. 其他華人地區致力人才培訓（中國大陸、新加坡、馬來西亞）。

4. 國際競爭激烈，韓流文化強勢入侵。

5. 開發國際市場資金與資源管道都有所不足。

6. 實體音樂帶市場萎縮，2016 年 870 萬種 96％僅售出 100 張以下，40％（35 萬）僅出過一次。全球 2,000 萬首，400 萬首乏人問津（2013 年）。

【建議】

1. 在既有的展演場所調查資料基礎上，作資源整合與分工合作規劃，諸如南北兩個流行音樂中心、國家表演藝術中心、各縣市演藝廳，建立協調平台與合作機制。

2. 協助南北兩個流行音樂節擴大、升級，在國內與城市觀光組合，在國際與跨國經紀集團合作，以國際藝術節模式邀請國外團隊參加；另外對於國內團隊建立資料庫，長期追蹤，作為業界投資參考、團隊培植選擇以及了解流行音樂界產業生態。

3. 除常態性音樂獎之外，結合產學界及演出團隊，辦理國際流行音樂工作坊，充實表演知能，提升團隊品質，並藉機行銷。

4. 藉用校園民歌時期經驗，開發校園創意，並協助開設類此科系學校開發產學合作。

5. 以城市觀光為媒介，支持現有 live house、地下樂團，以及流行音樂工作室作長期經營。

6. 尋取國際經紀集團合作，比照演藝團隊分級輔助辦法，由獲獎表演團中擇優推薦，委託國際經紀集團選訓，提昇表藝品質走向國際。

三、電影產業競爭力分析

整體產業競爭力 SWOT 分析：

■優勢（S）：

1. 政治民主、文化多元、市場開放、創作自由及創意能量豐沛。

2. 紀錄片表述形式多樣，創作者勇於挑戰具敏感或困難度的議題。

3. 語言、文化及地理均貼近了快速崛起的中國大陸市場。

4. ECFA 實施後，台灣電影進入大陸不受配額限制，可吸引外國電影公司與我合作製片。

■劣勢（W）：

1. 國內市場規模小，電影製作業集資能力有限。

2. 類型多元性不足（平均20種戲劇類型，台灣7種、日本16種、韓國17種）影響部分領域專業人才養成。

3. 缺乏大型品牌，無專業海外發行網路。

4. 電影市場屬寡頭獨占型態，2015年好萊塢的13部影片盈收占全球1/5。

■ 機會（O）：

1. 中國大陸經濟高度成長，成為全球最大市場（城市觀影人次14.48億，人民幣盈收500億，新台幣2,250億）（2017）。

2. 東南亞市場近期成長快速，華人電影人口多，對台文化親近度高。

3. OTT平台網影片需求量大，影片授權模式逐漸制度化。

4. 數位發展提供跨區域後製作機會增加。

5. 若服貿協議通過，放寬大陸影片到台灣後製，利多製作業。

■ 威脅（T）：

1. 亞洲地區盜版侵權情形嚴重。

2. 大陸內需市場大，對國際資金人才和技術形成磁吸效用，造成周邊國家相繼產業的邊陲化。

3. 台灣電影出口仍受大陸審批限制，不利多元主題的影片上映。

4. 數位匯流減少電影窗口期（release windows），映影業必須改為複合式經營。

5. 新媒體使播送通路更為多元，但獲利模式仍然不明顯。

【建議】

1. 1995 年 GATT 烏拉圭回合經貿談判，提出「文化例外」觀念，其後於 GATT Act 第 3 條 10 項、第 4 條特別就電影提出，此觀念與條文明朗化電影作為「文化工具」的關鍵角色，以配額管制而言我國原有，至加入 WTO 之後則不再，對於國片市場而言自是受傷不輕，若再加上台灣有限的市場、來自中、韓的強勢競爭，國家電影產業政策必須有更明確的定位，似宜將其重點置於文化輸出的制高點，以電影工具行銷文化品牌、開展附加產值，因此於電影製作內容上必須有整體置入性行銷策略。

2. 在前述定位之下，電影產業需要做產業分工，以發展周邊產品，需要與觀光產業結合，以推動城市觀光，需要於數位科技結合，以產生文化波浪效應，帶動電競產業與展演藝術的表現空間。

3. 繼續並擴充電影法中原列的財稅優惠，並開放融資、募資條件。

4. 協助電影產業鏈的建構環境，強化後製作的競爭能力，以及於傳統師徒制的技藝傳授之外，開拓專業科班培訓管道，並設證照制。

四、電視產業競爭力分析

　　整體產業競爭力 SWOT 分析：

■ 優勢（S）：

1. 自由開放多元的創作環境。
2. 偶像劇在海外初步建立品牌。
3. 流行音樂具備華語市場的競爭力。

■ 劣勢（W）：

1. 法律無法保障自製節目播出時段，文化入超嚴重。
2. 人才外流嚴重，造成專技人才斷層。
3. 淺碟市場，產業獲利空間有限，搶食有限廣告市場，節目內容粗糙。
4. 頻道過多、缺乏資金，監管部門怠惰，形成垂直式壟斷。
5. 題材多元不足，內容量無法活躍，海內外市場潰堤。
6. 業者吝於硬體新陳代謝、軟體人才引進，製播硬體及技術軟體落後國際，競爭力流失。
7. 網絡播放系統（free internet, free video streaming...）搶食客戶及廣告市場。
8. 收視行為受新媒體影響，傳統電視觀眾流失（2010～16 美國市場，12～24 歲 80％離開傳統電視，18～49 歲整體消失 15％）。

■機會（O）：

1. 華語市場廣大。對於台灣影視內容接受度高。
2. 大陸、東南亞及新媒體平台崛起，可望產生新的收視市場。
3. 數位時代進入門檻低，網路內容製作機會增多。

■威脅（T）：

1. 中國大陸高價吸引，致我人才外流，並使製拍成本攀升。
2. 購買外劇播送，成本低於自製，排擠本土自製節目播送空間。
3. 韓日泰劇在大陸市場漸受歡迎，引進台劇遞減。
4. 傳統媒體服務利潤比日低，而新媒體服務與獲利模式仍然不明。

【建議】

1. 改變傳統電視產業觀念，藉互聯網及 OTT 等資訊科技轉化電視功能。
2. 建立大市場平台：策略聯盟資本集團化、結合數位科技形成專業聯盟。
3. 彌補現有傳統收視調查之失準，藉由大數據建立新媒體收視行為調查，包括收視端與頭端。
4. 鬆綁個資法，推動閱聽行為調查與應用。
5. 鬆綁廣告限制法規，開放節目及廣告（物流、網購）互動應用服務。

五、出版產業競爭力分析

　　目前我國出版產業特點，大多數屬於微型事業，資本額 100 萬以下占半數，出版家數 2019 年 7,994 家，較 18 年下滑 1.43％，從業人員大概有 3 萬多，成長率是 3％。出版產業以台灣為主，19 年內需市場成長 4.49％，外銷市場上升 6.35％，以港澳、大陸和新馬地區為主。網路閱讀率將近 40％，使用電子圖書率占 6％。紙本圖書雜誌閱讀率不到 20％，因此在深度閱讀可以有非常大的繼續推廣空間。

　　出版業的收入比例仍以販售圖書為主，占 90.1％，其他部分所占比例都不高，其次的重要非出版收入為 2.2％，國外版權授權 1.6％、國內版權授權 0.6％％，目前趨勢版權授權為國際出版市場主要收益，此方面是有相當大的轉型空間。出版業的支出比例，仍然是傳統運輸印刷費用最高，占 24.2％，其次薪資費用占 21.9％。仍然偏向於傳統，將來轉型成為以數位出版為主，成本轉嫁，利潤能夠升高。

　　目前趨勢已見，數位出版成長率，數位新聞出版 50.04％，數位書籍出版 65.59％，數位出版的平台 80.91％。另外呈現負成長的漫畫書屋 –11.33％，小說、雜誌及漫畫出租 –10.86％，數位雜誌及期刊 –4.57％，實體雜誌及期刊 –3.93％。消長之間趨勢益明 [3]。

　　就閱讀行為，一般民眾購書地點集中在誠品、金石堂類連鎖書店達到 70％以上，單一書店與網路書店約占不到 40％。民

眾購書比率相當的低，1 年大概有 53.5％未曾買過書，購買圖書金額大概也都是維持在 1,000 到 5,000 元左右。依 2020 年誠品統計購書會員年齡層，依次為 Z 世代（年 29 以下）30％、Y 世代（年 30～39）28％、中年世代（年 40～49）25％、橘世代（年 50～69）16％、老年世代（年 70 以上）1％；整體銷售類型比例，文學小說為主 27％，其次是商業理財 26％，人文科學排名第三，17％[4]。

　　台灣出版業的發展現幾個特點：

1. 電子書穩定成長。
2. 經銷發行朝異業結合。
3. 原創漫畫增加，漫畫出版社朝下游發展。
4. 國家圖書館依 ISBN 統計，19 年 88.39％新書量不超過 10 種，顯示自由多元出版環境，小型出版活躍。

【建議】

1. 開發實體出版以外型態之產品，推動跨業界合作，藉內容產業轉型品牌價值。
2. 擴大數位圖書及出版政策，獎補助數位應用範疇，開拓出版市場。
3. 配合網路閱讀趨勢，藉工研院與資策會合作模式，協助開發電子閱讀工具提供業者運用，開發新閱聽顧客群。
4. 協助建立作家經紀人制，建立專業分工體系，並藉經紀人制

度開展創作品多樣附加價值。

5. 加速推動產學合作機制，引進專業出版人才，促進出版轉型，擴展出版領域。

六、文化創意產業產業博覽會轉型

　　2010 年首辦文化創意產業產業博覽會，2014 年啟動四年轉型計畫，是以展期固定、展場分流、行業聚焦，城市串聯等策略，打造一個「華人優質生活風格」的專業商展及城市行銷為為準。

　　文博會的創辦主要是呼應文創法通過後已見雛型的文創產業政策，在方向上是以「文化產業化，產業文化」政策指標的持續與擴展為主，經過第一個四年的磨合，2014 年進入轉型，最大的轉折點為 1994 年社區總體營造政策形成後，以社區營造為主軸的文化發展方向，轉為社區營造與文創產業雙軸線的發展策略，反映於文博會的政策考量為：

1. 為初起步的文創產業界提供展現和相互學習觀摩的舞台。

2. 藉各相關文創產業組織與廠商形成群聚效應，並藉推介創意產品及創意者的方式，間接形構人才窗口。

3. 以定時、定點方式累積形成嘉年華型態，使民眾藉此養成準儀式性休憩習性，也獲致創意推廣效應。

4. 以每屆變換主題內容的新奇感為媒介，開發以年輕族群為主的潛在顧客，藉長尾營銷概念累積品牌印象。

5. 藉定點展場與城市聯結的分散場展，浮現地方特色，凝聚社

區營造能量。

6. 藉大規模、國際性博覽會型態，展現特性露出國際文創商品舞台。

7. 文化部及其所屬部門共同參與作成果檢驗，也予同仁觀摩機會，開展眼界心胸。

8. 藉以予各相關部會及部門建立互動機制，排除本位習性。

於以上政策考量下其執行重點為：展務制度化、國際交流、擴大參與、跨界整合，以及深度的串聯。

【建議】

1. 各次展出後，建立文創產業業界與創新人才資料庫，與原有靜態資料整合，並作長期追蹤，掌握產業生態及市場趨勢，以利於文創產業界發展。

2. 建立常設策展單位，賦予行銷組合任務，形成功能累積，以及對業界作長期培養規劃。

3. 藉會展平台與持續性產業調查研究，形成文創產業動態資訊庫，亦同步培植專業策展人才。

4. 比照以往國貿局經驗，建立文創產業資訊與知識交流平台，協助業界組合集體創新團隊（COINS）。

5. 賦予五大文創園區分展任務，開發並融入地方文創產業，使五大園區成為中央與地方接合之媒介平台。

6. 邀請國際文創業界及創意者參加，辦理工作坊作經驗交流與

知識交換。

文化扎根

　　文創產業已然成為文化與產業雙發展的全球共同趨勢，面對全球在地化與消費的全球性並地方性特質，文創產業的良性走向尤其依恃自身深厚的文化底蘊，積極方面為做好資源整合與文化及科技的互融；消極方面以避免落入開發的泥淖，以及不負作為社會正義和公平維護者的天責，在政策執行上文化扎根是為核心。

　　文化扎根的主要目標是泥土化，要回歸文化初衷，打造由下而上的肥沃土壤，讓每一顆民間的文化種子都能夠著床、開花。文化工作者在做資源分配的決策時候，要不斷地反問自己，是否偏離了文化初衷，否則如何深根代代傳承的民族香火？如何培育出豐富自信的下一代？如何扭轉城鄉文化資源不平等的落差？關於文化扎根的政策走向，以三組基礎思維為政策執行的基幹：社區總體營造、生活美學、博覽會。

　　先論社區總體營造的歷史背景，2015 年的文化部面對全球文化環境的巨大壓力，來自台灣社會面臨當前高齡化、少子化的危機，都需要運用適宜與善念的方法，透過相互協助，尋求互利共榮之道，創造「心」幸福的能力。2014 年文建會所推動的社區總體營造，其執行目標是一種新社會培力運動，是一個

社會改造運動，也是政府帶著民眾「造反」，攪動底層的創造能量，凝聚居民共識，共同面對問題、規劃願景、促發居民的公共性。最早 1994 年的文建會是以公民社會作為願景的社會工程，培力以人為核心，培育具備民主自治理念的文化公民，為一個觀念擴散階段。

　　社區總體營造的的基礎思維，有五個面向：

1. 面臨全球性分工體系，從垂直分工演變為水平分工，在全球面的是原有涇渭分明的原料與產製區域分工，界域逐漸模糊，影響所及國家機器地域分化形式改變，產生三類現象：中央為保持權力合法性基礎，下放權力；地方於政經資源操作上知能的提升，以及其高靈活性，使民眾與地方的共生互利關係超越中央。以上現象導致資源重新組合。如何維護社區應有資源。

2. 同樣在分工體系之下，地方政府在特定地域劃分與相對穩定操控上，皆處於關鍵位置，並由此強化其制度條件，以及組構具有共同利益的階級聯盟。如何藉社區運動穿透此聯盟，以維護大眾權益。

3. 民主代議制國家，地方政府資源分配角色突變，第三類勢力（民代、游說集團）介入，搶奪資源分配權。如何保障社區資源分配。

4. 分工過程，地域聯盟（草根政治）作為影響空間分工的重要變數。如何協助社區融入分工體系。

5. 全球經濟威脅，損害國家利益，地方區域重要性浮出，地方
   經濟處理知識及管理符號能力逐漸增強，同時於文化生產面
   也形成產地制度，在全球化波濤中「在地化」湧上浪頭。如
   何促進社區對地在文化資產運用能力。

   次論生活美學基礎思維的四個面向：

1. 面對感覺結構的世代差距與環境差異，如何藉生活美學行動，
   塑造相近文化價值觀。

2. 資訊傳媒藉助數位科技優勢所形成的文化霸權，如何藉墊高
   美學觀念提升文化軟實力，減低觀念殖民浪潮的衝擊。

3. 地方文化產業促成產地制度、生產制度結合，以及地理環境
   內流動空間和固定空間結合的生態系統，所建構基本生存與
   生活品質混合體，以及創業領域的穩定發展，面對全球文化
   競爭壓力，如何以生活美學媒介平台促發創新生態系統。

4. 如何藉創新生態系統，重新鏈結傳統產業（物質、經濟資本）
   與文創產業（文化、知識、數位資本）。

   再論博覽會的基礎思維，無論文創博覽會、藝術博覽會或
各類國內、國際書展目標大皆相同，以文創為例：

1. 形成群聚效應，予創意工作者與文化企業家建立分工紐帶、
   學習場域；

2. 整合文創產業生產特質，協調不同的主體、微型產業同步進
   行水平、垂直整合，平衡包含交易及非交易等內部因素的互

動關係，藉投入產出鍊（input-output chain）進行協商，將交流進行中涉及產品與服務作制度性規劃[5]。

綜合文化扎根的三組基礎思維，落實於政策執行面者其犖犖大者如：

1. 青年村落文化行動，以青年的自我實踐為目標；參與類別包括藝文扎根、微型產業、媒合平台；關注的面向以農村永續、城市永續、新住民關懷、工藝微型產業、弱勢關懷、傳統文化保存，為經；展現的趨勢，是未來生活的想像、自助助人的經濟模式、社會價值的期待、多元價值的呈現，為緯，經緯交織構成文化行動模式。

2. 推動地方生活文化圈。地方文化館館舍作為地方文化活動發展的平台，整合在地資源塑造文化生活圈，發掘在地文化特色，促進人才留鄉、回鄉，閒置空間多樣運用，成為地方文化展示的場域、文化發展基地以及重要文化觀光窗口。例如「台東表演藝術館」地處台東舊火車站附近，鮮紅醒目的外牆強烈吸引行人目光。提供戲劇愛好者及表演天份民眾，一個展現創作和自我的舞台，並讓在地的風情文化融入戲曲表演當中。

3. 藝術深耕。以扶持表演藝術與視覺藝術為主軸，重點方向如：分級獎補助演藝團隊，並協助參加如外亞維儂藝術節、愛丁堡藝術節等活動邁向國際；推動台灣品牌團隊計畫，扮演文化領航角色；文化結合科技，開拓藝術藍海，補助台灣科技

藝術團隊跨域創作、科技藝術媒合育成推廣；補助視覺藝術產業參加國外重要藝術博覽會，例如香港巴塞爾藝術展、紐約斐列資藝博會。

4. 藝術下鄉。強化國立台灣交響樂團的基本任務：推展國民音樂教育，作為一支國民樂團，不僅培育本團傑出音樂人才，也固定辦理青少年音樂營，扶植中小學音樂團隊，也深入偏鄉小學、社區乃至監獄散播音樂種子，例如團員上山免費教導南投奧萬大旁的親愛國小學童，以音樂促發學童潛力，小提琴與鼓隊是延續生命與精神的動力，幾年下來，親愛國小全校 76 個孩子有超過半數都會樂器的基本演奏。2013 年 11 月第一次參加南投縣音樂比賽，親愛國小贏得管弦樂年度冠軍。

5. 藝術家駐村交換。以創造一個自由的創作空間平台與國際交流窗口，讓台灣的創作者與來自世界各地藝術家相遇、相談、相辯、相識，並媒合藝術家應邀赴海外展演。台灣各地 21 個以上藝術村，持續促進村對村的國際交流，並與 6 國 13 個國際組織簽約，選送藝術家出國，包含新增的文學類作家。

6. 藝術新秀創作發表補助計畫。重點在集結文化部資源做「分進合擊」，一同為藝術新秀打造一個露出的舞台，內容包括視覺和展演藝術、小說、漫畫及劇本創作。展現才華的藝術新秀包括畫家、攝影師、裝置／複合媒材藝術家、陶藝藝術家、工藝家、作曲家、編舞家、劇場導演及編劇、影像創作者、

漫畫家。舞台燈光下看到往往都是大人物或有成就者，但是再大的人物都有他青澀的第一次。藉此新政策補助有潛力的藝術新秀創作發表，打開人生第一個舞台，第一個舞台可能開啟一個新世界。

7. 推廣文學與閱讀，這是自文建會成立以來持續推動的政策，以書香社會為訴求，以深耕台灣的文學泥土為目標。如何使孩子及民眾就近接觸文學，在執行上如：整合各文化館舍資源，推動台灣文學行動博物館巡展、文學迴鄉計畫，穿梭台灣各地，以及結合地方與文教系統，推動家庭讀書會，以閱讀作為送給孩子最好的人生禮物，配合教育體系，以住校、駐村藝術家概念推動閱讀新浪潮，邀請知名人士擔任文化大使，到全台各地推廣閱讀，期待以其社會影響力，讓閱讀重新回到國人生活中，成為席捲全國的新浪潮。此外以青少年偏愛接觸的流行音樂與電影，編製輔助教材及數位平台，以及於大學開設流行音樂科系、學程，媒合產學合作，也為文創產業建立橋頭堡。

8. 獨立書店發展計畫。文化部成立伊始即將獨立書店列為重要政策關懷對象，並積極推動扶持獨立書店發展政策，挹注獨立書店資源，希望透過資源提供，強化書店發展能量，支持其自主經營能力，展現獨有風格及創意，並鼓勵書店進一步朝社區微型文化中心方向發展，給居民一個可以安靜品書的角落，結合書香社會目標，讓知識的小草在地方扎根，並使

其與現有社區營造工程形成互補關係,扮演家鄉文化守護員角色。例如嘉義洪雅書房十坪左右的空間孕育人文的理念,這裡的選書不受經銷商排行榜左右,完全是書房主人個人品味,可以找到齊全的嘉義歷史與文化書籍,和台灣歷史有關的書籍,以及豐富的文史哲類的書籍。每週三晚上,洪雅書房固定舉辦免費講座,10 年來講座已舉辦 500 多場。開書店可以做成不只是賣書,也可以改變一個地方的文化氣味,帶動文化活動,串聯在地資源,呈現有意思的地方文化風景。

9. 台灣故事島:國民文化記憶庫。真正的國史,其實是庶民的生命史,國民文化記憶庫就是台灣人生命史的薈萃,每個人都有不同的生活故事,不僅是個人的生命史,從中經歷的風霜,失敗或成功的經驗,都是一篇篇激勵他人努力或重新省思的力量,是維護家庭倫理、社會價值的集體記憶,是涓滴累積的文化資產,也更是國家歷史的一部分。

   102 年 11 月 8 日台灣故事島網站啟動,銜接過去推動的村史運動,到 2016 年已經獲得孫越、王榮文、陳文茜、蕭言中、陳昇、方芳等各界知名人士擔任大使,建置 68 處故事蒐集站,改裝兩輛故事行動列車深入偏鄉,蒐錄超過 10,700 則故事,官網瀏覽量超過 440 萬餘人次看過故事,培訓 1,000 位以上志工,連接 324 個單位共同參與。

10. 有形、無形文化資產指定保存及文化資產修復與活化利用。文化價值含括,美學價值、精神價值、社會價值、歷史價值、

象徵價值與真實價值（authenticity value），具體呈現於有形和無形文化資產，並由此聯結文化、社會及經濟關係[6]，因此關於文化資產的保存與運用可自兩組層面理解，一組是從歷史的平面視角，所彰顯的人文價值；一組是從文化社會學的立體視域，所展開的文化反思。

從歷史的平面視角論，台灣的文化資產有其獨特意義：

⑴台灣是以漢文化為主的移民社會，曾經為荷蘭、西班牙盤據，受日本殖民，為英、法、美涉足，再加上生活上千年的原住民文化，彼此互動交融，反映於文化資產上的印記無論有形或無形，就是一部台灣文化發展史。

⑵17 世紀清道光年代以後，台灣社會結構逐漸穩定，而士大夫化亦日趨成形，於文化資產面無論是生活器皿、建築或宗教儀軌，皆反映出漢文化的社會價值、社會規範以及身分差異。

⑶漢文化、殖民文化、原住民文化以及泊來品文化，彼此相為交織，於文化資產上充分顯現文化的多元形貌，從文化人類學的角度是人類珍貴的文化財。

⑷以傳統建築資產而言，在風格上雖有別於中國北方建築，例如在材料應用上圓型木取代方型木、閩南紅磚、豐富多樣的木雕，以及就地形東西向與橫向發展的護龍等等，於實用上固反映物盡其用，而在思想則反映固有文化自然中求平衡，天人合一的精神。

⑸此種精神表現於宗教信仰尤其獨特，聚落形成以廟宇為中心，從共同祭祀圈，到共同信仰圈逐步擴散，有如我民族成長的過程，並且廟宇也扮演地區文化中心和民俗藝術場域的角色，各種民俗藝術於此爭奇鬥豔，許多珍貴的文化資產保存於建築、器用與儀軌之中。

⑹台灣的宗教信仰主要為佛道融合形態，其儀式儀軌以道教為本，因此保有相當豐富的民間文化，其中許多中原古文化蘊含其中，在民族學上是非常珍貴的引證線索。

從文化社會學的立體視域，文化資產保存有其文化上的反思功能[7]：

參照莫洛茲「增長機器」（growth machine）理論所指「地產霸權」（property hegemony）現象，將引發地方交換價值和使用價值矛盾，地方「食利者」（rentier）會極力提高待開發資產的交換價值，其相對面則為貶低其使用價值。換作文化資產的古蹟或歷史建築，正是既不具有使用價值，復妨礙地方發展。

食利者組成包括地方政府、政客、外來投資者、媒體與社團的泛增長聯盟，並同時塑造以價值中立發展的新意識形態，用於說服社會大眾，也進一步結成地方權力集團（local power bloc）。

以上現象在台灣並不陌生，往往出現開發與保存的對立，文化資產乃多淪為待罪羔羊或污名化，其主張保存者亦然，甚

至有被指為「義和團」者，而支持文化資產的地方文化單位，時有為地方民代刪除文資預算者。

理論上謀求自救之道，在結合社群力量，以創新的手段進行文化資產的維護與活用。

有鑑於此，文化部門不宜扮演唐吉軻德，而應走三條路：對有形文化資產的活化利用，跳脫靜態觀念，採取更積極作為、提升無形文化資產人與物的社會地位、廣泛傳導文化資產知識，以集聚民眾支持力量。

針對以上三條路，其執行途徑如：統合文化部門作資源，將文化資產活化利用作多樣發展；古蹟維護列為政府重大公共建設；辦理資深匠師認證登錄；與全國大專院校合作創設虛擬式「文化資產學院」，開設 32 種培育方案，提供 73 個學分課程，跨越制式學習門檻，開放學習機會。

11. 發展多元文化落實文化平權。台灣多元族群文化，形成我國獨特文化風貌，也是豐富的文化資產，其執行重點以持續推廣原住民、客家、新住民等多元文化，以及提升婦女、身心障礙者與新住民等弱勢族群的文化近用權。

結　語

　　先自全球地緣戰略環境來看，近六百年來，人類文明的推展是以歐美為中心，從歐洲中心到國際化，再到全球化，人類的命運日益唇齒相依，全球化的壓力，極端氣候所引發的生存危機、經貿發展所帶動的區域競合、人口結構變化所影響的產業發展、資訊革命所激起的新一波生活形態、民粹主義與狹隘民族主義合流所潛藏的動亂陰霾乃至層出不窮的病毒，似乎皆再再告示人類社會已經走到了一個不得不合作分享的境地，也預示必要重新組合時代的來臨。

　　上個世紀 90 年代蘇聯集團的解體，象徵 50 年代以來冷戰對抗時代的終結，雷根總統顧盼自雄地宣稱共產主義已經走入歷史，無論右翼福山（Francis Fukuyama）的「歷史的終結」，或左翼哈特（Michael Hardt）的「帝國」，都承認一個新時代的開啟。的確是美國重組世界秩序的契機，然而錯失了。一則來諸海洋文化向外進取的文化背景；再則來諸冷戰霸權的慣性思維，地緣戰略未及思考合作分享新秩序，或至少採用季辛吉新梅特涅精神的大國協商戰略，其後復由於進軍伊拉克、911 事件、發兵阿富汗以及接踵而來的金融風暴致治絲益棼，川普當

政有如衝進瓷器店的公牛，接任者的川規拜隨以撤軍阿富汗暫劃句點，或許又是一個重組全球合作分享新秩序的契機，尤其不知何時已的新冠疫情已然改變了原有習以為常的生活樣貌，世人能否跳脫冷戰霸權的慣性思維，開創更具創意性的新格局，有待智慧者超越。

次從數位時代環境來看，資訊與智能科技推動的第三、第四兩波產業革命，的確嘉惠全球，並且實質上也改變了人類的生活，然而也另有先天下之憂的自擾處。

是謂：智者千慮，必有一失；愚者千慮，必有一得。再重敘前已述及者以為自擾處：

1. 數位時代造成原來有機聯結的社會關係解組，新形成的是以網絡為主體的新社群關係，這是一種鏈結（connectivity）人和人之間不見得需要面對面的人際互動，也是一種同儕間關係，外在第三者的影響超越原有的有機組織。

2. 網絡也是一種新部落，在部落引導之下逐漸去個體化，此下的個體有如阿多諾所形容的野蠻主義，從眾輕知固然，稍有不同的是個人不喜歡再用心作判斷，一切唯網路是聽，並且也懶得努力去尋覓知識，一切也依賴數位科技所提供的懶人包，於是個人逐漸成為「去人化」，新野蠻主義於焉出場。

3. 新野蠻主義的厭思去智本質，亦自然接納演算治理，盲信電子機具的結果，既不深思何以致此，也不深究為政者藉電子科技的政治作弊，自我繳械自己的監督機制，於是人眾走向

群盲卻沾沾自喜，認為自己是科技文明社會的一員。

4. 數位科技的強大整合能力，使吾等在記憶功能的發展上亦逐漸褪化，「真」不再是真，許多虛擬的記憶浮現，對於原有的傳統記憶逐漸「失憶」，對於未來的記憶想像也逐漸淡化，我們成為不再需要集體想像的群體。

5. 在生活中，個人的選擇不再是個人，而是依從周邊網絡關係，於是商品的行銷策略也作了大轉彎，主攻網群，藉網路行銷攻城掠地，培養網軍取代原本的廣告銷售網，不只商場如此，就連政治戰場亦如此，原本有機社會關係之下的社會忠誠不再，取而代之的是部落形式的同儕忠誠，商場上以品牌忠誠為核心，政壇則以幫派關係作鏈結，幫規取代黨規，幫派利益高於民眾利益。

6. 個人為了不被群體拋棄，也為了自身安全利益，自願也不自願、半推半就的接受監控，有如浮士德和魔鬼交換靈魂。資本主義體系重組，其結果不是資本主義體系變得沒落，而是更強大，監控資本主義體系形成，在充分掌控監控力之後，更藉數位聚合功能，它如虎添翼地站上另一個獨孤求敗的高峰。

7. 國家資本主義的結盟，逐漸取代原有由美國主導，又為美國棄置的「全球化體系」。世界秩序從兩極對立，經過單一霸權，走向多元爭勝，好的一面是百花齊放百家爭鳴，現實的一面是春秋戰國時代的來臨。禍福相倚，吾等好自為之，由

此想到胡適先生談老莊的無為，事實不是無所事事，而是反「有為」，反那個明明「有為」無能，卻硬要「有為」的一群掌權者。心有戚戚焉！

末由文化環境來看，文化創意產業不是單一文化和產業現象，猶如其多雜性（multiplicity）本質，多雜性也是文創產業的最大功效，它提供了更多樣的工作選擇機會，相對的也給予年輕人更廣的適性發展空間，此外文創產業所面對的環境也是多雜性，自身一直處於文化調適的狀態，是包曼所指的「液態性」，從時間來看在瞬時性（instantaneity）之下同時涵括兩種時間觀：主導性的、建設性的線性概念（liner conceptions），或名之「改革主義時間觀」（reformist temporality）；未及預見的社會改造卻因事件而發生的「事件時間觀」（event temporality），或名之「革命時間觀」（revolutionary temporality）。文創產業在心態上必須不斷調適瞬間變化的時間，不把自己困在給定的時間，要勇於突破時間牢籠；另外於空間上要吸納各種技術工具，以現下言即是數位科技；要善用各種文化工具，諸如展演工具，總合而言是要宏觀、微觀能力兼具。

文化發展是迢迢漫長路，隨著時空與日常生活不斷變化，文創產業有過之而無不及，並且強韌的調適能力與執行力即更為關鍵，無論觀察、理解與執行亦皆宜掌握全球化趨勢的三大環境：全球地緣戰略環境、數位時代環境和文化環境。

李佳陽與李亭香餅店
李媛與享媛藝數珠寶
陳光中：都要讓它變成是對的
關於文化概念的梳理

李佳陽與李亭香餅店

　　李亭香餅店創立於 1895 年，早期李亭香餅店就好像是現在的便利商店，是大家閒暇購買糕點、購買零食或是敬神拜拜、年節送禮、結婚喜餅等滿足各種生活需求的糕點名店。李亭香並不是某一代掌門人的名字，而是早期我們餅店都會將剛出爐的餅推出去在亭仔下（騎樓下）販售，而讓騎樓飄著陣陣餅香，也就是「李」家的「亭」仔下餅味飄「香」，於是取名為「李亭香」。

　　而隨著社會的發展，各種品牌的競爭，李亭香餅店已經不能再像以前一樣只是在騎樓上販售，被動的等待過往的客人來購買，而應該主動創造品牌聲量，主動引起各年齡族群的注意，創造不同於以往

門市老照片

門市 ▶

的消費機會，帶動消費者對李亭香的新需求，這些都是所有百年老店要持續努力的目標。

但我們思考，該怎麼做才能引起年輕族群的注意？如何跟上文創的潮流？如何能成為代表台灣糕餅文化的品牌？

以往李亭香餅店的消費者多集中於 45 歲以上的客群，我開始思考如何持續挑戰、持續降低李亭香客群的年齡？是 35 歲還是 25 歲？於是我開始從李亭香餅店的本質開始研究，找出李亭香餅店最有價值的文化、手藝、商品……並且加以發揮加以創作、添加樂趣、創造體驗、深化感受。

李亭香餅店已經 120 年以上了，累積了許多糕餅文化及糕餅模，此外李亭香餅店最重要的就是，一代一代傳下來的製餅手藝以及重視工序而不馬虎的糕餅匠人精神，李亭香餅店堅持用最真的食材最細緻的做法呈現道地的台灣糕點，我們有把握只要吃到李亭香的糕點一定喜歡上它。但是我們需要用什麼樣的方式來增加與消費者接觸的機會，

我們除了在門口一直喊著「歡迎試吃」外，還有沒有其他更有吸引力的溝通方式？李亭香餅店除了賣伴手禮之外，是不是還可以賣文化？

以餅模為例，很多老餅店都有許多老餅模，大部分的餅店只是在玻璃櫃裡、架子上展示老餅模，讓你感受到歷史歲月的痕跡，但是你知道餅模怎麼使用嗎？餅模裡有許多漂亮的圖騰，你知道這些圖騰的涵意嗎？

回到李亭香，我們是不是也跟其他餅店一樣？還是我們可以用什麼樣的創新方式，來提供大家歡樂的體驗？

創造獨特的歡樂體驗，帶走台灣糕餅文化回憶

李亭香餅店也有許多老餅模，大約有 200 支，為了讓消費者感受到傳統糕餅文化以及餅模的涵義，我們將餅模做成一比一的拓印板，一整桌各種餅模圖案的拓印板放在騎樓，讓來來往往的遊客很自

玩拓印

然的想要靠過來嘗試。我們還提供白紙及蠟筆讓旅客可以選擇喜歡的顏色的圖騰，在拓印的過程中，會對慢慢浮現的圖騰留下深刻印象，再對照我們提供的圖騰文字說明，讓遊客帶走台灣的糕餅文化及趣味的回憶。

　　除了理解餅模圖騰富含的祝福涵義之外，我們特別成立餅藝學苑，將李亭香餅店最稀鬆平常的製餅手藝，用充滿樂趣的方式教授給大家。

　　我們讓每個參加的學員都可以用一支真的餅模，將烏龜圖案的餅模，或是連錢紋圖騰的餅模裡填滿花生糖，接著用力的側敲、正敲，不過過程中要小心別敲到手，還要剛好接住敲飛出來的可愛造型花生糖。一個空間有 30 個人同時想要用力敲出自己的花生糖，那種熱鬧的敲打聲、紓壓的敲擊力道、敲出花生糖並接住它的當下，或是敲飛又掉地上的糗樣⋯⋯這些最自然的笑聲，將會是遊客一輩子的歡樂記憶，無形中讓糕餅文化一併刻畫在各位遊客的腦海裡。

餅藝學苑

李佳陽與李亭香餅店

餅藝學苑

結合周邊資源，異業合作延伸更多價值

除了李亭香自己開課外，我們也與大稻埕上的許多店家合作開課，共同運用文化為基底來創作新課程新活動，玩出大稻埕豐富的文化體驗。

李亭香餅店、岩究所（極限攀岩業者）、台北霞海城隍廟，這三個看似沒有任何關聯的業者，其實只要找出三個業者的共同元素並加以故事創作及活動規劃就成為一個串連年輕男女的「攀來愛情、敲出幸福」甜蜜活動。

那到底這三個業者有什麼共同點？李亭香餅店有許多姻緣相關的餅模及手作糕點，可以做出獨特的甜蜜糕點。而岩究所裡的三層樓高牆上，有許不同顏色的攀岩石頭，我們創新的定義只能攀紅色的姻緣石頭，這樣也讓這對互助的男女帶來相當的挑戰。城隍廟裡有最靈驗的月下老人，每年串起 6,000 對甜蜜佳侶。所以這三個業者的共通元素就是「姻緣」，也因為這個元素、這個創新活動讓李亭香餅店不只是一家伴手禮，這個創新為李亭香帶來 25 歲的新客群，也帶來了許多活潑年輕的形象。

國際旅客喜歡大稻埕上豐富的商業文化、歷史建物的故事、人文生活的呈現，對國際觀光客而言：「你的生活是我遠道而來的風景」，藉由導覽老師的說明認識了這一切，卻僅止於耳朵聽、眼睛看。但是來到李亭香的餅藝學苑就可以實際感受到豐富的台灣糕點「五感體驗」。嗅覺：現場煮糖拌入花生，香味四溢。觸覺：手做花生糖包入黑芝麻餡，並壓入餅模中。聽覺：手握餅模用力敲出花生糖，現場有如打擊樂團。視覺：好不容易敲出的花生糖上，確認著可愛的紋路比對著餅模上的圖騰。味覺：親手製作的糕點原來這麼有挑戰性，吃進嘴裡特別好吃。由於我們將台灣糕餅文化玩出特色玩出深度，所以慢慢已經成為國際旅客造訪大稻埕必玩的活動之一，也期望為大稻埕添加豐富亮點帶來更多旅客。

　　除了於糕餅文化的體驗創新外，我們也專注於台派糕點的發揚光大，日本有和果子、法國有法式馬卡龍、法式甜點，而代表台灣的糕點又是哪些呢？或許大家會馬上想到鳳梨酥，其實台灣有許多糕餅店，都會製作出傳統的糕點，而李亭香餅點累積了 125 年的糕餅手藝，也製作出許多道地的糕點，我們希望來台灣的國際旅客可以認識更多優質的台派糕點，所以我們將外包裝美化，融入敬神祈福的元素及時下潮流的圖像、顏色，也融入台灣濃濃人情味中的許多祝福涵義及樸實生活的意象，讓國際旅客不只可以品嚐到好吃的台派糕點外，還可以感受到台灣的人文文化、傳統文化。

禮盒

禮盒

李媛與享媛藝數珠寶

　　珠寶材質的甄選與設計是珠寶設計師的基本功力，可以結合文化題材創作出藝術珠寶，做出市場區隔才是珠寶品牌化的第一步。李媛對創作的動力是將藝術生活化、珠寶生活化、珠寶藝術化，創造出相互之間的連接，讓藝術和珠寶不再專屬於小眾的族群。

　　在品牌創立與發展的過程中，以宏觀的視角「登泰山而小天下」，以微觀的角度「一花一草一世界」，以深觀的態度「打破砂鍋問到底」。經營品牌通過宏觀、微觀到深觀的思路，希望建立一個具備國際精品的品味、中西藝術的美學感知、寶石鑑定學的專業知識投入珠寶設計與製作工藝，並擁有精準行銷、通路管理及優良服務能力的專業團隊。穩健走好每一步，每一步就有每一步的成就，李媛希望成為一名國際級的珠寶藝術家，從鑑定、分級、估價、設計全方位發展。

品牌 1.0 形成期

　　機會總是留給準備好的人。擁有國際精品的品味，中西藝術的美學感知，寶石鑑定學的專業知識，珠寶設計與製作工藝，以經典題材的珠寶藝術化，美好故事與生活的鏈接為作品的核心。2016 年底應國立歷史博物館之邀，針對 2017 年度指標性大展「相思巴黎 — 館

藏常玉展」進行專案的文創珠寶設計和通路品牌入駐，極獲好評，除了設計的珠寶作品應需求補貨之外，品牌得到了傳播，增強了對設計的信心。

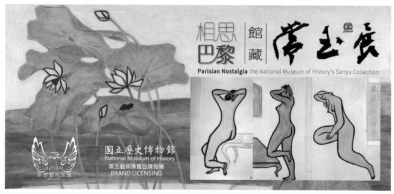

圖 1–1　國立歷史博物館 2017 年相思巴黎常玉展
(資料來源：本研究整理)

品牌 2.0 拓展期

以博物館典藏出發，提煉出古老文化的文化背景與美感，創作系列性藝術珠寶。隨著清宮電視劇《延禧攻略》、《如懿傳》的熱播，筆者以俠女心腸，把沉睡在盒子裡很久的盛清點翠老件賦予珠輝，重新詮釋設計時尚化。2018 年受邀出席「AsianInNY 亞洲人在紐約」，享媛藝術珠寶作為唯一指定珠寶秀，把中國傳統珠寶老件新創的點翠系列融入時尚，在國際舞台上大放光彩，受到多家媒體大力的報導，在兩岸掀起了老件新創點翠系列的熱門話題。

品牌3.0新零售期

　　經由初創期共用辦公室後，針對高端客戶的線下接待成立享媛藝術珠寶會所、與博物館 & 藝文中心文創商品店、服裝設計師百貨公司櫃位等合作寄售服務。針對大數據時代的消費者，通過自建享媛藝術珠寶官方網站、國立歷史博物館商店網路銷售平台，以及 LINE、FB、IG 社群網站的品牌資訊發布作品。

　　享媛藝術珠寶的品牌定位與行銷策略逐步得到市場驗證，除了公司的經營之外，使命、願景與目標為下一步品牌4.0 奮進，將通過珠寶投資收藏與藝術設計美學等課程教學，普及珠寶專業相關知識，讓更多人可以知珠寶、愛珠寶、藏珠寶、傳珠寶。

圖 1-2 「AsianInNY 亞洲人在紐約」2018 年走秀現場

（資料來源：本研究整理）

圖 1-3　享媛藝術珠寶官網 www.layuan.co（資料來源：本研究整理）

品牌精神，全球最具藝術價值的珠寶品牌

　　享媛藝術珠寶的願景是成為全球最具藝術價值的珠寶品牌；使命是作為華人藝術珠寶品牌，把中華傳統文化時尚化，走向國際；核心價值是誠信、創新、信任；公司戰略是以博物館的精品為設計題材，服務熱愛藝術品收藏的客層。

表 1-1　品牌核心表（資料來源：本研究整理）

享媛藝術珠寶的商業模式圖

步驟八 【關鍵合作夥伴】	步驟七 【關鍵活動】	步驟二 【價值主張】	步驟四 【顧客關係】	步驟一 【目標客層】
	每季推出新品，通過主辦協會活動、社團講座、網路會員經營客戶		定期舉辦線下活動，發布新品，進而了解客戶需求，做更好的服務。廠商配合客戶需求精益求精的完成製作	
策略聯盟的服裝品牌、藝文類品牌、文創品牌與公協會組織	步驟六 【關鍵資源：需要什麼資產/源】 不同寶石材質的供應商、不同金屬材質的代工合作夥伴業者、品牌行銷人員、客服人員	為客戶打造具有獨特性的、可傳承的珠寶，以滿足客戶需要，創造營運價值。與其他珠寶品牌的區別及優勢在於以鑑定的背景甄選材質，以藝術文化的精髓作為設計題材的藝術珠寶。	步驟三 【通路】 通過會所自營提供高端客戶私密的購物環境、博物館網路商店、官網電商	主要服務中高階、熱愛藝術品收藏之客群，以25～45歲客戶以下為時尚飾品和輕奢珠寶的主力消費人群，45～65歲為貴重珠寶主力消費人群。主力來源自藝術品相關活動。
步驟九 【成本結構：營運既定的成本、主要支出的重要項目為何】			步驟五 【收益流：營運項目銷售給客戶之收益】	
作品開發與製作費用、辦公室場租、員工薪資、管理顧問費用、行銷推廣費用、網站營運費用、物流費用等			單款單件高級訂製珠寶之銷售、平價時尚輕奢珠寶之寄售店與網站銷售、課程費用收入、博物館文創規劃、大型文創園區規劃案	

表1-2　商業模式表（資料來源：本研究整理）

盛清文化和藝術美學靈感的作品開發

在古代的礦業沒那麼發達時候，點翠的工藝可以追溯到漢魏時期，《韓非子・外儲說左上》中「楚人有賣其珠於鄭者，……輯以羽翠」，其中的羽翠指的就是「點翠」。清代點翠工藝達到藝術巔峰，宮中內務府專門設立了「皮庫」負責管理和收集翠羽，而銀庫設有點翠匠專門承造翠羽活計。由於翠鳥已是國家保護動物，目前生產的點翠首飾，均以採用代用品。這種中國傳統的首飾製作工藝，正漸漸的淡出人們的視線。

李媛作為一位珠寶設計新秀，將精選老件點翠修復，與新材質翡翠、珊瑚、碧璽、珍珠等結合，捨過去以繩結搭配，用現代感的金工混搭，看似傳統的色系搭配與寓意，在眾多珠寶中更顯時尚風華。

老件新創點翠系列作品

靈感來源	作 品	設 計 理 念	材 質
國立故宮博物院院藏清 銀鍍金嵌珠鳳蝶牡丹鈿花 	守護圓滿點翠胸墜 	將收羅的老物件點翠與新材質如翡翠、碧璽、珍珠、剛玉等結合，捨棄傳統以繩結搭配，選擇現代感的金工混搭。擷取吉祥幸福主題，在翡翠圓環上演繹國色天香的華麗牡丹，招來蝴蝶的依依愛戀，浪漫情境永恆守護幸福。為鏈墜、胸針兩用款，即有彰顯華麗又時尚。	老件點翠（軟翠）、925 銀＊貴金屬鈀金、翡翠、珍珠、碧璽、剛玉

表 1-3　老件新創點翠系列作品表 （資料來源：國立故宮博物院 https://theme.npm.edu.tw/opendata/index.aspx，本研究整理）

靈感來源	作　品	設　計　理　念	材　質
國立故宮博物院院藏清 道光 銀鍍金點翠嵌寶福壽簪 	花蝶繁錦 點翠鍊墜 	採用老件點翠新創吉祥幸福主題，雍容華貴的花中之王牡丹引蝶簇擁，靜中思動的巧妙設計美豔絕倫，白色米珠、粉紅碧璽的優雅色彩與炫光藍色點翠的錦天繡地搭配，詮釋出現代女性具有的的富麗端莊之美。難得一見的軟翠品質的點翠老物件與新材質如翡翠、珍珠等結合，捨棄傳統以繩結搭配，選擇現代感的金工混搭，看似傳統的色系與配件，也能展現時尚風華。	老件點翠（軟翠）、925銀＊貴金屬鈀金、碧璽、珍珠

表 1–4　老件新創點翠系列作品表（資料來源：國立故宮博物院 https://theme.npm.edu.tw/opendata/index.aspx，本研究整理）

靈感來源	作　品	設　計　理　念	材　質
國立故宮博物院院藏清 19 世紀蝴蝶耳挖簪 	夢蝶幻影 點翠胸針 	採用老件點翠新創，蝴蝶以其身美、形美、色美、情美被人們欣賞，歷代詠誦。蝴蝶是一種高雅文化的象徵，可令人體會到回歸大自然的賞心悅目。蝴蝶是幸福、愛情的象徵，它能給人以鼓舞、陶醉和嚮往。此件為行家珍藏級作品，除了點翠色彩絢麗奪目，老工藝纍絲也保留得十分精湛完整，新創將蝴蝶加以彈簧，配戴時隨著主人得姿勢活靈活現，更顯風韻瞭動。	老件點翠（軟翠）、925 銀＊貴 金 屬 鈀金、珊瑚

表 1–5　老件新創點翠系列作品表（資料來源：國立故宮博物院 https://theme.npm.edu.tw/opendata/index.aspx，本研究整理）

靈感來源	作　品	設　計　理　念	材　質
國立故宮院藏 清 十九世紀 青花瓷蝴蝶紋鼻煙壺	雍榮欲展 點翠胸針	以清「青花瓷蝴蝶紋鼻煙壺」上得半翅蝴蝶為設計構想，採用老件點翠新創胸針，彩蝶破蛹，雍容欲展，帶著滿滿的夢想往大大的世界啟航，以無比的勇氣飛向雲端，看遍世界的美好。	老件點翠（軟翠）、925銀＊貴金屬鈀金、珍珠、月光石

表 1–6　老件新創點翠系列作品表（資料來源：國立故宮博物院 https://theme.npm.edu.tw/opendata/index.aspx，本研究整理）

因應新零售時代的不同族群消費

　　在行銷品牌的過程中，需加強消費者互動的環節，每一個接觸點都需有知識性、趣味性的資訊來吸引消費者的關注。面對新零售的崛起，採用陸戰式線下經營的享媛藝術珠寶會所 VIP 活動、高級服裝設計師品牌合作、公協會活動結盟、百貨公司拓點等消費者實體體驗服務，空戰式網路線上經營的享媛藝術珠寶官網商店、國立歷史博物館商店，以及擴大其他電商平台合作的品牌曝光、銷售等消費者接觸點兼具的營銷模式。

　　通過本研究透過不同年齡族群的問卷調查及研究資料蒐集歸納分析，進一步探討珠寶消費者的購買習性和喜好，了解到一般時尚珠

寶消費與藝術珠寶消費的行為差異，在於消費觀念需要協助梳理、教育，部分的消費者並非沒有實力或預算購買珠寶，只是缺乏珠寶專業知識和購買的理由。李媛希望通過廣大的珠寶知識教育來輔導珠寶消費者的投資收藏與珠寶美學觀念，進入讓更多的人享受到珠寶藝術化，珠寶生活化的樂趣，讓藝術和珠寶不再專屬於小眾的族群，為品牌的創新，從紅海中走出藍海，找到品牌持續經營的致勝方針。

陳光中：都要讓它變成是對的

勇敢離開舒適圈

　　陳光中再三強調，他決定分享這篇文章，就是要突出一個重要的主題，兩年前他放棄博士學位上百萬的年薪，來研發披薩的事業為例，鼓勵年輕人要勇敢離開舒適圈，為夢想跨出第一步。創業或改換跑道，務必要對自己的將來發掘更大的意義。

　　他發自肺腑地說：「不管你過去的專業是什麼，只要你願意發

揮創意，挑戰不可能，下一個成功的商業模式就會淩空而降，這就是你夢想中的事業！」而讓人最動容的一句話是：「不管當初的決定對不對，都要把它變成是對的！」他在乎的是給年輕的創業者正面的幫助。

金融海嘯的震撼

2008～2009 年金融海嘯肆虐台灣時，陳光中在新竹的工業技術研究院（以下簡稱工研院）就任材料研發工程師，負責面板研發部的工作，陸續聽到在電子科學園區，學長學姐們相繼失業的資訊，感到非常震驚。自己雖然逃過了被裁員的命運，卻免不了聽到相關產業公司調整財務預算，削減經費，開支緊縮的資訊，周遭人心惶惶。

陳光中哪能靜得下心來？他不禁開始質疑：「這條從小就規劃好的道路，究竟適不適合繼續走下去？下一次的金融危機我就能倖免嗎？不會被裁嗎？」一向以為擁有博士學位這個冠冕可以終身無憂，穩穩當當作了 13 年的工程師，已習慣安逸生活的陳光中，第一次感覺到危機。心想，自己到時少說已 40，難道 40 歲才創業嗎？要創業就得趁年輕。從此腦袋再也空不下來，終日尋思，該如何尋找出路，掌控自己的生活，那麼作什麼生意好？

慘痛的經驗，美好的期待被破壞

台灣美食一向聞名於世，各地的美食競相入駐，義大利的披薩

與麵條自然不落人後，早已風靡台灣，是大學生與年輕人的最愛。陳光中常跟朋友去吃窯烤手工披薩，可是製作披薩的速度實在太慢，常常讓客人等的很辛苦。他自己就經歷了一次慘痛的經驗，和女朋友約會吃披薩，一等將近一小時，女朋友等得很不耐煩，結果不歡而散，讓一場美麗的約會變了調。

過後聽朋友說起，大家都有類似的「慘痛」經驗。對戀愛中的情侶來說，多少美好的期待就這樣被破壞了。窯烤手工披薩製作費時，讓客人久候，成為這行業的痛點。

於是，天性愛研究、愛鑽研的材料博士陳光中，等著用餐時免不了運用工程師的頭腦，捉摸如何解決讓人頭痛的問題。他覺得應該有更科學的方法，縮短窯烤披薩的「燒烤時間」，使製程得以容易控制。在工研院當研發工程師的工作訓練中，講究的就是標準化、良率與產能等，所以直覺就在思考能不能把這些思維放在窯烤披薩上面，讓烤披薩這件事可以更快、更簡單、更容易控制，也就是可以標準化，進而提升良率，產能可以增加。

他早已發現，傳統的窯烤披薩成敗全仰賴師傅的經驗，火候或時間控管不當，味道就有問題。再者，披薩在窯爐內翻烤烘焙，除了需要經驗外，隨著柴燒火候溫度的不穩定，連帶烤制時間也要隨時調整應變，品質控制一直是很大的問題，通常一個師傅同一時間內只能烤一片，產能不高，所以才會造成客人久候。

如果可以將複雜的火候控制與師傅的烘焙經驗完美結合，全部用一台機器類比，讓機器能夠精准地控制火候和烘培的時間，不就可以縮短披薩的製作時間，降低對專業師傅的依賴度嗎？然後由經過培

訓的員工來操作並烘焙，必能提升效率、增加產能、提高良率、降低人事成本，而品質的控制將更穩定。最重要的，是把客戶留住，不會因為久候而抱怨。

這些想法不知不覺地潛伏在陳光中的腦海中，揮之不去。金融風暴的威脅不過是一個契機，及時在他的創業的槍口上了檔，觸發他的動機。可謂時來運到，要創業，何不以披薩為生計？茲念一生不能甘休，非要嘗試不可。再說，從工程師的角度看，若以時間是金錢來算計，一個披薩 5 分鐘能賣 40 元，擀面皮、塗醬、鋪乳酪、放食材、加上烘烤，只要簡單的幾個動作。而原本從事的電子產業，在矽晶圓上製作晶片 IC 要幾百道制程，費時更費勁，而且創業成本要以數百億計。因此他告訴自己：「不管成功與否，我總要試一試，不要讓自己後悔一生。」

工程師的思維模式

陳光中以工程師的思維模式設計披薩窯烤爐，開始研發時，他注意到窯烤披薩的師傅需要站在酷熱的火爐前，隨時注意柴火與溫度，目不轉睛地翻烤披薩，同時為了控制火候，必須忍受煙熏與高熱。

明白了火候是披薩的關鍵以後，他開始研究柴燒披薩的烘烤過程，發現傳統窯裡只有一側有柴火，所以需不時翻動披薩，才能烤得均勻，避免燒焦。他想，如果能讓披薩轉動，再加上精確的溫度控制，不就能輕鬆地烤而且更均勻？

以解決這些問題為中心，他把廚房當實驗室，利用閒暇之餘在

烤爐前蹲了 1 年。同時與專業的窯烤披薩師傅交流討論，耗費上百多公斤麵粉與食材，專心研究如何把窯爐電子化，以電腦控溫；如何運用 360 度轉盤，使烤盤上下受熱。

經過多次的嘗試與失敗，最後他獲得他想要的結果，開發出結合傳統柴燒與科技旋轉的創新智慧窯爐，溫度控制均勻且操作簡單，烤熟一個披薩，僅須 4 分 28 秒的時間，縮短整整 5 倍的時間。

反對的聲浪

陳光中從小就是父母最得意的大兒子，學校的優等生，成績一向名列前茅，而且頭腦靈活，堂堂皇皇考上清華大學核子工程系，後來到交通大學材料科學與工程研究所深造，從碩士學位與博士學位，然後頂著博士光環，進入人人豔羨的工研院。忽然間，擁有高學歷和高收入，別人眼中已是科技新貴的他，要去賣披薩？走一條完全陌生的路，哪有這麼容易，要面對多少反對的責難呀？

可是，陳光中還是決定踏出第一步，他這個決定馬上遭到父母及家人強烈的反對。朋友異議的衝擊從四方八面而來，大家都認為不可思議。聞者莫不惋惜他放下寒窗苦讀而來的博士身分不說，還要捨棄百萬年薪，高科研職位，萬一生意失敗，損失不是比任何人都要高要重？媽媽更是百般納悶與糾結，認為陳光中的頭殼燒壞掉了，家人眾口同聲：「念書念到博士，跑去賣披薩？」於情於理，怎麼也說不通。

雖然被家人朋友潑很多冷水和質疑，陳光中說：「既然決定要做，就不考慮退路了，趁著年輕，總是要出來闖闖。」一向孝順的他，還

得時常擔心媽媽的不悅。但他相信，只要做出成績，媽媽遲早會站在支持者的角度來幫助他；更何況他並沒有拋棄原本的理工背景，只是把工程專業活用，轉換到另外一個產業。

　　他認為，博士不一定就要做電子業，換條路到餐飲業，注入企業家的創新思維，肯定能激盪出新的契機。

開創「5鄉地」披薩店

　　陳光中不在乎別人的眼光，敢做敢夢，除了台灣市場，他立志要做到國外去，做到成功為止。雖然實驗與研發是他的強項，但市場運作方面卻是白紙一張，更何況他要創的這領域是他完全不熟悉的披薩餐飲業。

　　理想很豐滿，現實卻是很骨幹，創業哪有那麼簡單。從窯爐的設計、食材的研發，到店面的經營、外場服務、廚房、財務、管理、行銷、採購等大大小小的事情都是學問，因此團隊變得重要。所幸，在弟弟的介紹下，陳光中的創業團隊來了專業廚師，也迎來了開過餐廳的夥伴。

2013 年 9 月 24 日，陳光中終於在台北最熱鬧的食街，中山區長安東路，開創「5 鄉地」披薩店，實現了他的夢想。

話說「5 鄉地」店名的由來，源自五鄉地是義大利西北邊的五個小漁村，由於依山傍海，擁有特殊的地理優勢與瑰麗的漁村建築，五彩斑斕的房子，旁著蔚藍無垠的大海，特別誘人。雄奇陡峭的懸崖，狂野而茂密的橄欖林、葡萄園與仙人掌，讓「5 鄉地」被稱為義大利最浪漫的愛之路。同時也被聯合國教科文組織列為世界文化遺產，許多遊客慕名前來。

陳光中被「5 鄉地」意式浪漫風光所著迷，恰巧餐廳最初成立時有 5 位夥伴，各來自不同的地區，同樣為了喜愛義大利料理而努力。他們將餐館取名為 5 鄉地，當然是想讓自己的創業的苦心成為口碑相傳的好餐廳，是一個適合消費分享美食的地方。

顧客一進門就可以看到師傅在做披薩，彩繪畫的窯烤口迎接他們，透過店裡大大小小的壁畫及裝飾，感受美食之都義大利的風情。

這種開放式型態的披薩餐廳，畢竟是很新潮的嘗試，雖不一定有把握，但陳光中還是充滿信心。

在餐廳剛起步的階段，因抓不準市場趨勢與顧客喜好，陳光中天天站在烤爐前，可是天天都在賠錢。陳光中生具不服輸的性格，他對自己說：「不管當初的決定對不對，都要讓它變成是對的！」

專業的技術團隊，在傳統的基礎上創新

陳光中利用本身工程專業的背景，打造了結合傳統柴燒與科技

旋轉的創新窯爐。他透過所累積的經驗，利用半導體等技術，增加產能、簡化製作過程，大大提升良率。披薩一般需要 10 ～ 20 分鐘才能出爐，現在 5 分鐘內就能出爐。而精準的火候控制，使出爐的披薩色澤誘人，熟度均勻，且酥脆彈牙，讓傳統的窯烤被簡單又標準化，確保品質的穩定，風味獨特、口感爽脆。

目前公司擁有一支有二十多年經驗的義式料理師傅團隊，負責口味開發，熬煮傳統義式醬汁、準備各種材料，與特製的現打麵團，研發出適合東方人口味，搭配各具特色琳琅滿目餡料的創意披薩，累計至今，口味已超過 20 多種，讓消費者每天都有驚喜，大受顧客歡迎。

陳光中說：「顧客品嚐到的美味只是一瞬間，可廚師卻花了 10 年在研究。」他對這句話的感受特別深刻。

走進「5 鄉地」閉上眼睛，即可感受香濃的食品味在流轉，恍若置身文藝復興的佛羅倫斯，藝術和食物完美地結合，那是很幸福而甜蜜的享受。餐廳最有名的便是博士研發的手工現烤披薩，脆脆餅皮上鋪了滿滿的乳酪，上有義大利香腸片、培根、煙燻雞肉、火腿、德式香腸、泰式打拋豬、日式薑汁豬肉、咖哩雞肉、和風炸雞等任君點選。

　　這幾款披薩一向是嗜肉者的最愛。獨具異域風情的乳酪、新鮮爽口，濃濃的香味，撲鼻而來，切也切不斷，口裡盤裡，絲絲相連，嗜完叫人意猶未盡，自然口碑相傳。其中尤以泰式打拋豬披薩（英文名：Spicy Thai minced pork）最具特色，是店裡的人氣產品。其配方還是特別從泰國皇室御廚傳承而來，搭配義式的乳酪與基底，異國料理的融合竟然碰撞出令人驚豔的味道，難怪成為客人必點的首選。

義大利麵更是一絕，尤其是帕達諾海鮮義大利麵與燉飯，除了採用新鮮牛奶、奶油與多種乳酪來調配，把海鮮的美味直接拉提出來外，還澆上濃郁的白醬，其滋味讓客人一口緊接一口，停不下來。別有特色的麻辣中卷義大利麵，採用特製的麻辣醬與新鮮的中卷，香辣過癮，成為嗜辣族非要挑戰的食品。

工程師出身的陳光中，特別在乎品質控管與健康材料，堅持嚴選新鮮的食材，優先採用當地開發的產品，有意藉此推廣台灣優質的農產品。店裡除了必備的進口優質食材外，精選當地最新鮮的材料，同時把本地人最喜歡的台灣蔬果，拿來開發成別具特色的香蕉披薩與芋頭披薩，數度獲得媒體報導。

好創新的披薩博士陳光中不會放過任何一個發揮創意的機會，烤爐不只可以烤披薩、還可以烤麵包、烤牛排、海鮮……等。例如套餐附上的火山熔岩巧克力，就是用窯爐開發出來的甜點，杯子底部有層布朗尼一樣的蛋糕，內藏液態的溫熱巧克力，出爐時巧克力像熔岩般爆漿，視覺效果十足。濃郁的巧克力香味，讓人品嚐起來喜出望外，讚不絕口。

披薩變成了甜點，此創意披薩擄獲許多年輕女客的芳心，也為年紀稍大的客戶所鍾愛，成為披薩中最受歡迎的口味之一。富創意料理的披薩，意外地捲起一陣陣旋風。

陳光中說：「以這一段時間做餐飲的經驗來說，我發現東西好不好吃跟生意好不不無關聯，當然，對我們餐館而言，客人對我們產品的整體評價都是非常正面的，我們很有信心以創新的烤爐功能、製作水準、特殊配方，製作出來的披薩令客人非常滿意。所以好東西要

先能獲得口碑，然後行銷出去才是關鍵。」

　　所以陳光中很感恩，披薩廣受客人的肯定後，先後獲得多家新聞媒體的報導，包括中視、東森財經台、非凡電視台、中天電視台、TVBS 電視台、台視、中央廣播電台、教育廣播電等。東森財經台在2015 年《進擊的台灣》節目中，還特別作了專題報導，推薦他的窯烤披薩以及其創業故事。該節目是這麼介紹他：「一位高材生，最後竟然會在餐飲業中發光發熱，陳光中不顧大眾眼光，選擇所愛，敢闖敢作夢，下一個目標，他誇口說：『要當披薩界的王品集團！』」

　　陳光中甚至受邀上吳宗憲主持的綜藝節目《小明星大跟班》，分享博士轉行賣披薩的人生成功故事。陳光中希望以自身經驗告訴大家，無論過去的專業是什麼，只要你發揮創意，願意挑戰不可能，下一個成功的商業模式，就是你的事業！

企業家思維模式，加盟機制系統化

　　陳光中承認創業不是件簡單的事！剛創業的陳光中很快就領悟到經營企業的博大精深，過去的經驗僅限於工程技術的研發，只需作好自己的分內事。成為老闆後，就算是一間小小的店面，所涉及的管理、行銷、業務、財務、稅務與法律等，都要從頭學起，不光具有技術就行。

　　所以他開始積極向前輩與專家們請益。在前同事的推薦下，他參與海匯企管顧問公司林君翰老師的「新銷售心理學」課程，這課程讓從沒銷售經驗的陳光中，頓時腦洞大開，原來賣東西有這麼大的學

問。銷售不止是銷售，了解顧客心理更重要，不只賣產品，還要塑造價值與品牌。在老師的啟發與影響下，陳光中找到了新的方向與藍圖，知道他的夢可以作的更大。

正巧林君翰老師與實踐家教育集團的林偉賢老師，在上海籌辦一個針對創業的全方位培訓課程，這正是現階段的陳光中所需要補足的學識。經過 8 天 7 夜課程的洗禮，他更清楚創業需要準備的企業家心態與願景。他不只梳理出更完整的商業模式與企劃案，還有現成的機會與來自海內外，大陸、新加坡、馬來西亞、香港及澳門等地的企業家一起研究、模擬、學習、分享。視野忽然開拓，得益無窮。

很多海外的同學非常看好他的專案，很欣賞他對披薩幾至癡迷的認真投入，積極地找他討論合作或加盟，由此觸動了陳光中的擴張宏圖的激情，決意研究發展海外連鎖加盟的商機。

回台後陳光中重新規劃，把台北店的經驗與技術系統化地整理起來，把產品標準模組化，建立一套可以完整複製的系統。而在台灣日漸響亮的口碑，陸續吸引想創業的朋友來洽詢。

2015 年 4 月底，他在新竹的清華大學創新育成大樓，開了第一間加盟店，成功打造了大學裡最舒服溫馨的披薩用餐環境。博士生的披薩口碑，獲得教授與學生的認可，即此聲名遠播，吸引了科學園區的企業家與工程師們的一再光臨。

清大加盟店的成功運營，讓陳光中對於系統可複製這件事更具信心，更加大膽地策劃拓展機制，目前正一步一步朝向企業的規模發展，積極與台灣與大陸的朋友洽談合作。

陳光中發揮創意，讓窯烤爐旋轉，使控制火候簡單化，整體製

作標準化，同時降低窯烤披薩開店的技術門檻，把披薩店擴展到全台灣，讓更多有夢想的年輕人可以成功創業。

夢想很大，但一定要把它做到！陳光中認為，把眼光放得更遠，肯定能做出更美味、更精緻的窯烤披薩，成為窯烤披薩界的標竿！他有一個更大的目標，進軍國際，現在他積極策劃前往海外市場發展，把披薩推向世界，最終成為一家窯烤披薩的上市公司！他期盼能讓更多人可以知道，如何用更聰明的方法複製美味的窯烤披薩，把好吃的披薩與理念推廣出去，尋找更多願意支持與一起打拼的合作夥伴，讓台灣人的披薩走向全球化！

他再次強調：「不管你過去的專業是什麼，只要你發揮創意，願意挑戰不可能，下一個成功的商業模式，就是你的事業！」

相關新聞採訪報導影片：

http://goo.gl/szMoJb 中視新聞

http://goo.gl/oE3BWV 東森財經新聞

https://goo.gl/f7vkGL 非凡新聞

https://goo.gl/PFjrYz 台視新聞世足賽德國國旗披薩

https://goo.gl/P6FTCI 東森財經《進擊的台灣》專訪

http://goo.gl/uWWLX1 中天綜合台《小明星大跟班》

https://goo.gl/P0icI5 非凡電視台《360 行向前衝》專訪預告

關於文化概念的梳理

關於文化概念的比較性理解－西方文化思潮的梳理

A Comparative Interpretation About The Concept of Culture －
Sifting Through Western Cultural Thought

摘要

　　波庫克（R.Bocock）於綜合威廉斯（R.Williams）與霍爾（S. Hall）等人之見，將文化的概念約分為 5 個面向，另亦佐以時間為分割點，並強調至第五個面向——文化作為一種「實踐」（Practices）時，所重視的是文化在作什麼，而不是文化是什麼（On what culture does rather than on what culture is）。參照波庫克的介分，本文試將 17 世紀以前視文化為「教化」的工具；啟蒙運動以來視文化為「認同」與「比較」的工具；19 世紀以來視文化為「生活方式」的理解；20 世紀前半葉視文化作為一種「社會行動」；20 世紀後半葉則趨向於將文化視為一種「社會實踐」（Social Praxis）。

　　或許以時間作為理解文化概念可以是方便的工具，但卻並不表示是最值得鼓勵的方法。因為若是落入以時間演化為唯一工具的邏輯，將自然使陷入進化思維的泥沼，並終致得出進步、落後的虛妄推理和論證。各種文化概念並非必然為某一個時期所獨有，也更非歷時

性的及一代而終，事實上它是互為交疊乃至交雜的。為免於墜入進化線性思維的泥沼，藉由文化再結構作為觀念釐清視角是途徑之一。

　　為此，於此時此地討論台灣文化問題時，重點並不在「文化是什麼」的提問下，追問台灣有沒有文化、爭論台灣文化是彼或此，而是宜由文化再結構的角度切入，更前瞻的去構思台灣未來要如何發展文化？我們應當在當下生活方式與社會實踐的基礎上，如何去展現台灣所獨具的人文色彩以及文化特色？

　　關鍵詞：文化、啟蒙、理性、實踐。

　　Abstract：Synthesizing the conclusions of R. Williams, S. Hall, and others, R. Bocock, has divided the concept of culture into five dimensions. He emphasizes that in the fifth dimension, culture is a set of practices where what culture does is more important than what culture is. Drawing on Bocock's analysis, this article sees visual culture before the 17th Century as a tool of cultivation; as a tool for comparison and identity during the Enlightenment, as a way of life in the 19th Century, as social action, and as "social praxis" in the last five decades of the 20th Century.

　　Understanding culture through the framework of time periods can be a convenient tool, but it is not the most desirable method. If we use changes over time as our only tool of analysis, we naturally fall into the mire of evolutionism where we draw unjustified inferences about forward and backward progress. Many different concepts of culture neither belong to one time period, nor disappear in one generation; in reality, they overlap each other and interpenetrate each other. An approach of cultural restructuring may one way we can avoid sinking into this mire of evolutionist thinking.

When discussing matters concerning Taiwan's culture, the point is not pursuing the question "what is culture," asking whether or not Taiwan has a culture, or arguing about the nature of Taiwan's culture. Rather, from the perspective of cultural restructuring, the point is "How will Taiwan's culture develop in the future?" The question then becomes, based on current ways of life and social praxis, how can we express the unique humanistic and cultural character of Taiwan?

Key words：culture、enlightenment、rational、praxis。

前言

過去由於工作上的緣故，經常會碰上這類的提問：「台灣有沒有文化」、「什麼是台灣文化」。同樣的情況似乎也發生在澳洲，澳洲學者莫莉思（MORRIS，MEAGHAN）曾經就「澳洲沒有文化」這組假設性命題進行反思，認為這組假設，一方面固然是沒有意義的，但是另一方面卻真實的關係到所謂文化「再結構」（restructuring）的問題。[1] 事實上，從文化再結構的視角觀察，這類「有沒有文化」，「文化是什麼」的困境，不只是存在於澳洲／英國，台灣／中國這種母子文化結構體內，而實質上這種文化上的母子關係困境是普遍存在的，尤其當面臨全球化／區域化思維的時際。

為便於進一步解析或甚走出這種困境，或許就文化概念上的比較性理解會是一條楔入的途徑。

文化作為教化的工具

在古典社會，「文化」（culture）與「文明」（civilization）二詞並沒有嚴格的區分。[2]「文明」一詞是從拉丁文 CIVIS 為字根，意指一種集體自封的特質，意即具有與「野蠻人」區隔的意涵。此一意涵特質，形成古典希臘、羅馬社會的族群與邦國認同，同時亦使「文化」一詞不單只是具體的耕種（cultivation）與養育（tending）意涵，而更進一步含有對人類心智教化的抽象意義。[3]於此亦暗喻「文化」不但是一種過程，同時也是目的，經由此一邏輯推演，所謂「階級」的觀念也即浮現。[4]

關於這種區隔意識和教化觀念的形成是有其特殊的歷史背景，歷史上直到古希臘後期，「權力」與「文化」是分離的兩個範疇。「權力」是屬於握有武裝力量的武夫或軍人；「文化」則屬於沒有權力的希臘人，而且通常多為希臘的奴隸。在稱謂上前者為紳士（貴族），後者為公民（平民），二者共同組合為國家。國家之出現是由於人有追求止於至善（supper good）的本能，因此善既為目標，亦為區隔，而國家的目標即在養成與野蠻區隔的紳士。至此，則文化所具有的教化功能，已不言可喻。[5]

對於教化功能的最高體現與規範，亞里斯多德總合了當時知識分子的普遍觀點，於其以目的論（Teleology）為主要基礎的尼高馬各倫理學（Nicomachean Ethics）中，亞里斯多德指出所有事物的理解應透過目的來理解，任何事物的目的既非故意安排的，亦非意外發生的，而是事物與生俱來的本質。對人類而言，「善」是其本質，並且

由於人是理性的動物，因此善既存在於其靈魂之中，又為其靈魂的一種活動。

亞里斯多德同意柏拉圖將靈魂分為理性與非理性兩部分，非理性部分包括生長的與食慾的；而食慾的部分，亦能具有某種程度的理性，即當所求的食物為理性所允許的時候。如何做理性的判斷呢？此時「品德」乃為不可或缺的因素，品德一如靈魂，亦有兩種，即理智的與道德的，前者來自教導，後者來自習慣。為政者的工作就是要培養公民具有好的習慣，一旦公民被迫養成良好習慣之後，就會發現行善是件快樂的事，因此行善不但是快樂也是靈魂的一種活動。

為體現與規範教化的功能，古典希臘在哲學、史學、戲劇之外，又創造了教育（Paideia），並且於西元前，第五和第四世紀的雅典時期逐漸形成體系。[6] 此一體系對於語言論辯的重視強調，以及可以經由教育來塑造人類個性發展的假設，對於日後西方文化觀的建立實具有深遠的影響。

這種影響具體的反映在羅馬帝國，在文化上羅馬是希臘的寄生者，它不但承傳這個傳統，而且更進一步強調說話能力、思辯能力是人之所以異於禽獸的根本條件，[7] 而全面教育則是發揚純粹屬於人和人性品質的途徑。

古典希臘以人為中心，人可以與神對抗的思想躍然於其各類戲劇、史詩、神話與哲學之中，尤其在哲學的領域，正如西賽羅（M.T.Cicero）所說的是把人從天上帶回地上，這個以人為中心的傳統，直接牽引了文藝復興，形塑了人文主義的中心主題、人類潛力和創造力的開展。[8]

這個布克哈特（Jacob Burckhardt）所指的發現世界，發現人的時代，主觀上探索人的本性，客觀上探索外部世界的力量，因著 1494 年法軍入侵義大利以及 1527 年羅馬大洗劫之後鼠疫、飢餓、天災、人禍，以及來自反宗教改革運動與新教改革運動的左右夾攻而面臨中挫甚或幻滅。有如黑格爾的「理性的詭計」（Cunning of Reason），歷史常常好愚弄人類，馬丁路德點燃的新教改革雖然對這股力量不假辭色，但是新教改革所訴求的國家權力和個人主義色彩，卻為下一波 18 世紀蓬勃展開的啟蒙運動添加了靈感，[9] 順著國家權力的思維，政教分離、反教權成為啟蒙運動的共同主題，再隨著反對教會聚斂財富、控制政府、壟斷教育、箝制思想、迫害異己這種種具體的論辯，使得曾經被左右夾攻的人文主義中心主題再度呈顯。

啟蒙思想家相信，人類若是能由恐懼和迷信之中解放，他們就能從自己身上找到提升人類生活條件的力量；思想自由和言論自由是進步的條件，人的發明和智力是鑰匙，科學經驗則是最有力的觸媒。古人教導聽天由命，基督教教導等待拯救，而啟蒙主義者則教導爭取解放。[10]

洛克（John Locke）之於啟蒙運動，猶如佩脫拉克（Francesco Petrarch）之於文藝復興，在思想的啟迪上二者均扮演著革命的角色。[11] 與洛克同時代的思想家如笛卡爾、萊布尼茲等普遍承接柏拉圖以降的認識論，即認為心靈可以預知一切事物，人類的思想來自天賦。[12] 洛克於其《人類理解論》（An Essay Concerning Human Understanding, 1690）[13] 書中推翻此一數千年來人人習而不察的觀念。他強調一切概念都來自經驗，因此一切知識也不能居經驗之先，即

不是先驗的（A Priori）。洛克在認識論（Epistemology）的中心論題上以白紙理論（Tabula Rasa）做闡釋，認為兒童的心靈有如白紙，經驗為之染上許多顏色。換言之即是人類經由外物透過感官與感覺（Sensation）使心中留下印象或觀念；人的心靈具有反思（Reflection）作用，經運用、記憶而保存下來即為知識。[14]

洛克理解由於一個人的經驗有限，因此人類的知識範圍基本上是有其侷限性，但他認為人有攫取知識的能力，此種能力分別來自於理性與意念，前者是使人別於禽獸的能力，後者則是滿足其全部行為的唯一尺度。[15] 理性能力使人類明白自己確實所知道的知識，同時也能夠分辨，實際上可以接納的主張。[16] 在這個基礎上，人類在參考他人的經驗，以擴大自身的知識領域之後，也會培養寬恕與容忍，從而尊重甚至護衛任何人都不可剝奪的自然權利，[17] 意志能力使人類能夠擁有思想其行為、抉擇其行為的權力，並從而獲得自由，保有幸福。[18]

牛頓的萬有引力定律超越了笛卡兒的宇宙漩渦說，洛克的經驗主義則亦以笛卡兒的先驗主義為超越的對象。[19] 牛頓與洛克似乎都以笛卡兒為對手，結果是一位發現了自然世界的科學規律，一位則發現了人心的科學規律。[20] 雖然兩人分居科學與人文的位置，但是卻同樣的將人類的視角由形而上學帶回至人生實際領域，尤其洛克所強調經驗為人人所有，並且人人經驗價值相同的論述，一方面是將自由、平等的精神暗寓其中，奠定了自由主義的基礎，而另一方面則是為古典文化概念提供了新的空間。[21]

古典社會視文化為教化的工具，是區隔野蠻與文明的尺度，在這組概念裡潛存著人類進化的邏輯，而且其進化演化是出自人類自我

提昇的心智能力。牛頓與洛克開啟了啟蒙思想的大門，在此啟蒙思想的園地裡，人們相信只要追尋科學的規律，採用科學的方法，人類社會必然會不斷進步。

在此，啟蒙思想家對人類的道德的自主性充滿了信心，這股信心也使啟蒙思想家樂觀的相信人類會以「最大多數人的最大幸福」作為社會的價值體系的基礎。[22] 由於啟蒙思想家對人類經驗一致性的強調，乃導引其發展出人類歷史具有一致性律則的邏輯，此一邏輯觸發了啟蒙思想的另兩組命題：

第一、在文化相對主義（Cultural Relativism）之下，認知歐洲以外另有文化，也有文明與野蠻的區分，但是卻認為野蠻狀態的出現，文明腐敗的發生是由於人類拋離了自然狀態；第二、因此為解決人類文明的問題，需要做的事雖不是放棄文明回復自然，但是卻需要以創造主所賦予人不斷完善自己的能力（Perfectibility），去做根本的改造。[23]

以上二組命題的結論會是將人類的歷史發展簡單化為人性的自然發展，於是人類的進化演化卻被化約為一塊鐵板，人不再是歷史的創造者，而只是人性發展的附屬品乃至裝飾品。這個邏輯上的弱點或許並非啟蒙思想家所樂見。

啟蒙運動思想家普遍傾向於機械化的宇宙觀，認為人完全會與自然的性質一樣，經由科學研究的理性方法能夠發現人類社會普遍的、不朽的規律，而現實則為此種規律所建立，在此現實中，人類活動是被靜止的、孤立地看待，人類歷史的發展亦被視為人性自然的發展。[24] 生於同一時期的維柯（Giambattist Vico）對於人的自主性與能力予以肯定的思想與啟蒙運動並無軒輊，並且在文化概念上也抱持社

會文化薰陶（Social en-culturation）的理論。[25]

不過於其《新科學》一書中，[26] 維柯並不認為人類的進化演化是鐵板一塊，是人性自然的發展，具有一致性律則的邏輯。事實上只有上帝才可能認識自然，而人只能認識自己創造的東西，因此人類最適合的研究就是人的本身，換言之人實際創造的是人的歷史，只有歷史人才能理解。[27]

維柯擺脫了笛卡兒的數學化主義（Mathematizism），而將「新科學」限定在可以理解的範圍內，即研究人類自己所創造出來的事物，其範圍包括語言、法律、習俗、宗教信仰、溝通模式等所留下的沉澱物，這些沉澱物也就等於現在所稱的文化。[28] 維柯是最早將人類的文化演化過程作連續性和階段性的思考，他認為每一個歷史時代都有其獨特的美德和力量，不能用某種抽象標準予以否定，事實上人類歷史的每一個階段都是前一個時代的產物，並且也再為後一個時代做準備。[29]

文化作為認同的工具

沒有證據顯示維柯直接影響赫德（Johann Herder, 1744-1903），但是兩人的觀點卻頗為一致。赫德認為每一個歷史時期，民族、文化、社會有自己獨特的性格，並無所謂的普同性。

因此若僅以自然科學原則為唯一的理解途徑，藉用分析、歸類做籠統或概括性的解釋，則只會迷失於方法論而不自知。事實上，世界不是一個原子論的機器，而人類活動是另外一種不同的活動。是一

種多元性的，是第二個知識領域。這個知識領域不似自然現象他是任何人都可以由自己內部掌握，參與和創造的，因此是人創造了一切文化活動，人的歷史就是發揚人性的過程。

　　人性就是歸屬感，是與同類共處的感覺，這種感覺來自每一群體自有的一套習俗、生活方式、行為態度此即所謂的民族特性。而此一特性的主要載體就是語言。赫德相信民族文化的多樣性，也認為彼此可以和平共處。[30] 赫德的思想譜出了狂飆運動激昂的曲調，這個曲調的主軸是反對法國文化霸權以及鼓舞日爾曼民族精神（volksgeist）的重振旗鼓；[31] 也形塑出與啟蒙運動不同氣質的浪漫主義運動特質。[32] 在諸種不同的特質之中，其對文化觀念乃至文化發展確有影響的是：

　　一、浪漫主義認為歷史發展的源頭，不是由一組靜態的律則，意念或本體所操控，而是動態的存在，其意義是不斷呈顯，不斷改變的，是一種辯證的過程。對於這個辯證過程所形成秩序與意義的理解，人類的知識是有其侷限性的，為超越此一知識的侷限，人類必須將理性與感情作融合，換言之即從根本上超越自身。[33] 這種自我超越的觀點，乃將「文化」（Kultur）與「塑造教養」（Bildung）作為同義詞看待，一則形成精英式的觀點，視文化為人類創造活動中的至高成就；一則是將文化的內容設定為單純的藝術、文學、音樂及個人完美極致的精華層面。[34]

　　二、屬於浪漫主義的日爾曼知識分子與中產階級，身處兩股優勢力量的夾層，對內面臨來自王權、教權與貴族的專制主義壓力；對外則見絀於法蘭西、義大利、荷蘭等優勢文化與以進步為訴求的啟蒙運動力量。背負雙重劣勢的浪漫主義運動，以回歸古希臘、羅

馬，回溯中世紀的英雄與神話的寄託之中，為自己建立一個新的範式 Paradigm —「天才」（英雄）。[35] 以具有才智、膽識和創新突破能力的「天才」來，對抗或貶抑蟻附專制王權之下的一群「奴才」，同時，也藉「天才」反照出自己的精神依託，在文學的領域裡，最反映出這股深誠的期望，席勒（Friedrich von Schiller）的《海盜》，如利劍封喉般的直挑公爵貴族的種種糜爛、淫亂、爾虞我詐和精神空虛的斑斑劣蹟，並且也塑造出一個敢於對抗惡勢力，有膽識，富正義的「英雄」（天才）。席勒所塑造的人物，激發了大眾寬廣的想像、理想與感情的宣洩；[36] 另如歌德的《少年維特的煩惱》和《浮士德》，前者塑造出一個憂鬱、純良、智慧的偶像，觸動大眾回歸自然純真的夢境；後者驅動大眾心底追求真我，面向未來，爭取勝利的渴望。[37]

這種種寄情過往榮耀和天才（英雄）人物的集體期望，所反應的不只是一個過去與夢想，而是一個由重返過去之中，再回到自我的過程，並且由回復自我和發現自我之中，來建立一個新的個體，由新的角度重新思考回歸舊世界，對於舊世界既存的秩序、安全與價值的接受，是審視的不是被給予的，是創造的不是教條的。發揮自我投射到世界上的能力，使這個世界與自我相同。[38] 這種重回過去以致未來的浪漫主義精神，如漣漪般的衝撞整個歐洲，英國與法國更激盪出一股由社會道德與束縛中自我解放的潮流。[39]

三、早在赫德以重振日爾曼民族主義精神為訴求的狂飆運動，以及以反專皇制王權，追求自我為目標，高舉反理性旗幟的浪漫主義之前，馬丁路德似乎預言式的為這股日爾曼新生的期望佈下了種子，路德抨擊所謂「理性」只是羅馬和西方意識型態的工具，除非應用於

日常現實生活，否則只是「為惡魔效勞的妓女」，是「一切邪惡的源頭」。藉由對「理性」的抨擊，路德帶動起日爾曼底層民眾的自我群體的意識；經由對「聖經」的翻譯，使日爾曼語言往統一的方向匯集，將近兩個世紀之後，馬丁路德似也無意播下的種子漸漸萌芽。[40]

18 世紀 20 年代英國、法國啟蒙運動潮流湧入日爾曼荒蕪已久的田園，哲學領域之中的托馬修斯（Christian Thomasius）、萊布尼茲（Gottfried Wihelm Leibnitz）和沃爾夫（Christian Von Wolff）一方面藉啟蒙運動的批判理性為工具，鼓吹爭取解放、肯定自由、反專制、反教權；而另一方面，則經由以日爾曼語寫作、講學的手段，促發民族意識。緊踵其後的文學家如高特舍特（Johann Christoph Gottschei）、萊辛（Gotthold Ephraim Lessing），以更熾熱的心緒為日爾曼的民族意識，開啟了另一扇大門。[41]

赫德從對法國啟蒙所主張的普同性（Universalism）批判入手，認為全人類是一種生物上的人種，各有其獨特性格，因此對於人類各自現象的理解應通過歷史科學，而歷史科學的正確對像是群體（社會）及其文化。其中文化是一群特有的人眾的生活表現，一個民族或文化共同體是家庭的延伸，以一種語言、文化、人民與民族性格為代表。這是一種集體資產，在此地赫德所理解的歷史是底層的歷史。[42]赫德將尚不甚自覺的大眾思潮活動神聖化，他為大眾的傳統、思想、語言、習俗申辯，以對抗來自上層的壓力，尤其在當時大眾的語言更被視為異端分子的語言，強調語言是表達思想的工具，不是源自上帝的神學見解，而是社會的生活現象。[43]

赫德所扮演的平民啟蒙者角色，確實深深影響當時的知識分子，

日爾曼民族精神不但成為大眾追求榮耀與尊嚴的動力，同時也成為對內消除差別和對外區隔差別的觀念。作為這兩種「差別」的公分母則是語言，影響所及 19 世紀以來在歐洲各國所時興的民族主義亦莫不以語言作為重要的認同基礎。[44]

　　總合浪漫主義的三個軸線，文化的概念浮現出來的是一個群體的獨特生活方式（社會的、傳統的、語言的）而這個生活方式的內容（宗教的、藝術的、知性的），則由精英（或說天才）來創造兼施以教育。[45] 在此一圖象之下，文化乃成為需要一定的社會條件的特定物，由於這些條件會與民族國家有所關聯，於是以政治為導向的認同論述即滲入文化之中，藉由分類與界域的劃分，政治認同、身分認同乃隱身於文化認同之中，進而使文化被抽象化、同質化與規範化的看待，此一觀念認知一直影響 19 世紀至 20 世紀至少中期以前。

文化作為一種比較的工具

　　19 世紀的歐洲隨著海外的拓展，日益覺察外在「奇異世界」的廣博、複雜與差異，另外，因著產業革命所出現的社會差異，也讓歐洲的知識分子用心探尋差異出現的源頭，以及思索復歸平衡之道，面對外在與內在世界的差異和變異，人類學的腳步逐漸推開「文化」的大門，希望能用這扇大門的跨入而更清晰而且合理的去理解、去解釋人類這一個奇妙的生物。

　　累積 14 世紀以來對非西方世界了解的經驗與知識，[46] 至 18 世紀邁納斯（Christoph Meiners）以人類史綱（Grundriss der Geschichte der

Menschhit, 1785）開啟了民族比較研究的先河，以後類此研究如雨後春筍般紛紛崛起，以生物學、動物學、解剖學等自然科學的路徑，逐漸擺脫宗教與冥想的束縛。[47] 至 19 世紀末達爾文「物種起源論」的問市，一則肯定了其前近百年的科學位置，再者也激發了「社會進化論」的想像，人類學者試圖綜合生物學和社會達爾文主義理論來對非西方世界做科學性的研究。

在這個基礎上，早期人類學形成幾個特點：

第一、以西方中心主義和進步性的觀念，來命定地球各民族的同質性原則，在這個大前提之下，人類歷史是統一的，依循著相同路進徑，是一個偉大的人類傳統，各民族間之所以有差異，主要是發展過程與途徑選擇的問題。

第二、採用類型學（Typological）的概念以文化來代表人類的共同領域，其中不同文化之間的關係變成歸納性的通則，其中由於時間與空間條件上的差異，於是產生「野蠻」與「進步」、「野蠻社會」與「文明社會」或者「低度文明」與「高度文明」的現象。[48]

第三、對一個民族文化或社會的理解，集中在對信仰、風俗、習慣、價值、工具、器物等的獲取與運用上的描繪性觀察。[49]

第四、以生物決定論與基因決定論來區隔人類與動物，本義上是藉用生物學，物種學來證明人類進化的獨特性，但是其偏態發展，則是將其作為民族優劣，並種族滅絕行動的立論依據，屬於種族主義部族國家的納粹德國可為最具代表性。[50]

達爾文的進化論將人類學推上科學史的舞台，借用達爾文理論的「科學的人類學」其所持的進化論包括「人類生物進化論」和

「人類文化進化論」。前者以達爾文、赫胥黎為代表[51]；後者以史賓塞（Herbert Spencer）、泰勒（Edward Taylor）、摩根（Lewis Henry Morgan）與弗萊哲（James George Frazer）為代表，直接影響人類學理論的建立[52]。史賓塞執著於進化論的觀點，以軍事社會與工業社會作為人類由矇昧而至文明的兩大階段，除此之外，基本上排斥國家優勢的史賓塞以有機體論的觀念來看待人類的整體文化發展，認為與生物有機體比較，人類社會是一個能作集體有機發展或演化的「超有機體」。史賓塞除了將社會學與生物學作理論性的連結以外，也把啟蒙時代純粹將進步一詞停留於道德狀態的概念，提昇到一個人類與社會環境之間功能性複雜關係的層面，這個層面引導入地緣政治概念之中，也影響美國功能理論的觀點發展。[53]

泰勒於其「原始文化」著作中指出，在廣義民族學的意義上，文化或文明包括知識信仰、藝術、道德、法律、習俗以及其他由社會成員所學習而得的能力與習慣等等所構成的複合體（Complex）。[54]在面對當時「文化退化論」的相反論調，泰勒堅守進化論的立場，主張人類文化的發展史是自然史的一部分，並沒有一個朝現代文明人發展，而另一個則趨往野蠻人的發展狀態，事實上不論西方或東方皆朝進步方向挺進。泰勒提出泛靈論（Animism）即「精靈的信仰」（The Belief in Spiritual Being）是所有人類思想中所共有的最底層宗教情愫，這是現代人和野蠻人所共有的人類思想，一方面均面對死亡的焦慮，一方面也都經驗過由幻想所表顯的神秘性。泰勒由人類經歷自泛論而至一神論的宗教信仰演化過程的論證，不但為歐洲人類學界解了神秘信仰之謎，而且此種人類心理共性及基本結構的觀察也影響下一階段

結構主義藉用圖騰、神話作闡釋的基礎。[55]

摩根的最大特點是藉助進化論的概念，以系統分類的方式為人類社會組織、社會制度的演化舉證說明，透過親族關係制度的研究型模，將人類歷史發展作階層式的分類：第一是蒙昧階段（Savagery），第二是野蠻階段（Barbarism），第三是文明階段（Civilization）。對於摩根來說，歷史是一個線性發展與競爭的過程，人類文化發展有其一定的順序，彼此都經過相同的階段，雖然其中或有差異，但皆由於物質環境所致。[56] 摩根這種線性進化觀事實上相當程度的反應了當時進化論人類學的主流論述：人類的經驗已趨於一致，因此同質性與進化觀可以是一個放諸四海皆準的論據。

依據進化論人類學的主流論述，摩根的線性進化觀以及以一套模式論定希臘、拉丁社會與其他所不知的社會完全相同發展的謬誤，固然成為他為後人批評的痛處，但是其作品中所隱涵的野蠻與文明、進步與落後此類二元對立的羅格斯中心主義（Logocentrism）傾向，卻為階級論、種族主義、種族優越論以至開發、未開發、第三世界等概念提供了辯解的權威性基礎，此恐亦非摩根始料所及。[57]

弗萊哲（James George Frazer）藉由原始人類巫術信仰體，說明人類意識中的心理共性，在思想發展方面，認為人類是由巫術發展為宗教，然後再發展為科學。巫術雖然是由「模擬巫術」／「順勢巫術」（Imitative Magic/Homeopathic Magic）和「接觸巫術」（Contagious Magic）這兩種錯誤的觀念所組成，但是由於在認識世界的概念上，其與科學均具有相似的思維規律，因此若運用合理仍可結出科學之果，這中間的轉折變化是人類進化和歷史演化的結果。[58]

此外，在社會進化方面，巫術由「個體巫術而進至公眾巫術」，至公眾巫術的階段，巫術成為公共職務，並逐漸將管理權由多數人手中轉至一個人手中，這種神權政治專制統治的型態，既是人類走向文明的共同過程，也是人類由傳統束縛下解放出來的思維過程，這個思維過程的演化，使人類以不斷開闊的世界觀來理解自然，促使人類緩慢進步。[59]

進化論派的特點是建立一種全球性的歷史過程的概念，而此一概念的前提是時間的自然化（The Naturalization of Time），即這組概念裡的「時間」是物理學的線性時間，不但是直線性的，而且是無可迴歸的流動。在這個概念之下，所有人類的歷史是統一的、循相同途徑發展，當然，邏輯上人類的歷史發展乃有低級與高級或現代與過去比較性和階梯性的排序；這組概念裡的「空間」是將啟蒙運動以前，以基督教為中心的宗教性空間觀，具體轉化為以歐洲文明為中心向外擴散的空間，原有等待拯救的異教徒所在的空間轉為「過去時」和「異地」，邏輯上乃衍生出此地－異地、西方－東方、中心－邊陲等二元對立的空間觀。時間與空間不再是分立的，而是具體合一的。[60]

19 世紀的歐洲伴隨著工業技術的發展，對內面臨人類有史以來最急速的變遷，以及社會精力的集體解放，對外海外拓展成功的精神亢奮，固然為進化史觀提供了適當的文化條件，同時，反過來，進化論史觀也為當時的體制、意識與環境提出了解釋，透過對原始人類的研究，不自覺的將自身當下發展的優越性作為人類發展的最高階段，並且將文化理解為一種梳理不同民族現存差異，由低等而至高級，其發展過程之間普同規則建立的工具。[61]

誠然作為文化人類學的奠基理論，進化論學派是有其深遠的影響與貢獻，其所以不能滿足於文化研究領域的最大侷限，是以生物學的邏輯思維作為理論基礎，單純演化觀是其第一個侷限；以「歷史的距離」作為文化空間差異的唯一表述是其第二個侷限；落入以單一價值為文化恆久基礎的論述則為第三個侷限[62]。

針對以上諸項侷限，於是有不同的發展出現，類如法國的社會學派、德國的傳播學派、英國的功能學派以及美國的歷史相對主義學派等等，渠等之共同特徵是：第一、不再以進化的概念來解釋人類關係；第二、視文化為一種生活方式，「文化」是一種普遍用語，而非屬精英的象徵；第三、文化發展基本是發散式的（divergent），文化具有多元性，分散在各個不同的文化模式之中，彼此雖無血緣關聯，但是卻通過平行的發展序列而發展；第四、文化雖皆為孤立的、分離的、具有獨立的功能，但卻又完整地組織成一個整體，因此，第五、對於文化的理解，「從什麼位置看」以及「用什麼東西看」是兩個決定性因素，亦即在脈絡論（Contextulist）、反形式主義和相對化的趨勢下，將焦點由「世界本然的樣態」轉向「我們談論世界的方式」。[63]

文化作為生活方式的理解

古典社會學家，如：塗爾幹、馬克思、韋伯等等，多藉由對「現代性特徵」的提問，來理解其所處時代的顯著特徵，其所處時期的歷史是如何被創造，以及其所處時期中具有優勢位置者的本質問題，對於這些提問的理解都與特定的歷史詮釋相關。[64]就塗爾幹（Emle

Durkheim）而言，處於 19 世紀生物學知識的普遍性影響之下，其雖以有機原則（Organic Principle）來理解現代社會的本質，將社會看作一個實體，以社會的整體作為分析的焦點，[65] 並且也引用進化論的概念從分工的角度來區分屬性為機械連帶（Mechanical Solidarity）的原初社會，和有機連帶（Organic Solidarity）的現代社會，以及以所謂理性化（Rational）與非理性化（Irrational）來區分西方世界和東方世界。[66] 不過若就此而論斷塗爾幹仍落於進化論與整體論的窠臼之中，則恐怕失諸草率，關鍵是在方法論上。

塗爾幹認為，作為一種科學的社會學，應以因果論為解釋的基礎，而不是如目的論者，先設定人性有創造進步的本能（如孔德），或認為人性之中有追尋最大快樂的性向（如史賓塞），而後據以解釋社會現象。事實上，是先有了社會才使人類擁有知識與追求最大的快樂，因此對於社會現象的解釋應求諸社會本身的性質，而非源自個人意識。換言之，社會現象是「事物」（Things），而不是關於事物的觀念。[67]

對於社會現象的解釋，我們可以通過塗爾幹的外在性（Exteriority）與約制性（Constraint）這兩個測度社會真實的指標切入。根據這兩個指標，社會現象是外在於個人：第一、一個人由出生起即身處於運轉中的社會，並且此一社會的結構已然約制其人格成長；第二、任何一個個體是構成社會關係總體中的單一元素，而此一社會關係是個人與個人間互動關係的構成。[68] 經由此一理解，一個社會即是一個自我維繫的單一體，可以明確與其他社會區別。在這層意義上社會本身乃擁有「界域」（Boundaries），並且社會的存在是一個有界域，

和諧的整體。[69]

　　社會既為一個整體並且具有界域，則在邏輯上有內／外區隔的發生，對於內／外的區隔再衍生出界定成員資格和界域界線的考衡。對於社會成員的界定，塗爾幹以雙重人（Homo Duplex）概念為論述基礎，認為人類具有雙面性，一方面是自我中心（Egoistic），自我慾念需求的感官傾向；另一方面則是具有創發意義與秩序的理性能力。[70] 其屬於自我中心的感官傾向面，非但不是來自社會，甚至可能是反社會的，因此若以心理學上的目的（End）、用意（Purpose）這種個人心理動機，作為對社會成員的資格界定與解釋的基礎，則很可能引出社會是個人的集合的概念，並進而在社會界域的界限區隔上，以個人的感官或感性需求為標的，其結果將形成兩組謬誤：第一、以經濟因素或經濟活動的狹隘關係，是唯一的區隔介面；第二、設定個人是唯一的真實體，而社會則源自個人行為的抽象概念的直覺式思維，因此個人組合也決定了社會事實。[71]

　　在康德先驗論的範疇裡，認為人類先天即具有認識的能力，而物自體（Things in Themselves）是先驗而非經驗的對象，際此範疇之中的「空間」與「時間」並非概念（Concept）而是直覺（Intution/Anschaunung）。換言之，人果欲理解事物存在（Things Being）或尋求因果關係時，自會自我界定其時間與空間。[72] 塗爾幹避開康德的先驗論，藉由人類學研究，說明空間與時間的概念乃來諸社會，不同的社會自有其不同的時空概念，時間與空間的認知架構既來自集體性的經驗，也來自集體性的創造。因此，社會不只是個人的集合，而是包含著「更多的事物」（something more），這些事物是個體間所共用

的「集體意識」（Conscience Collective）和「集體表徵」（Representation Collective）[73]。

　　學界認為塗爾幹所發展的「集體意識」和「集體表徵」概念，與其說是社會學概念，不如說是文化學概念。其所強調的實為文化的共用與規範性的特質，以及文化所特具將個人整合入社會群體的功能。塗爾幹以社會整體作為分析重點的同時，即已將社會系統或結構的組成部分，視為完成整體基本功能，滿足整體需求的必要條件。在此處文化既可視為社會系統的一個面向，亦可視為整體生活的共同事實，具有確保社會作為一個整體，並維繫內部凝聚力，以永續存在的功能。[74]

　　塗爾幹的「社會事實」、「集體意識」和「集體表徵」的概念與論述，相當程度啟迪、影響了人類學對於文化整體性、文化結構、文化功能、個體與社會文化關係的觀察和理論基礎。在人類學的研究範疇中，復以英國功能學派受影響最直接，其中以馬林諾斯基（B. Malinowski）的「文化人類學」和芮克里夫・布朗（A.R. Radcliff-Brown）的「社會人類學」為其次理論體系。[75]

　　馬林諾斯基的理論主要由「功能」與「需求」切入，指出文化是由人類的七種基本需求構成，換言之，文化是人類（個體）需求的體現，同時也由此基本需求之中，形成「文化迫力」（Culture Force）。此一「迫力」一方面導致社會各種生活型態與法律組織的形成，而另一方面則當以上各文化方式獲得滿足之後，則又因新的限制而觸發新的文化迫力，如此則次第構成整個文化系統以及社會制度。[76]文化是人類所創造的第二性的環境，是人類累積的創造物，也是人體需求的

體現。從功能的角度而言，由於人類基本上是一個製造工具、使用工具的動物，因此文化根本是一種「手段性的實現」，並且由於文化是自成一格的一種現象，文化歷程以及文化要素間的關係，是遵守著功能關係的定律，因此吾人需要一種經驗的文化論。這種文化論是承認文化的差異性，不問文化的起因，而只問文化是怎麼發生作用，又是如何產生。[77]

　　同樣視文化為一種生活方式，強調文化的多元性以及不再以進化概念來看待人類關係，但是芮克里夫‧布朗又比馬林諾斯基更直接承納了塗爾幹關於「結構」的概念。[78]芮克里夫‧布朗以「社會關係」與「社會結構」取代馬林諾斯基的「文化需要」和「文化迫力」概念。認為文化一詞模糊而抽象，實質上文化要素的確定功能，是由社會關係的網絡系統以及「社會結構」所決定。社會結構是一種實在，社會生活是結構發揮功能的過程，換言之，文化形式是由社會結構所決定，經過以上的理解，一則「文化」一詞並不具有自主性的領域；再則社會結構不僅只是文化的一個面向，它代表著一個民族的整體文化。[79]

　　芮克里夫‧布朗所指陳的「結構」是一個複數形式，此即推翻了普同性結構的論據假設，使在方法論上發展出三組提問，第一、社會結構是否具有多樣性型態？在這組命題下，比較和分類是研究的重點；第二、社會結構的各個方面，在功能上發揮的不是動物性的社會現象，而是文化現象？在這組命題下，從概念上理解社會學的生命類比，作社會生理學研究，即功能研究是必要途徑；第三、新型社會結構的形成是動態的？在這組命題下，則引領研究的方嚮往社會變遷思

維。經由以上的提問形式芮克里夫‧布朗將解釋性的「功能」概念，以抽象的「社會結構」間的關係來定義。他所創造的社會結構理論，視社會結構為一種社會關係網路，在這個網路之中，每一個社會結構系統都是一個統一的、和諧的、能夠自我維繫、內部穩定的功能性單位。[80]

固然，功能學派（或曰結構－功能主義）將文化的視野由普同性的假設與線性進化論延展至多樣性生活方式和社會結構的觀察，但終究因為功能主義方法上必須依停滯以至堅持「共時性」研究的缺陷，使其面臨挑戰與取代。[81] 於是經濟、政治以及社會等等動態性或變遷性的社會行動因素即日漸成為研究人類文化發展的焦點。[82]

文化作為一種社會行動

於當代文化研究的範疇中，有將其研究方法概分為兩大途徑，一則是所謂「闡明方法」（Interpretive Methods）其目標在整體性的闡明各事實材料，用以驗證所描述的形式或造型（Gestalt）；一則是「解釋方法」（Explanatory Methods），重點在解釋社會的過程。二者分別另以「文化的社會學」（Cultural Sociology）與「文化社會學」（Sociology of Culture）稱之[83]。

藉用前述概念，深受實證主義影響的塗爾幹似屬前者，承接孔德式的觀點，即認同科學本質上具有經驗與邏輯層級（Empirical and Logical Hierarchy），並於此層級的排列之中，可以建立普遍性的律則，因此，對於人類社會的研究，是以一種生物學研究的態度，將社會本

身視為一個有機實體，以整體優於局部，強調任何一種社會事實皆應視為客觀實在的社會事物，社會事實具有獨立於個人的客觀性、普遍性，並且對於人的行為亦具有規範性。為此對於社會現象的研究乃從屬於普遍性的探討，而人類行為的觀察亦必須於整個社會生活上去理解。當然循此邏輯，則作為知識對象的人類不但是附屬於群體和制度，同時也受此一群體、制度所規約及決定，亦乃理所當然。[84]

　　被歸類為「新康德學派」（Neo-Kantian），「掙扎」「Floundering」[85] 於觀念論（Idealism）和實證論（Positivism）知識邏輯之間的韋伯（Max Wwber）則有似後者－解釋方法／文化社會學。[86] 韋伯接受李克特（Heinrich Rickert）和文德爾班（W. Windelband）關於人類在認識外在世界性，存在著概念與外在現實之間的鴻溝，因此科學無法完全描述外在現實的主張，認為由於外在現實的「非理性」特質乃使文化科學與自然科學之間在進行討論時，具有差別的基礎，而任何形式的科學知識體系，都涉及在浩瀚的真實裡作「選擇」的問題，亦因此，在現象的社會或文化領域之中，吾人所可以掌握的只是表象或現象（Appearance/Phenomenal），而於本質或本體（Essence/Noumenal）則不然。[87]

　　康德哲學認為，現象世界是由因果性和必然性所統攝，而因果性和必然性是人類知性所賦予現象世界的，但是現象無非是表象，知性對世界的統一，只是對現象的統一，而不是對自在物（Thing in Themselves）的統一。而自在物世界則是人的知性所不及，因此因果性和必然性亦即不適用於此一自在物世界。循此邏輯自在物世界即與因果必然性區隔而成為一個可以理解的「自由的」世界，它不屬於人

的「認識」領域（科學），而屬於人的「實踐」領域（道德意識）。[88] 經由此一論述，康德哲學乃發展出「心」（Mind）（道德／實踐）、「身」（Body）（自然／科學）徹底分離的二元論。[89] 新康德學派的文化哲學家以「復歸康德」（Zur-ück Zu Kant/Back To Kant）的訴求，將康德二元論近一步「改造」（Refreshed）為自然科學和文化科學兩個面向。[90]

在此二元論的基礎上，李克特與文德爾班一方面創造了「文化科學」的概念，而另一方面則以普遍規律的（Nomothetic）和特殊表意的（Ideogrphic）將自然科學和文化科學作了截然性的分離。認為前者具有且適用於明確的概念劃分形式，而後者只是一種適用於「歷史個體」的，「個別的」概念。韋伯接受二元論的立場，卻不儘認同這種將「自然」與「文化」截然分離的觀點。[91]

在韋伯的觀念裡，自然科學與社會科學之間並無絕對的區分，自然科學固然追求客體及事件中因果的普遍性規律，但是也並非表示它不需要去了解其他不同的面貌以及發生的原因。至於社會科學（文化科學）方面，也不意謂普遍規律的前提假設，在社會科學裡是不必存在的，若是僅執著於個別的、具體的普遍規律的建立，則很可能變成畫地自限，認為可以自己一套研究方法，而排斥其他的科學方法。[92]

韋伯認為所有科學的觀察，任何對意義的詮釋，都在追求一種「確證」（Evidenz），都是要由無限的現實（the Infinitude of reality）之中作選擇（selection）。理解的確證有理性的（邏輯或數學式的）與擬情式的再體驗（情緒的或藝術欣賞式的）兩類。就後者而言，吾人固然可以根據所熟知的「經驗事實」以一定的手段獲致理性地理

解，但是人類的行動中所牽涉的終極「目標」和「價值」是無法確證式地去理解，一旦這些目標與價值越偏離時，則越無法以擬情式的體驗去理解，因此類型建構是一種作選擇的啟發性工具與方法。[93]

換言之，個人固然可以藉由本身的經驗與訓練去獲致理解，但是若為形成正確的理解，則必然要求助於已然具體建構的普遍的規律知識（Nomological Knowledge）。[94]

接續上述概念，韋伯強調社會學目的在對社會行動進行解釋性的理解（Verstehen）[95]，是建立類型概念，追求經驗事實，並從而對社會行動的過程及結果予以因果性解釋的普遍規律的學科。[96] 依據以上論述吾人或可以整理為六組命題：

第一、以「價值中立」（Wertfreiheit/Value Free），建立客觀分析的基礎。[97] 韋伯認為社會學應是一門道德學問，對於規範、價值或行為無法以科學陳述，只能客觀的描述。社會科學的研究者首先應該區辨分屬於價值／目的及科學／手段的「應然」與「實然」，並藉由理性的法，[98] 以進入理性化（Rationalization）的過程。

第二、對於社會行動的研究是以人類現實為對象的科學，是文化的科學，因此其不僅要直接觀察理解人的主觀意識，同時有需要去給予解釋性的理解以獲致意義脈絡，並建立「理解」與「解釋」的意義關聯。[99]

第三、以理念型（Ideal Types）作為建立類型或模式概念的工具[100]，以證成理解與解釋的意義關聯。參據這個理念型的概念工具，可以將社會的行動分類為：目的理性（Zweckrational）、價值理性（Wertrational）、情感式（Affektuell）、傳統式（Traditional）四類

行動。[101] 作以上社會行動的分類，目的在藉由理念型的圖式概念提供模式，並由理性類型的應用，以測度出非理性的偏離程度，使獲致對社會行動的最佳分析。[102]

第四、從行為主觀可理解的方向來看，行動只存在於一個或更多個人行為時，並且基於其他認知的目的，視個人如細包的集合體，可能是有用甚且必要的，換言之，社會科學有必要應用到集體的概念，但是，社會的構成體（Soziable Gebilde）和「有機體」完全不同。一則這些構成體，只是個人特殊行為的組織方式與獨特結果，因此，個人才是可以理解的行動主體；再則人類的行動既是有意識的，而且也是受經驗影響的，並且行動之間也是有李克特所說的「價值關聯」，對這種種關連性的分析即構成社會學的特殊任務。[103]

第五、要理解社會上的個人行為，必須重視意義（Sinn），此種意義既產生於個人，也產生於人際互動的社會關係，鑑於行動者賦行動以意義，因此行動前即必須考慮他人的行為，行動中亦要受此種考慮所支配，就此而言，行動是社會性的。[104]

第六、社會行為組成社會關係，設若各個人的行為總是人際互動的，則即應有可以確定此些社會關係的規律性，並且當一種社會行動取向的規律性有實際存在的機會時，則可稱之為習慣（Brauch），當此一習慣成為長久性的習以為常時，則形成為風俗（Sitte）。不過由於風俗並不具有強制的約束性，於是乃有常規（Konvention）以至法律的產生。習慣、風俗及常規之間並無清楚明白的經驗上的界線，不過卻使一致性不再是個人意願的問題。這三者說明瞭任何社會行為都足以產生自己的法則，此些法則既是一種社會行動，也是一種文化

實踐的產物。[105]

　　由上述六組命題，我們或可以建構出如此的脈絡。從方法論的角度，與其指韋伯為二元論者，不如以多元論來做理解更貼切。基本上韋伯在方法論的運用與理論的建構，主要是由歷史文化問題出發，針對這些西方「理性化」（Rationalization）的歷史淵源及演變作探討。其目標不在於一般理論的取得或建立，而是對歷史文化意義的理解與掌握。藉用哈伯瑪斯（I. Habermas）和阿佩爾（K-O Apel）的觀點來說，韋伯的社會學與歷史研究更接近一種以增進意義的理解與溝通為目的的詮釋科學（Hermeneutic Science）。[106] 在這一層意義上對於歷史的理解，是歷史事件的成因、是歷史意義的理解。亦因此對於社會個人行為的理解，所必須重視的是「意義」，此一意義既產生於個人，也產生於人際互動關係。換言之，在社會中行動的個人，同時具有個人性與社會性。[107]

　　在這個脈絡裡，歷史是特殊的經驗事件，其既非線性的，亦非循環的，並且不能於經驗層面予以通則化（Generalization）；社會學則是將經驗世界由概念中抽離。[108] 誠如雅斯培所指陳的，韋伯一則「肯定了解經驗性的現實」，再則也「拒絕一切形而上的侵略」。[109] 於方法的應用上，「理解」（Verstehen）是一件詮釋性瞭解行動者以及歷史的啟發性工具，藉助此一啟發工具可以解釋行動者的「意義」（Sinn），而行動者之間的「意義關聯」（Sinnzusammznhang）具有「價值的關聯」（Wertbezogenheit），在此雙重關聯之中，展現出「意義上的妥當」（Sinnhaft Adäquat）、價值的判斷（Wertung）。為免於落入「價值判斷」的道德或生命論述的泥淖，藉助「價值中立」的

命題，韋伯以「理念型」作為綜合前述觀念與邏輯以理解現實的認知技術工具（Perceptive-Technical Means）。[110]

「理念型」於韋伯而言不是建立一種新概念方法，而是將實際上已在運用的方法予以彰顯，因此「理念型」是由許多早已存在於現實之中，但卻為人所忽略甚或不查的因素，經由抽象化、組合化之後所建構的。它既不是作為規範意義的工具，也不是作為反映或描繪外在現實世界的總括性觀念，而是一個邏輯意義上的、做為理解現實以形成「意義的文化叢結」（Cultural Complex of Meaning），用以了解個人行動的工具。[111]依據這項工具，韋伯區分出四種社會行動類型（目的理性、價值理性、情感性、傳統型），以此四種類型顯示出社會行動的經驗性本質，據此分類進一步發展出涉及社會關係的社會行動觀念，即參與者對於「正當秩序」的存在的相信，而所謂秩序的正當性是由常規與法律所構成，此種常規與法律又形成權力與支配的社會關係，這一社會關係是由三組權威及支配類型（herschaft）－傳統型（Traditional authority domination）、卡里斯瑪型（Charismatic authority domination），及法理型（Legal-Rational authority domination）分別反映出不同文化條件下的社會、制度型態。[112]

各不同的權威及支配概念是源諸人類經驗原型，也即所有社會皆存在的習慣和風俗之中，是一種由行動者主觀的動機和集體行動組織人類的生活方式，一種倫理、一種生活舉止（lebens führung / conduct of life）。明乎此，則不難理解，韋伯藉由對「新教倫理與資本主義精神」以及「宗教社會學」的分析，一方面固然驗證了基督教文化與西方文明的獨特歷史、文化和社會背景，而另一方面則顯示歷

史文化的實踐過程，於此一實踐過程之中，可以進一步呈顯文化不能被化約為上層結構，即不能視文化為下層物質結構的反映或表現，文化是社會秩序的自發性基礎，同時文化也以公開而且可以知覺的方式積極主動地促動了社會關係結構化的實踐。[113]

文化做為一種社會實踐

韋伯社會行動理論所構成的：信念（believe）→行為（behavior）→社會結構與過程（social structure & process）邏輯，經由新教倫理對資本主義文化形成的論述，以及藉由宗教社會學和社會經濟史研究所作的文化比較研究，都為文化理論的實踐理論提供了本體論的基礎與闡釋的空間。[114] 當代思想中，受韋伯式思想影響最明顯的代表人物是社會現象學（the Social Phenomenology）的舒茲（Alfred Schutz），以及結構功能論的帕深思（Talcott Parsons）。

舒茲希望將胡賽爾的超驗現象學（Transcendental Phenomenology）與韋伯的詮釋社會學（Verstenhends Soziologie）加以整合，並且以胡賽爾的主體性科學（science of the subject）來補充韋伯的社會行動理論，因此就這個角度而言，舒茲是批判性的承接了韋伯的詮釋社會學。[115] 透過胡賽爾意向性（Intentionality）、互為主體性（Intersubjectivity）及生活世界（lebenswelt）理論與概念的再詮釋，舒茲螺旋式的拓展了文化做為實踐的理論空間。

舒茲指出胡賽爾所創造的「意向性」一詞，主要在將笛卡爾的自我，由靜態封閉的沉思世界拉向日常生活世界的觀察，透過現象學的

還原，於本質研究上，所關注的不是具體真實事物的探討，而是想像客體所顯現的意義。推而言之即主張「反思」不是一種孤立地行動，一方面它必須和他人處在相同生活的經驗意識流之中，以一個群體相對自然的世界觀為基礎，進入對方的感知世界，使本質研究的客體對象顯現意義；另一方面則透過目的動機（in-order-to motives）與原因動機（because motives）去理解屬於自我意識計畫的行動（action）和已達完成狀態的行為（act）之間的區別，使理解（verstehen）不是單純主觀意義的了解，而是達到包含常識經驗豐碩整體性的生活世界。[116] 上面這兩層反思行動的得成，都涉及到互為主體此一概念。

　　舒茲指出，吾人於分析日常生活時第一度所建構的常識思考，是將此世界當成私人世界，而事實上這個世界一開始就是一個互為主體或社會化的文化世界。它之所以互為主體是因為芸芸眾生都是透過共同影響與工作，了解他人與被他人了解，而與他人共用共同的空間時間並保持密切關係。[117] 此一文化世界，就個人而言日常生活世界一直是一個有意義的宇宙，也是一個意義組織。對於這個意義組織或日常生活世界的詮釋與理解乃來諸「知識庫存」（stock of knowledge）或每個人自己的「袖裡乾坤」（stock knowledge at hand）。知識庫存組成一種最高現實並形成社會的習得性，使各個行動者透過符號或記號的溝通，形成「觀點的交互作用」（reciprocity of perspectives）與「立場可交替性」（interchangeability of standpoints）使行動者感覺或預設共同生活世界，構成一視域融合感，而社會科學則據此重新審視被人類的「自然態度」（the natural attitude）認為理所當然或想當然耳的生活世界的原初構成（the original constitution of the life world）。舒茲

的生活世界概念，構成一個文化實踐的場域，他以日常生活做為實踐理性的母體，不但補充了韋伯的社會行動理論，並且也成為哈伯馬斯溝通行動理論的主要理論支柱；此外其互為主體理論，也成為吉登斯雙重詮釋（double hermeneutics）的概念基礎。[118]

「帕深思化的韋伯」一詞就解讀帕深思的學說體系而言有二重意涵，第一，「帕深思創造性的誤譯」，使韋伯的社會行動理論高度抽象化，從分析上將行動解析為抽象的要素－單位行動（unit act）並將此些要素重新建構為一種理論型模，藉用韋伯的「理念型」方法發展「多面向的人類行動型模」（multidimensional model of human action）用為建立一種一般化的系統概念，以避開具體經驗細節的喧賓奪主。其結果是原子化了韋伯關於各種社會行動的定類和歷史類型學，同時也發展出一套奠基於人類行動具有規範性和非理性雙重影響因素的「意願行動理論」（voluntaristic theory of action）。[119]

第二、帕深思早於 1937 年撰寫《社會行動的結構》（the structure of social action）一書時，即企圖融合 19、20 世紀的社會學思潮，建立一個綜合性的大理論，因此在社會行動理論的發展上他雖以韋伯的「個體」理論為基礎，但卻同時也吸納了塗爾幹「整體觀」理論內涵，逐漸建構出一套自成一家的系統理論以及踵其後的結構功能論，並與韋伯分離。[120]

「意願行動理論」對於「規範」與「價值觀」兩個中心主題的發展，至「系統理論」對於「秩序問題」和「控制問題」的關注，帕深思發展出三組系統的社會型模：社會系統（social system）、人格系統（personality system）與文化系統（cultural system）。其中「社會系

統」是由人與人之間的互動組織而成，其功能在處理潛在的緊張，以提供穩定性與可預測性；「人格系統」，是由包括偏好、欲望和需求的需求傾向組成，當此一需求傾向經由社會化過程和社會價值形塑定錨，即具有維持社會秩序的功能；「文化系統」由認知符號（cognitive symbols）、表現符號（expressive symbols）及道德標準和規範（moral standards and norms）構成。文化系統承擔了共用價值整合的功能，由於共用價值是社會秩序的核心，因此在帕深思的觀念中文化系統的必要性亦乃較高。[121]

　　於此三組系統之外，帕深思又添加一組行為系統（behavioral system），其重心在人類解決問的能力。此四組系統複合而為一個指涉具體人類行為的一般行為系統。再作深一層理解，即人類行動領域無法依據一個系統指涉（system reference）來處理，而必須涉及多個系統指涉，換言之，只有當此四個系統複合時，方足以指涉人類具體行動。為進一步說明系統的整合問題，帕深思另以適應（A/Adaptation）、目的達成（G/Goal－Attainment）、整合（I/Integration）及潛在模式維持和緊張管理（L/Latent Pattern Maintenance & Tension Management）之所謂四種功能典範（FOUR－Function Paradigm）來作概念的發展。以上四種典範是有機生命系統與社會文化生命系統之間高度概括化「類比」（Analogy）的一部分。「適應」與「整合」是核心概念，具有功能意義；「目的達成」是目的性概念；至於「模式維持」（潛在模式維持和緊張管理）則類比於生物學的「模控機制」（Cybernetic Mechanism），藉用愛默生（Afred Amerson）的公式：人類行動領域中的符號（Symbol）類比有機體領域中的基因。

即在一個物種的基因庫中顯形有機體是特定遺傳模式與物種生存環境所產生的結果，於因應環境要求的過程中，會因新的組合方式而產生特定的遺傳模式，而此遺傳模式將組構於實際結構之中，而其他未被選擇納入結構中的分子將自然消失，於社會現象方面亦同。[122]

屬於符號性質的文化價值或規範亦在變遷過程中產生，並且成為實際社會結構的構成要素，至於如何選擇納入結構之中，則「制度化」是重要機制。藉用模控型模學（Cybernetics）的概念，透過四種功能典範所形成的制度化或文化運作方式即構成整個型模（Cybernetic Model），此一型模有如基因的遺傳模式，會功能性的使系統朝均衡狀態發展，並傾向於和其他系統之間存有界線維持（Boundary maintenance），同時系統在進行整合時，也會對內環境有所適應。[123]

當將前述理論基礎轉移至對經驗世界的詮釋，帕深思乃建構出以美國社會為典範的放諸四海皆準的大理論。首先，認知「系統」所代表的意義，是有一個先已存在的既定秩序與穩定；其次，與生物系統一樣，社會系統也會應對環境變化進行自我調整（Self-regulating）；其三，相應於四種功能典範，系統的維持與變遷都是在社會化機制（價值取向）和社會模控機制（規範結構）之下進行的文化行動；最後，美國的進化道路，充分反映系統理論種種型模概念，其既驗證美國成功地制度化了自由和進步價值的理念，同時，也展現出現代社會趨向制度化個人主義（Institutional Individualism）的普世價值傾向。[124]

60年代，隨著美國陷入越戰泥沼，所連鎖性引發的各社會運動和衝突，首先使這個植基於靜態穩定既定秩與均衡發展前提假設的大

理論體系，面臨現象面的動搖乃至瓦解；其次，來自歐洲，尤其是西德社會學界的韋伯復興（Weber-Renaissance）所引發的「去帕深思化」的一系列反思性批判，亦使此一自認放諸四海皆準的理論體系面臨嚴苛的挑戰；[125] 最後，這股反思性批判力量，結合法國結構主義的影響，使文化理論跳脫帕深思的窠臼而開啟另一股多元理論並存的局面，先是借用馬克思「物化」（Refication）的觀念，從「實踐」（Praxis）的角度切至理論上的異化問題，批判于自然主義－實證主義方法論主導之下的社會文化研究工具化的危機；[126] 至八〇年代中期，亞歷山大（Jeffrcy C. Alexander）的新功能主義，同時展現了修正帕深思功能主義與整合新馬克思主義，以及其他相關社會理論要素的企圖。[127] 經由六〇年代以至八〇年代的轉化，社會學理論的焦點由對社會系統的單一性詮釋，開展為對文化實踐的多面向理解，諸如人們如何使生活有意義，以及社會行動者將情感和意義，賦予其世界的方式，並且此一文化實踐者亦不再是社會「巨靈」及其理論操控下的文化木偶（cultural dope），而是一個行動於現實生活世界中的實踐者。[128]

自韋伯以降，經由舒茲（社會現象學）、帕深思（結構功能論）、法蘭克福學派（批判理論）、哈伯瑪斯（溝通行動理論）、亞歷山大（新功能主義）、雷克斯（J. Rex，衝突理論）、科塞（l.a. Coser，衝突理論）、達倫道夫（R. Dahrendorf，衝突理論）、布勞（P.Blau，交換理論）、霍曼斯（G.homans，交換理論）、米德（G. Mead，符號互動論）、葛慈（C. Geertz，文化分析），以及新馬克思主義諸如盧卡奇（G.Lukacs）、葛蘭西（A. Gramsci）、阿圖塞（L. Althusser）的既相互借用，也相互批判的論述，文化的概念於社會學理論的研究領

域中由邊緣附屬的位階，逐漸的擠向核心位置，一九二〇年代曼海姆（K. Mannheim）所提的「文化社會」也被納入研究體系之中；當然，文化行為是為社會事實／事件、文化作為一種社會實踐的觀念，也普遍被認真對待。[129]

結語

波庫克（R.Bocock）於綜合威廉斯（R.Williams）與霍爾（S. Hall）等人之見，將文化的概念約分為五個面向，另亦佐以時間為分割點，並強調至第五個面向——文化作為一種「實踐」（Practices）時，所重視的是文化在作什麼，而不是文化是什麼。（On what culture does rather than on what culture is）。[130]為彌補波庫克過於寬鬆籠統的介分，本文乃試圖整合各不同論述觀點為另外五個面向，即將 17 世紀以前視文化為「教化」的工具；啟蒙運動以來視文化為「認同」與「比較」的工具；19 世紀以來視文化為「生活方式」的理解；20 世紀前半葉視文化作為一種「社會行動」；20 世紀後半葉則趨向於將文化視為一種「社會實踐」（Social Praxis）。不過在必須強調的是以時間作為理解文化概念可以是方便的工具，但卻並不表示是最值得鼓勵的方法。因為若是落入以時間演化為唯一工具的邏輯，將自然使陷入進化思維的泥沼，並終致得出進步、落後的虛妄推理和論證。各種文化概念並非必然為某一個時期所獨有，也更非歷時性的及一代而終，事實上它是互為交疊乃至交雜的，即以視文化為教化工具為例，試問在當代許多文化政策的論述之中，或者許多文化施政者的腦海中

是已「進步」到不存在了嗎？為免於墜入進化線性思維的泥沼，容或藉由辯證邏輯的文化再結構概念作為觀念釐清視角是途徑之一。

　　為進入文化再結構的途徑，盧卡奇與葛蘭西的辯證論述可借為一用。在馬克思以實踐作為人的本質、思維與行動的核心概念的基礎上，盧卡奇一方面強調實踐（Praxis）是一種社會歷史活動，是打破異化，使人類由機械性的壓迫中釋出，以及實踐是一種能動（Enable）的改造世界的活動，是具體打破異化，改造主體環境的行動。[131] 另一方面，盧卡奇藉由對 Praxis 與 Practice 的差別指出 Practices 只屬於認識論範疇，是指主體改變客體，是一種產生異化的活動；Praxis 是一種規範性概念，是一種以自身為活動目標，一種自主性的、創造性的、自由的以及理性的活動。[132] 經由以上二個面向的論述，盧卡奇將馬克思思想韋伯化，把馬克思以經濟為重心的論述，翻轉至文化面，即將馬克思對於資本主義的制度批判，導引至對資本主義文化基礎和工具理性的批判，換言之，即將人的社會性與生活世界作具體性的而非抽象性的理解。[133] 藉用「文化再結構化」的概念，即「人」不是被動的處於所承繼的文化，而是主動的在處理其所面對的文化製品（商品），以及將此些文化製品（商品）塑造為文化。[134]

　　葛蘭西除了與盧卡奇採取同樣的立場，強調個人的歷史性，即「人的本性」並不在任何特定的個人身上，而是在人類全部歷史之中，而合理的能動是建立在（基礎）結構和上層建築之間必然的交互作用基礎上。[135] 換言之，葛蘭西反對一種經濟宿命論的立場。為解決傳統馬克思主義在論辯上的困境，葛蘭西以「實踐一元論」來避開「唯心主義一元論」或「唯物主義一元論」，主張藉由歷史的人與自然的

以及人與人的不可分割的人的生活，作對立面的統一。[136] 在這個論述基礎上，人類當下的各種生活實踐，以及文化製品（或商品）不是僅具有經濟功能而已，而是更有其文化與社會的功能，亦因此當葛蘭西將文化落實於並主張「大眾文化」是一個智取霸權的立場戰爭（War of position）時，也即不難理解。此一論述深深影響文化研究對於日常生活的重現，霍爾乃稱此一發展趨向為「葛蘭西轉向」（Gramsci Turn）。[137]

藉由盧卡奇與葛蘭西的論述，當可以發現文化既具有辯證意涵的社會實踐力量，並且也是重新詮釋乃至顛覆資本主義體制的基本要件，在文化作為一種能量的形式基礎上，當下的日常生活亦乃具有意義，從文化再結構的途徑切入，文化不僅可以為狹意的文化考古學家提供編整一套人工製品、符碼和符號的工具，同時也以各種不同的方式生產之後，不斷滲入我們的日常生活之中－改變了人類的生活方式與生存經驗。

為此，於此時此地討論台灣文化問題時，重點並不在「文化是什麼」的提問下，追問台灣有沒有文化、爭論台灣文化是彼或此，而是宜由文化再結構的角度切入，更前瞻的去構思台灣未來要如何發展文化？我們應當在當下生活方式與社會實踐的基礎上，如何去展現台灣所獨具的人文色彩以及文化特色？

註釋

第一章

1 Millennium Development Goals. ECOSOC. 2015.7.19. 根據報告 1990 至 2015 中國赤貧人口由 61%降至 4%，推估約為 7.38 億。

2 此為德勒茲（G. Deleuze）和瓜塔里（F.Guattari）所提，以莖根思維（Rhizome）相對於「條紋的」（striated），後者為分段的多重性（segmented multiplicity），是由事先以理性過程，分段、邏輯地處理或安排；莖根的則為開放、流動與去界域化（deterritorialization）。Deleuze, G. & F.Guattari. A Thousand Plateaus: Capililtalism and Schizophrenia,p.474. London : Athlone,1988. Cited from: "Deleuze andGuattari : Rethinking Materialism" in Tormey, Simon & Jules Townshend , Key Thinkers from CriticalTheory to Post-Marxism. Pp38-40. London : Sage.2011.

3 Lumpenproletariat，此詞初現於馬克思、恩格斯的 1848「共產黨宣言」：「流氓無產階級是舊社會最下層中消極的腐化的部分」。德文 lumpen 為破布，Lumpenproletariat 本意為暴民無產階級（rabble proletariat）；傳統美語指：無產階級最底層，美國共產黨稱其為對經濟無貢獻的一般失業下層階級，或俗稱「痞子」（riffraff）；法文用為區隔一般勞工，指無固定工作的城市產業無產階級；英國則由「知識階級」名之，指對社會無貢獻、無品味、無文化者。關於此方面要特別理解英國伯明罕學派的觀點，一則渠等為同一類者所參與的研究組合，多為英國傳統階級觀念下的非主流者，因此乃有新葛蘭西霸權理論之稱；再則主張在文化系譜上，文化乃由「知識分子」所界定，自然有其偏見存在。目前以具英國社會菁英和保守傾向的「Economist」以此名稱與現有自顧業等新職業形態混用，應也指無固定職業的底層打工族。「共產黨宣言」，馬克思恩格斯選集（第一卷），p.262。北京：人民出版社，1977.7。

4 World Economic Outlook Data Base.（WED）2013.

5 孫智麗 「區域經貿與台灣對策」. 台灣經濟研究院 .2020.12.21. ；譚瑾瑜「RCEP簽署對我國可能影響與因應」. 產業雜誌七月號專論 .；公眾外交協會，ROC 外交部全球資訊網 .

6 Anderson, Benedick. Imagined Communities : Reflections on the Origin and Spread of Nationalism. 吳叡人譯想像共同體：民族主義的起源與散布 . pp.10-11,28-31,35-37, 54-56,144-144. 台北：時報出版 . 1999；Wallerstein, Immanuel. After Liberalism. 彭淮棟譯自由主義之後 . pp.7-9,46-47,69-78, 台北：聯經出版 . 1995.；Wallerstein, Immanuel. The End of the World As We KnowIt. . Pp.12-18. Minneapolis : University of Minnesota Press. 1999

7　Zizek, Slavoj.The Ticklish Subject : The Absent Centre of Political Ontology.pp. 291-295.London : Verso. 1999.；Zizek, Slavoj.The Object of Ideology. Pp.110-114. London : Verso. 1999.；Jamson,Fredric.Postmodernism or The Cultural Logic of Late Capitalism.Pp.169-172. London : Verso. 1991.；Robertson, Roland. Globalization : Social Theory and Global Culture. pp.156-162. London : Sage. 2000. 在全球化的環境裡「鄉愁」扮演著奇妙的角色，他經歷過三個階段（1870-1920s、1920s-60s、全球化的合成鄉愁），synthetic nostalgia 是多面向的，既是任性隨興的，卻也渴望被認同，相當受消費文化左右。

8　Guterres, Antonio. " Four Horsemen Threatening Our Global Future." Remarks to the General Assembly on the Secretary General's Priorities for 2020. 2002.1.22.

9　McChesney, Robert W.& Pan Schiller. "The Political Economy of International Communication : Foundation for the Emerging Global Debate about Media Ownership & Regulation." Technology, Business & Society Programmer Paper. No.11,. 2003. in UN Research Institute for Social Development.

10　McGuigan, Jim. Cultural Populism. Pp.9-10,16-17.London : Routledge.1993.；Srnicek, Nick & Alex Williams. Inventing the Future : Postcapitalism and a World Without Work. Pp.28-36. London : Verso. 2016.；Stiegler, Bernard. The Age of Disruption. Pp.7-17. London : Polity. 2016.；Brodie, Janine. " Globalization,Governance and gender : Rethinking the agenda for the twenty-first century." in Amoore, Louise ed. The Global Resistance Reader. Pp.244-250. London : Routledge. 2005. Cohen, Robin& Paul Kennedy. Global Sociology. Pp.263-266. New York : Palgrave. 2000. Furedi, Frank. How Fear Works: Culture of Fear in the 21st Century. 蔡耀緯譯 恐懼如何被操弄 . Pp.197-199. 台北： 時報出版 .2019.；Judis,John B. The Populist Explosion : How the Great Recession Transformed American and European Politics. 李隆生、張逸安譯 . 民粹大爆炸 ..23-27,238-239,242-243. 台北：聯經出版 .2017.；Bauman, Zygmunt.Liquid Society. Pp.34-38.UK : Polity. 2000.

11　Srnicek, Nick. etc.（2016）op.cit. pp.155-183.； 李 隆 生、 張 逸 安 譯（200）（Judis,John B.）.op.cit pp.93-95.；Ritzer, George. Exploration in Social Theory : From Metatheorizing to Rationalization. pp. 210-217. London : Sage. 2001.；Harvey, David. Space of Hope. Pp. 58-61, 71-72. UK：Edinburgh University press. 2000. Ritzer 仍 由其麥當勞體細觀念發展，指出此乃 美國化的入侵，並引用詹明信的「超空間」（hyperspace）、「隨機蠶食」（random cannibalization）與哈維的「時空壓縮」（time-space compression）加以補充。Harvey 提出資本主義特點是消除了時空殄域，美國既於其中，亦另構成一套全球體係：更去中心化、更藉 由市場整合、更操作金融機制。

12　Hrvey,David.（2000）.op.cit. Pp.176-178,180-181.（於本段 Harvey 強調新自由主義的自由市場乃為自由市場烏托邦，真正自由市場的維繫有賴各國共識、法律保

障、權威、實力乃至武力）；李隆生、張逸安譯（Judis,John B.）op.cit. pp.70-72,83-85.（關於歐美新自由主義經濟政策，本書有簡明扼要敘述）；Hickel, Jason. A Short History of Neoliberalism（And How We Can Fix It）吳奕辰譯.「國際：縮短貧富差距？新自由主義簡 史」. in New Left Project. 2012.4.9.

13 Matthew Effect 為美國社會學家莫頓（ Robert K.Merton）於 1968 年所提，原為形容科技累積之利，現在被引申為財富累積結果，使富者益富，貧者益貧。

14 Carty, Anthony "The Third World Debt Crisis : Toward New International Standers for Constriction of Public Crisis" in Verfessung und Recht in Ubersee/ law & Politics in Africa, Asia & Latin America. Vol.19.No.4（1986）.pp.401-419. Namos Verlagasgesell & Haft Co.；Terraro,Uncent & Melassa Rosser " Global Debat & Third World Development "in Klare, Michael & Daniel Thomas ed. World Security Challenges for a New Century.pp.332-355. New York : St. Martin's Press.1994. 指陳債務危機的代價：1. 地下經濟引致開發中國家基建經費流失、2. 人民生活水準下降，造成潛在政治暴力增加、3. 已開發國家因經濟成長萎縮的連鎖反應，聯帶受害、4. 迫使先進國家公平解決債務問題，全球共同承擔苦果。

15 Bello, WaldenDeglobalization: Ideas for a New World Economy. Pp.17-25. New York : Bloomsbury Publishing PLC. 2005.；Solon, Pablo. "Notes for the debate : Deglobalization" Systemic Alternatives. 2014.8.14.

16 Harvey, David. Space of Global Capitalism. Pp.11-34,41-68. London : Verso. 2006.；葉江「全球化、去全球化及民粹主義新社會思潮」中國人民外交學會：外交季刊 123 期 .

17 仝前引註；葉江（ 外交季刊 123 期 .）；Hobsbawm, Eric. Hoe to Change the World : Tales of Marx and Marxism. Pp.411-419.Uk：Abacus. 2013.

18 姜浩數據化：由內而外的智能 . 北京：中國傳媒大學出版社 . 2017.

19 數據主義（dataism）一詞最早由 David Brooks2013 年發表於紐約時報言論版（The Philosophy of Data），2015 年 5 月 Steve Lohr 於 其 著 作（Data-ism : The Revolution Transforming Decision Making, Consumer Behavior, and Almost Everything Else）描繪大數據革命如何改變社會，值得關注的是認知偏誤的持續影響；2016 年 Harari,Yuael Noah 於其人類歷史三部曲的第二部（Homo Deus : A brief History of Tomorrow ）指出數據主義涵蘊數據流的普世化，整個人類進入晶片為主的數據程序體系，所有數據無論個人或公眾皆被融入，並且與媒體密切鏈結，而 2013 年 1 月 23 日自殺身亡得 Aaron Swartz 則為首位數據主義烈士。Harari 復指出在演算法（algorithm）的威力下形成影響效率的四組程序：大量增加的程序器、各類程序器的增加、程序器鏈結的大幅成長、現有鏈結得更大自由度，其強調盡管數據及處理器再強大，但終不能忽視人類獨有的經驗和認知能力，畢竟此乃人類 7000 年來認知演化的結果。 Harari, Yuval Noah. "Homo sapiens is an obsolete algorithm" : Yuval NoahHarari on how data could eat the

world.2016.1.9.；Harari, Noah Yuval.Homo Deus: A Brief History of Tomorrow. P.445. UK : Vintage PenguinRandom House. 2017. ；Harari, Yuval Noah.Dataism is Our God. 2017.5.15.Wiley Online Library.

20 Harari, Yuval Noah. 21 Lessons for the 21st Century. Pp.44-56,63-72. London: Jonathan Cape. 2018.；Virilio, Paul. Esthetique de la disparition. 楊凱麟譯消失的美學 .pp.3-9, P.103,pp.149- 150. Virilio 提出科技「唐璜主義」（donjuanisme）以及邱德亮導讀篇的時間、空間、速度與傳象（transapparence）、表面（surface）等觀念皆有助吾人深度理解。台北：揚智文化 . 2001.；另德國社會學者 Volker Grassmuck 於電子皮膚（The Electric Skin）書中提出「數據身體」概念，認為人類除物質身體外，尚擁有數據身體，吾人的所有資訊皆儲存於各不同文件中，此數據身體的重要性已超越物質身體，人類已難與之分離。轉引自 Koivunen,Hannele 作 . 吳燕編譯 .「從默認的知識到文化產業」p.111. 參見：林拓 . 李惠斌 . 薛曉源編 . 世界文化產業發展前研報告 . 北京：社會科學文獻出版社 . 2004.

21 Stiegler, Bernard（2016）.op.cit.；Kotler, Philp. Marketing 4.0. pp.37-39. New Jersey :Wiley.2017

22 The Economist : Slowbalisation. P.9,pp.17-19.2019.1.26.

23 李建績、錢誠 .「未來十年我國勞動力趨勢分析」人民網頁 . 2020.10.15.

24 "Global Talent 2021. "Oxford Economics.

25 「中華民國人口推估（2020 年至 2070 年）」. 國家發展委員會資訊網（2021）

26 國家發展委員會產業人力供需資訊網（2021）.

第二章

1 張歷君「普遍智能與生命政治：重讀馬克思的『機器論片斷』」pp.180-182. 引自：許紀霖主編帝國、都市與現代性 . 南京：江蘇人民出版社 . 2006.

2 楊凱麟譯 （2001）. op.cit.Pp.1-11,21-26.

3 Srnicek, Nick & Alex Williams （2016）.op.cit. Pp.51-64.

4 " Laclau and Mouffe: Toward a Radical Democratic Imaginary." op.cit. Pp.105-111, in Tormey, Simon & Jules Townshend.（2011）.,；Laclau, Enresto & Chantal Mouffe., Hegmony and Socialist Strategy: Toward a Radical Democratic Politics. Pp.176-193. London : Verso. 1985.；Laclau, Enresto & Chantal Mouffe." Hegemony and Socialist Strategy" & "Radical Democracy : Alternative for a New Left". Pp.14-17, pp.18-33. in Sim, Stuart ed. Post-Marxism. UK : Endinburgh University Press. 1998. 後馬克思主義主要特點為走出所謂「正統馬克思主義」（Orthodox Marxism）為單一階級與經濟化約論，雖亦以葛蘭西的霸權論為宗，但卻不強調固態化的意識形態觀，主張意符的浮動（floating signifier）此即意義是生成而且隨時變異的，並且堅持既談民主就必要維護真正的公平與正義，社會

衝突 不可免因此不必因怕衝突而本末倒置，更基進的民主是不能與民主的意識形態斷絕關係，二勢要以更多元的民主來深化，以此方得組構個人與群體的認同。

5　Wallerstein,I.（1999）.op.cit. pp.36-37,42-47,52-53；Wallerstein,I.（2001）. op.cit. pp.171-174.；Wallerstein,I.（2005）. op.cit.30-32.； 柄谷行人著. 林暉鈞譯. 帝國的結構. Pp. 118-120,203. 台北：心靈工方文化事業. 2015.7. 華勒斯坦以孔氏周期解釋資本主義本質問題、地緣政治以至文化現象，大至認為 1945-70 為 A 階段，之後即進入群雄並起的 B 階段，唯此 B 階段並非都是負面，國際合作機制的成熟以及新 興經濟體有更多的發展機會即是。

6　Foucault, Michel. "Right of Death and Power over Life（From The History of Sexuality）. Pp.262-272.in Rabinow, Paul ed. The Foucault Reader. New York: Pantheon Books. 1984；Gordon, Colin. "Governmental rationality: an introduction. Pp.3-5,27-36. In Burchell, Grahan, Colin Gordon & Peter Miller ed. The Foucault Effect : Stufies in Governmentality. Chicago: The University of Chicago Press. 1991.；Foucault,Michel. SurveillierEt Punir. 劉北成. 楊遠晏譯. 規訓與懲罰. Pp.9-11, 17-23,27-29,99-101,118-123,206,224-252,. 北京：三聯書店. 2003.；Foucault, Michel.「知識分子與權力」（1972.3.4. 與德勒茲的談話）pp.205-212、「求知之志：『性意是史，第一卷』」.Pp.302-309,316-320,342-343, 引自杜小真編選. 福柯集. 上海：上海遠東出版社. 1994.；李猛.「傅柯與權力分析的新嘗試」.pp.135-138.、林志明.「權力與正常化：由『精神醫療權力』邁向『非正常人』pp.170-173. 引自黃瑞祺主編. 再見傅柯：傅柯晚期思想新論. 台北：松慧文化 .2005.；Roos, J.P. " Life Politics : more than and life（style）?. http:// www.valt.helsinki.fi/staff /jproos/sicinski.htmi. 2007.6.6.；Dreyfus, Hubert l. & Paul Rabinow.Michel Foucalt :Beyond Structuralism and Hermeneutics. 錢 俊譯傅柯 – 超越結構主義與詮釋學. 台北：桂冠. 2005. 傅柯不糾纏於「權力」的界定，而是透過權力的微觀分析將人的身體與生命權力緊密接合，從「權力 - 知識」（power-Knowledge）點出權力來源與知識的不可分割，並且從西方中世紀以來肉體的占有到近帶精神（靈魂）的控制，以「身體 - 權力 - 知識」的論述結構與辯證過程，直接顛覆傳統二元（身心）論思維，強調辯證之為用乃在喚起人文主義，它既是歷史哲學，也是人類實踐哲學，更是 關於異化及調和的哲學。

7　吳冠軍.「福柯與阿甘本之間的『生命政治』」. 節選自：神聖人：至高權利與赤裸生命 .Sanhuibooks（三輝圖書網）；Foucault, Michel.Maladie Mental et Psychologie. 王楊譯. 精神病學與心理學. Pp.52-53,67-68,71-74,78,81-82. 上海：上海譯文出版社 .2013.11.；Sassatelli, Monica "Everything changes andnothing changes" pp.102-105. In Delanty, Gerard ed. Hand Book of Contemporary EuropeanSocial Theory. London : Routledge. 2014. 陳宗文. 權力技術與技術的權力：台灣疫苗採用的歷程分析. 台灣社會學第二十五期（2013.6.）. pp.45-87.；Sontag, Susan. Illness as Metaphor AIDS and Its Mttaphors. 刁筱華譯. 疾

病的隱喻 . pp.81-83,192-193. 台北：大田出版 . 2000.；Dreyfus, Hubert l. & Paul Rabinow.（2005）.op.cit. Pp.199-207.

8 Zuboff, Shoshana. The Age of Surveillance Capitalism. Pp.7-12,351-353,359-361. London: Profile Book Ltd. 2019.「監控資本主義」雖亦全面滲透至人類生活面，但另以工具主義（instrumentarianism）以取代極權主義（totalitarianism），後者以暴力控制，前者主要運用數位科技與數據工具以改變行為，其結果是傅柯的毛細孔化，監控本質未變。

9 Bauman, Zygmunt （2000）.op.cit. Pp.9-11.；Dreyfus, Hubert l. & Paul Rabinow.（2005）.op.cit. pp.242-253.Drefus 對於 Foucault 的圓形監獄權力論有很清晰的說明，有助於對 Foucault 原典以及 Bauman 後圓形監獄權力論的理解。

10 Bauman, Zygmunt（2000）. Op.cit.pp.54-59.；楊凱麟譯（2001）.op.cit. Pp.22-26.

11 Bauman, Zygmunt（2000）.op.cit. Pp.11-14.；Harari, Yuval Noah.（2018）. op.cit. Pp.177-180.

12 Castells, Manuel. The Rise of the Network Society. Pp.410-417,469-477. London: SBlackwell.1996.；Stalder, Felix. Manuel CastellThe Theory of the Network Society. pp. 142-166. UK : Polity. 2003.

13 Harvey, David（2006）op.cit. pp.117-148.；Castells, Maneul and Martin Ince. Conversations with Maneul Castells.Pp.65-78. UK: Polity. 2003.；Harvey, David. Space of Capital: Toward a Critical Geography. pp.222-224. UK: Edingburg University Press. 2001.；Featherstone, Mike. Consumer Culture & Postmodernism. PP.103-106. London : Sage. 1998.；Lefebvre, Henri.（Translated by Donald Nicholson-Smith）. TheProduction of Space. Pp.38-42,114-123. London: Blackwell. 2002.；Mansvelt, Julian. Geographiesof Consumption. 呂奕欣譯消費地理學 . Pp. 70-72. 台北：韋柏文化 . 2008.2.；Soja, Eddard W. Journeys to Los Angeles and Other Real-and Imagined Place. 陸揚、劉桂林、朱志榮、路瑜譯 . 第三空間 . PP.67-103, 上海：上海教育出版社 . 2005.8.；王志弘等譯「後現代地理學和歷史主義批判」pp.232-233, 劉益誠譯「21 世紀都市社會學」pp.244-251., 引自：許紀霖主編帝國、都市與現代性 . 南京：江蘇人民 出版社 . 2006.；鄒崇銘 . 流動、掠奪與抗爭：大衛 . 哈維對資本主義的地理批判 . pp.13139,178-187. 台北：南方家園 .2015.10.；陳志梧譯「一個跨文化的都市社會變遷理論」.pp.224-242. 引自：夏鑄九 , 王志弘編譯 . 空間的文化形式與社會理論讀本 . 台北：明文書局 . 2002.；Kalar,Virinder.RaminderKaur,John Hutnyk. Diaspora and Hybridity. 陳以新譯離散與混雜 . Pp.51-53,76-83,172-176. 台北：國立編譯館 2008.1.；Grossberg, Lawrence. "Identity and Cultural Studies: Is That All There Is? p.92,pp.100-101. In Hall, Stuart and Paul Du Gay ed. Questions of Cultural Identity. London : Sage. 1998. Lefebvre, Harvey, Castell 對當代社會空間理念皆

深具影響，Lefebvre 強調跳脫傳統烏托邦與現代性的解放式的空間觀，而是投注於社會機制和個人的轉換過程，其所指的 represent space 啟發頗大；Harvey 從 Marx 的實踐（praxis）切入，關注由使用價值到交換價值所改變的社會關係與空間紋理，其有關資本論的再詮釋，並由其中對當代資本主義社會諸現象的剖析甚具啟發，另 Time-space compression 於訴及當代網絡空間時常為引用；Castell 關注當代都會空間的人文、歷史和社會轉折，由其對資訊資本主義的論述深具說服力。關於離散（diaspora）一般理解為移民、僑民，當代文化研究於論及霸權與認同議題則有寬廣的論述，觸及跨文化語境和認同困擾，Grossberg 曾以四組模式解釋，此皆與空間關係相聯，延宕（difference）、碎片化（fragmentation）、雜化（hybridity）、離散（diaspora）。離散則是對於地方（place）的意指（signifier），既關係到政治鬥爭所形成的區隔，也聯結歷史性的空間流動和身分意向，其與類如因受排斥或對認同猶疑的延宕認同、文化分割和混合的認同碎片化，以及特別彰顯於底層第三空間閾限性（liminality）的認同雜化，互為依托。

14 Stalder, Felix.（2003）. Op.cit. Pp.48-56.；Harvey, David（2001）.op.cit. Pp.189-190, 226-229 呂奕欣譯（2008）. Op.cit.Pp.89-91, 100.；Featherstone, Mike.（1998）. Op.cit.Pp.107-108；Roberston,Ronland.（2000）.op.cit. Pp.166-174.

15 Stiegler, Bernard（2016）.op.cit. P.11,17.

16 Kotler, Philp.（2017）. op.cit.Pp.37-39.

17 Stiegler, Bernard（2016）.op.cit.p.6,12,15, Pp. 18-20.

18 Stiegler 於此處提出 proletarianization 一詞，是相對於兩個現象：在電算化之下人類進入「荒原時代」，個人與集體皆消失形成海德格所稱的「框架」（gestell），以及相應而來的拋棄 胡賽爾現象世界人類記憶／理解（perception）三種樣態／能力（aspects）：持存（retention）、即現（immediate present）中的潛存（protention），此潛存最重要乃指人類由記憶聯結所展現對未來的期望，於是人變為一無所有、一無所是的 proletarianization。若按字面直譯是無產階級化，但是若從馬克思廣義理解應以「廢人化」較貼切。馬克思於「德意志意識形態」和「路德維希.費爾巴哈和德國古典哲學的終結」皆指出將人的抽象化是最大的盲點，固然無產階 代表了一個全人，然而通過生產關係的改變，生產勞動抽象化，復以商品拜物教與物化的發展，人被異化（勞動產品的異化、生產活動的異化、人類本質的異化、人與人的異化），人不再是屬於自然的人，不再是自己生活經驗的人，也不再擁有自由人被徹底廢了。依此理解 Stiegler 的用 詞應有廢人化之意。參見：Marx, Karl. Economic and Philosophical Manuscripts. 伊海宇譯. 1844 年經濟學哲學手稿. Pp.47-61. 台北：時報文化. 1990.；「馬克思和恩格斯『德意志意識形態』」. Pp.22-85. 馬克思恩格斯選集（第一卷）. 北京：人民出版社. 1977.4.；「德維希.費爾巴哈和德國古典哲學的終結」pp. 238-254. 馬克思恩格斯選集（第四卷）. 北京：人民出版社. 1977.4.；張文喜. 馬克思論「大寫的人」. Pp. 4-6,50-69. 北京：社會科學文獻出版社. 2004.2.；Lukacs, Georg.

Geschichteund Klassenbewusstsein. 杜章智、任立、燕宏遠譯 . 歷史與階級意識 . PP.149-174,218-236,272- 273,290-24,300-307. 北京：商務印書館 . 2014；Althusser, louis & Etienne Ballbar. Lire le Capital. 李其慶、馮文光譯 . 讀「資本論」.Pp. 190-211. 北京：中央編譯社 . 2001.；Althusser, louis.Pour Marx. 陳璋津譯 . 保衛馬克思 . pp. 212-260. 台北：遠流 . 1995.6.1.；Ollman, Bertell.Alienation: Marx's Conception of Man inCapitalist Society.p.80-81, Pp.131-140,156, 212-220,241- 255. UK: Cambridge UniversityPress 1998.

19 真像衰敗（Truth Decay）由 M.D. Rich 所展開，原為研究美國公共生活，以真像衰敗有四個個特點：不同意事實真相態度的增加、意見與事實界線的模糊、受意見影響的量度遠高於事實真相、對事實真相的信任度下滑，Rich 研究以上特點 在美國歷史上並無先例，然而如今已然成為普遍現象，且嚴重危及民主社會，數位闇黑面是誘因之一。

20 Cohen, Robin. etc.（2000）.op.cit. Pp.153-160；Castell, Manuel.End of Millennium. Pp.166-170. London : Blackwell. 1998. Croteau, David. Politics and the Class Divide : Working People and the Middle-Class Left. Pp.148-151. Philadelphia: Temple University Press. 1995. Oscar Lewis 於其貧窮文化（Five Families : Mexican CaseStudies in the Culture Poverty）指出底層民眾（subaltern）不得不與犯罪集團共生，並且形成一種生態，Croteau 於訪談中亦充分反映小市民對犯罪的阿 Q 心境。

第三章

1 Mahbubani, Kishore. Has China Won : The Chinese Challenge to American Primacy. 林添貴譯 . 中國贏了嗎？ Pp.12-20. 台北：遠見天下文化 . 2020.10.

2 Bauman, Zygmunt.（2000）. op.cit.Pp.11.

3 竹節資本主義原用為描繪中國經濟成長，現多藉以說明新興國家經濟發展策略，即以中小企業互補，逐漸從第一產業、第二產業至第三層產業成長，有如竹節的節點相互聯結，使產業更多元化、國際化，靈活組構產業供應鏈，接續不斷擴充成長。

4 Jacques, Martin. "Understanding the Rise Of China" TEDSalon London 2000.；Jacques, Martin. "Currency, culture, Confucius : China's writ will run across the world" http:// www. Truenew.cc/ftalk/viewtopic.php?=67t=332.2009.6.24.； 湯恩比（Arnold J. Toynbee 早於 1974 年的 Civilization on Trial 即提出類似見解，另外費正清（John King Fairbank）於其遺作 China : A new History、當代日本歷史學者柄谷行人，於 其帝國的結構東亞的帝國章，亦有中肯之論。

5 1976.5.20. 經國先生於行政院長任內，在立法院施政報告。

6 參工業技術研究院網頁。瞿宛文 . 「台灣經濟發展的歷史回顧」pp.259-274.，「百年產業新演義」pp.275-280. 全球化下的台灣 . 台北：唐山 . 2003.

7   新竹科學園區 20 周年專刊.（2014.1.24. 新竹科學園區網頁更新版）

8   參資策會網頁.

9   「荷蘭病」此術語係 1977 年經濟學人雜誌所創，描述 1959 年荷蘭發現 Groningen 天然氣油田，並於 1973 第一次能源危機時獲利豐厚，逐漸形成單一產業情勢，資源轉移效應出現，其連鎖影響為荷幣升值、國內通貨膨脹、實際工資下降、削弱其他產業外貿競爭力、製造業與服務業衰落、不可貿易部門對外需求增高，及至天然氣能源不再一枝獨秀後，經濟衰退已成沉痾。以後多以此術語形容依賴單一產業為經濟支柱國家。其他歐美國雖離此現象尚遠，但於 2000 年代初期已開始未雨綢繆，主要方向有二：政策鼓勵資訊等科技產業回國、重新啟動傳統製造業生產體系。

10 經濟部「2020 年產業發展策略」.參經濟部網頁.

11 「後 covid-19 台灣發展對策」.參國發會網頁.

12 同註 39 引鄒崇銘（2015.10）.pp.56-59,71-73.

13 文建會申學庸主委「立法院施政報告」（1994）.參文化部網頁.

14 "Structure of feeling" 為 Raymond Williams 於 "The Long Revolution" 所提，其以文化即是日常生活（the ordinary life），由於個人時空間隔、生活經驗與背景不同，以及世代差異，因此對於同一事件乃形成各自的「感覺結構」，此時通俗文化乃具有黏合與集聚功能，例如一場大型活動縮減了時空差距，並且嘉年華化的氛圍構成儀式感，形成第二類 / 另類生活，此間所出現的「偶像」或文化商品化現象（此乃阿多諾所詬病的物化）移情為共有的感情乃至價值感；再者期將文化界定為三個層次：理想 / 理念（ideal）、文獻（documentary）、社會（social），由此三層再歸結為四個階段：最上層為歷經時間篩選的「傳統」，第二層為由經濟與技能範疇所影響文化機體的「文獻文化」，第三層是屬於政治及社會階層，最底層的「感覺結構」既連接以上三階層，也形成社會性格與概念，此是文化基礎，亦是活的文化。此觀念常被多方引用於論述如民粹主義、後現代主義或用為補充拉康（J. Lacan）、葛蘭西（A. Gramsci），例如 Lovell 於論及影像時即強調「使用價值」乃消費理論的核心，其中少不得對阿圖舍和拉康的愉悅（jouissance）概念的理解，為此任何文化產品都源於個體和集體愉悅，以及共享經驗的「感覺結構」。Williams, Raymond. The Long Revolution. Pp.61-70. UK: Parthian. 2011.；Jones, Paul. RaymondWilliams's Sociology of Culture. Pp.17-25. New York : Palgrave. 2004.； Lovell, Terry. Picture of Reality. P.61. London : British Film Institute. 1980.

15 Kotler, Philp. Marketing 5.0. pp.19-27.New Jersey : John Wiley & Sons. Inc. 2021.

第四章

1   Williams, Raymond. " 'Culture' and 'Mass' "pp. 25-32,；Macdonald, Dwight. " A Theory of MassCulture" pp. 39-46. In Guins, Raiford & Omayra

Zaragoza Cruz ed. Popular Culture. London : Sage. 2005.

2　Douglas Kellner 作 , 邱炫元譯 .「邁向一個多元觀點的文化研究」.p. 85. 註解 4. 陳光興 . 陳明敏編 . 內爆麥當奴 . 台北：島嶼邊緣雜誌社 . 1992.5.1.

3　楊小濱 . 否定的美學 . Pp.69-74. 台北：麥田 . 2010.7.

4　Benjamin, Walter. "The Work of Art in the Age of its Technological Reproducibility" pp. 101-102., "Paris, the Capital of the Nineteenth Century" pp.37-39., " Exchang with Adorno " pp.51-63. in Eiland, Howard & Michael W. Jennings ed. Walter Benjamin : Selected Writing Vol.3.（2006）；Benjamin, Walter. " The Concept of Criticism in German Romanticism. Pp.116-165. Bullock, Marcus & Michael W. Jennings.ed. Vol.1.（2004）. USA : Harvard University Press.

5　安斯加 . 希拉赫作 . 王歌譯 .「文化作為法西斯統製的幫凶：本雅明度法西斯症候的診斷」. Pp.313-315. 引自：郭軍 . 曹雷雨編 . 論瓦爾特 . 本雅明：現代性、寓言和語言的種子 . 吉林：吉林人民出版社 . 2003.12.

6　Benjamin, Walter. "The Return of the Flaneur" pp.262-267. In Jennings, Michel., Howard Eiland, Gary Smith ed. Walter Benjamin : Selected Writing. Vol. 2-1. USA: Harvard University Press.2005. Arendt Hannah. "Walter Benjamin" 王斑譯 .「瓦爾特 . 本雅明：1892-1940」Pp.1-50.. 引自：Arendt Hannah.ed . Illumination : Essays and Reflections. 張旭東 . 王斑譯 . 啟迪：本雅明文選 . 香港：牛津大學出版社 . 1998.

7　同註 64. 楊小濱（2010）pp. 86-87,95-96.

8　Benjamin, Walter. " Surrealism" op.cit.pp.207-221. Jennings, Michel etc.Vol.2-1（2005）；.

9　Ibid. Benjamin, Walter. "Franz Kafka : Beim Bau der Chinesischen Mauer. Pp.494-500. Jennings, Michel etc. Vol.2-2.（2005）.；同註 67 張旭東（1998）.「弗蘭茨 . 卡夫卡」Pp.101-132.；同註 64. 楊小濱（2010）pp. 99-102,113.；同註 66 郭軍（2003）. Pp.236-242. 格雄 . 朔勒姆作 . 陳永國譯 .「瓦爾特 . 本雅明和他的天使」

10　Adorno, Theodor W. Lectures on Negative Dialectics.pp.12-21,22-24p.132, 139. UK : Polity. 2010.

11　Gibson, Nigel. "Rethinking an Old Saw." Pp.282-285. In Gibson, Nigel & Andrew Rubin ed. Adorno : A Critical Reader. London : Baackwell.2002.；同註 64. 楊小濱（2010）. Pp.143-145, 158-160.；陳瑞文阿多諾論美學：雙重的作品政治 . Pp.75-77,79-80. 台北：五南 . 2010.4. 魯路 .「阿多諾非同一性觀念對統治的批判」. 中共中央黨史和文獻研究院 .2011.4.25. Adorno 的一段話區格於黑格爾者："The negation of the negation dose not result in a positive, or not automatically." 其否定辯證乃在跳脫意識形態的牢籠，其又謂：愈臣服於成見，愈難脫離意識形態，愈使抽象意識形態得勢（The more everything is sacrificed to pre-existing objects of consciousness, and the less is left over for ideology to feed off, the more abstract all Ideologies necessarily become.）。另如阿多諾以前衛藝術為否定的否定，是由否定中打破分工，拆解資本主義的文化習性，由此途徑走向文化實踐，俾介入社會以透過前衛藝術的否定力量，以激進的震驚體驗使潛伏於啟蒙的理性層面，與救贖的神秘層面作雙重呈現，並互為交融。關於此部分受班 雅明彌賽亞（救贖）的猶太神學觀念影響。

12 Ibid.Gibson, Nigel, etc.（2002）. Pp.276-279.；同註 64. 楊小濱（2010）. Pp.119-127,142-143.；Excursus II: Juliette or Enlightenment and Morality" pp.63-93. In Horkheimer, Max & Theodor W. Adorno.Dialectic of Enlightenment. Stanford :Stanford University Press. 2002. Adorno, T. " On the Fetish-Character in Music and the Regression of Listing" pp.283-285,289-299. In Duncombe, Stephen. Cultural Resistance Reader. London: Verso. 2002.

13 Ibid. Gibson, Nigel, etc.（2002）. Pp.36-39,86-109.；Horkheimer, Max. etc.（2002）. Pp.1-17., " Excursus I : Odysseus or Myth and Enlightenment" pp. 35-62., " The Culture Industry : Enlightenment as Mass Morality" pp.94-136.；同註 64. 楊小濱（2010）..124, pp.131-132.；Op.cit. Ollman, Bertell（1998）. Pp,195-201.；Steinert, Heinz, Cukture Industry. UK: Polity. 2002.10.31.,Pp.7-10, 142-145.

14 Beilharz, Peter. "McFacism ? Reading Ritzer, Bauman and the Holocaust." Pp.222-228.,in Smart, Barry ed. Resisting McDonaldization. London: Sage. 1999.；同註 64. 楊小濱（2010）.PP.110-115. Ibid. Gibson, Nigel, etc.（2002）. pp.182-183.；Op.cit. Adorno, Theodor W.（2010）. P.19.

15 Jones, Paul.（2004）. op.cit. pp.1-4,37-42,68-72,82-91. 本書對於 Williams 的論述脈絡以及受 Adorno 等法蘭克福學派的影響，特別是在文化生產、消費與霸權理念上著墨頗深；Dworkin, Dennis. Cultural Marxism in Postwar Britain. London: Duke University Press. 1977. 本書第三章對於 Raymond Williams, Richard Hoggart, Stuart Hall,E.P.Thompson 等文化馬克思主義以至伯明罕學派的文化研究的發展，皆有很系統的說明；第四章關於阿圖舍的結構馬克思主義和葛蘭西霸權理論，對當代文化研究內容的充實有頗清晰的敘述。Turner, Graeme. British Cultural Studies : An Introduction.（3rd edition）.London : Routledge 2003. 本書第一部分對於伯明罕學派主要人物的觀念、理論交代清晰，第二部分對文化研究文本、閱聽 及意識形態方面皆有提綱挈領的說明，尤其於 Gramsci turn 論題上對通俗文化的定位相當關鍵，為當代文化研究不可或缺的讀本。

16 McLuhan, Marshall. Understanding Media: The Extension of Man. 何道寬譯理解媒介：論人的延伸. 第一、五、九、十章. 北京：商務印書館. 2004；埃走克. 麥克魯漢、弗蘭克.. 麥克魯漢編. 何道寬譯麥克魯漢精粹. Pp.148-160. 南京：. 南京大學出版社 2000.10.；McLuhan, Marshall. Understanding Me : Lectures and Interviews. 何道寬譯. 麥克魯漢如是說：理解我. pp.1-11,20-23,53-67, 北京：

中國人民大學出版社 . 2006.；Levinson, Paul. Digital McLuhan : A Guide to the Information Milleniun. 宋偉航譯 . 數位麥克魯漢 . Ch.7-10., 台北：貓頭鷹 . 2000；Davies, Rosamund and Gauti Sighthorsson. Introducing the Greative Industries: From Theory to Practice. Pp.32-35. London : Sage. 2013. Castell, Maneul. The Rise of the Network Society. （1998）op.cit. pp.330-337.

17　Baudrillard, Jean. Simulacra and Simulation. Pp.3-14,27-32,61-69. Ann Arbor: The University of Michigan Press. 2004. ；Kellner, Douglas. Baudrillard : A Critical Reader. 陳維振等譯波德里亞：批判性的讀本 . pp.7-14,142-143,150-155. 南京：江蘇人民出版社 . 2005.1.；Marcuse, Herbert. The One-Dimensional Man: Studies in the Ideology ofAdvanced Industrial Society. Pp.7-12. USA : Becon Press. 1991.

18　Godin, Benoid. The Knowledge Economy: Fritz Machlup's Construction a Synthetic Concept. P.4., Project on the History & Sociology of S & T Statics.

19　Ibid. pp.10-16

20　Ibid. pp.17-19,26-27.；Machlup, Fritz. The Production & Distribution of Knowledge in the United States. Ch.2-3. New Jersy : Princeton University Press.1963.

21　Hans Magnus Enzensberger "The Industrialization of the Mind". Pp.3-14., "Constituents of a Theory of the Media" pp.46-76., in Grimm, Reinhold & Bruce Armstrong ed. Hans Magnus Enzensberger Critical Essays. New York : The Continuum Publishing Company. 1982.

22　Barthes 對 Adorno 的呼應主要著眼點於通俗文化現象的意氣相通，要理解 Barthes 之所以，可自他的「神話學」和「流形體系」楔入，特別是「神話學」導入了符號學的能指／意符（signifier）和所指／意指（signified），並由第一層屬的意表（signification），轉為第二層意表，這個轉義的過程即是本意轉為神話，現代生活裡「神話」無所不在，通俗文化就是最主要的接合劑，因此吾人自認為的「身體教養」或「文化教養」實乃通俗文化所操弄的流行與神話。Barthes 說的明白：神話式一種言談（discourse）。Barthes, Roland. Mythologies. 許薔薔 . 許綺玲譯 . 神話學 pp.169-177. 台北：桂冠圖書 1997.

23　Morin, Edgard. "Industries Culturelles" （2020）in Education Socioculturelle. （ENSFEA/ Ecole Nationale Superieure de Formation de I'Enseignement Agricole）；Moeglin, Pierre. "Une theorie pour penser les industries culturelles etinformationnelles?（2012.1）in le theorie des industries culturelles （et informationelles）, compass des SIC., Revue Francaise des Sciences de l'information et de la Communication.

24　Martin, Laurent. "Les industries culturelles, des outils au service de la democratisation De la Culture? Retour sur les craintes et les espoirs des annees

1970-1980" In Poliques de la Culture Semina..（2015.5.18）.

25 Dworkin, Dennis（1997）. op.cit.Pp.90-99,117-118,121-123.；Turner, Grame. （2003）. op.cit. pp.177-181. 陳慧平「伯明罕學派『大眾文化』的三大特徵及其借鑒意義」.（2014.9.18.）. 中共中央黨史和文獻研究院；喬瑞金 . 李文艷 .「英國新左派的思想革命與政治訴求」. 南京大學學報：哲學 . 人文科學 .2016 年 第 20164 期 .pp.5-18.

26 Miege, Bernard. " Theorizing the Cultural Industries " in Wasko, Jannet & Graham Murdock ed.The hand Book of Political Economy of Communication. Ch.4. London: Blackwell. 2011.；Miege, Bernard. The Capitalization of Cultural Production. P.65. Paris : International General. 1989.

27 Ibid.

28 Hasmen, Brad. "Creative Practices" pp.159-160., Venturelli, Shalini. " Culture and the Creative Economy in the Information Age" pp.693-398., Cunningham, Stuart. "Creative Enterprises" p.280. in Hartley, John ed. Creative Industries. London : Blackwell. 2005.

29 Ibid. Hartely, John. " Creative Industries " pp.23-25,. Flew, Terry. "Creative Economy" pp.352- 353,355-357.,Howkins, John. " The Mayor's Commision on the Creative Industries " pp.117-121.

30 Hesmondhalgh, David. The Cultural Industries. Pp.165-169. London: Sage. 2002. Op.cit. Martin, Laurent （2015.5.18.）

31 Hartley, John.（2005）. op.cit.: Hartley, John. " Creative Identities" p.10 6,pp.108-110,114-115., Howkins, John. " The Mayor's Commission on the Creative Industries" pp.122-125., Tay, Jinna. " Creative Cities" pp.122-125.；Wasko, Jannet. etc.（2011）. Ch.4.；Morin,Edgard.（2020）.；Martin, Laurent. （2015.6.20.）.

32 Sohlesinger, Philp. " The Creative Economy: Invention of a Global Orthodoxy" pp.189-195, 198-201. in Innovation: The European Journal of Social Science Research. London: Routledge.2016.7.14.. http:// lesenjeux.u-grenoble 3.fr/n" 17/2.2016

33 Miege, Bernard.（1989）.（2020）. op.cit.Ch.4.

34 Lampel, Joseph & Jamal Shamsie 作 . 黃才駿譯 .「無法掌握的全球化：文化產業的未來發展進化方向」. pp.167-170. 引自：李天鐸編 . 文化創意產業讀本：創意管理與文化經濟 . 台北：遠流 . 2012.10.1.

35 Kotler, Philip.（2016.12.5）. op.cit.；Kotler, Philip.（2021.4）.op.cit. Gartner Symposion（2017.10.19）.

36 Bauman, Zygmunt.（2003）.op.cit.p.11.

37 Robertson, Roland. Globalization: Social Theory and Global Culture. Pp.173-174.

London : Sage. 2000.

第五章

1 Bourdieu, Pierre. Distinction : A Social Critique of the Judgement of Taste. Pp.23-32,53-55,114- 116,171,482-484. USA : Harvard University Press. 1984., ; Bourdie, P. & Loic J.D. Wacquant. An Invitation to Reflexive Sociology. Pp.87-89,95-97,117-120,228-230. Chicago : Chicago University Press.1992. ; Bourdieu, Pierre. Le scns Pratique. 蔣梓驊譯 . 實踐感 . pp.85-87,97-99,184-187. 南京：譯林出版 社 .2003.12. ; Earle, William. ".Bourdieu Nouveau "pp.177-180,182-183. in Shusterman, Richard ed.Bourdieu: A Critical Reader. London : Blackwell. 2000. ; Fabiani, Jean-Louis. Pierre Bourdieu.Un structuralisme. 陳秀萍譯 . 布赫迪厄 . Ch.3. 台北：麥田 . 2019.11.Bourdieu 對文化資本的論述起始於高等教育觀察，認為此種文化生產場域的高教面臨兩種分離，來自體系膨脹引發的人際與空間分離，以及來自文憑貶值、男女學生比例所形成總體性的分離，一般習慣從經濟方式理解，然而文化並非如此，其有如「苦行僧」（ascesis），有賴持續不斷努力方有所得，此並非經濟可解。其復借用韋伯的理性思維基礎，文化資本是源於個人的實踐，它所表現的是個人的秉賦（disposition），並且在社會因素下文化資本即為慣習（habitus），因自社會因素文化資本一則串連經濟資本、社會資本以至象徵資本，甚至涵括資訊資本和教育資本；再則存在於三種形式，具身內化（embodied）、客觀化（objectified）、體制化（institutionalized），具身內化是基本面，客觀化是再現面（例如商品），體制化是共同認知的規範面，一切以社會資本做總合體現於各自場域（chump/field）.
2 薛曉源「全球化與文化產業研究」p.5. 仝註 20. 林拓 . 李惠斌 . 薛曉源編 .（2004）.
3 The Economist.（2018.10.6）. Pp.55-57.
4 Throsby, David. Economics and Culture. Pp.142-148. UK : Cambridge University Press. 2003.
5 Potts, Jason, Stuart Cunningham, John Hartley & Paul Ormerod. "Social Network Markets: A New Defination of the Creatives Industries" pp. 167-185.in Journal of Cultural Economic. Vol. 32（3）.
6 Davies, Rosamund etc.（2013）. Pp.4-13., ; Justin O'connor 作 . 陳家剛譯 .「歐洲的文化產業和文化政策」指出英國文化部門主要工作人員的 56%，受雇於 25 人以下的公司。見：註 100 引書 .p.15.
7 以近期 2019-2020 澳洲有 2200 起網絡危機，防火牆功能調整，進行 cybersecurity。引自" Creating a Strong Culture of Security with Organization" in Security Brief. 2021.2.23. 加拿大 "Forum Shifting" 主在建立自己的多元文化體係，1988 年的「加拿大多元文化法」（Canadian Multiculturalism Act）與憲

法呼應為其文化產業的核心標的。2011 年亦據此給文化「產業」（industry）為文化「領域」（domain），使之更符合政策原旨，將其分為文化領域（culture domains）、水平領域（transversal domains）、基礎結構領域（infrastructure domains）。再以溫哥華的未來十年文化政策為例，其重點在積極建構文化空間、文化機會，類如歐盟的以全球媒體中心為目標，加拿大以全球文化領導為主軸。引自 "cultural shift: Be Making the City & Cultural VancouverCulture Plan 2020-2029",Rts.1175. pp.1-16., City of Vancouver. 2019.8.13.；另 "CanadianCulture in a Global World : New Strategies for Culture & Trade Canadian Culture in a World"（1999.2），重點在強調文化即經濟，面對新科技的龐大壓力，如何作資源整合，藉由 國際組織合作強化現有文化機制。參：The Cultural Industries Sectoral advisory Group onInternational Trade. 1999.2.& Global Affairs Canada.

8 Hall, Stuart. "The Work of Representation" pp.36-39., Lidchi, Henrietta. "The Poetic & the Politics of Exhibiting other Culture" pp.164-167. In Hall, Stuart ed. Representation : Cultural Representations and the Signifying Practices. London: Sage. 2003.

第六章

1 2020 文創產業年報 .

2 文創產業核心概念源自 David Thorsby 的同心圓（The Concentric Model of the Cultural Industries）： 核 心：Core Creative Arts（Literature, Music, Performing arts, Visual arts）、 二 環：Other : Core Creative Industries（Film, Museums, galleries, libraries, Photography）、三環：Wider Cultural Industries（Heritage services, Publishing and print media, Television and radio, Sound recording, Video and computer games）、 四 環：Related Industries（Advertising, architecture, design, Fashion）.

3 2020 文創產業年報 .

4 2021 誠品統既網頁 .

5 Hesmondhalgh, David.（2002）. op.cit. pp.200-204.；Allen, John. "symbolic : the 'culization ' of economic knowledge", pp.39-58. In Pryke, Michael & Paul du Gay ed. Cultural Economy. London : Sage. 2002. Allen 從知識經濟基本觀念切入，對於理解文創產業的整合種種，是一篇頗有破題作用的啟發性工具。

6 Throsby, David.（2003）. op.cit. pp.28-29,45-48.

7 仝註 39. 前引鄒崇銘書 pp.56-61.

附錄註釋

1   Meaghan, Morris. In Meanjin（Cmelbourne）V. 49, No. 3, Spring 1990:475-77

2   利特雷（LITTRÉ）於 1878 年出版的「法語字典」中特別標明「文明」一詞是在
    1835 年出版的「法蘭西學院字典」中首度出現。在該字典的「文明」條下以「教化」
    為定義，與古典社會的「文化」同義。Hell, V. 1990:3-5.

3   Williams 對「文化」一詞的轉變有細緻的說明，以 Cultura 字根源自拉丁文
    Colere，具有占據（居住）、保護、崇仰等意，其後「占據」另由拉丁文 Colonus
    發展為 Colony；「崇仰」由拉丁文 Cultus 發展為 Cult；Cultura 則專指耕作、養
    育之意。幾乎直至 1870 年代以前文化一詞多作名詞使用，以後，特別是赫德的重
    新詮釋，文化一詞轉為形容詞，具有比較特質。Williams, R. 1985:87-93, Smith, P.
    2001:1, Jenks, C. 1993:7-8, Thompson, J.B. 1990:124.

4   Bocock, R. "The Cultural Formations of Modern Society" In Hall, S.（eds.）
    1995:151. Jenks, C. Ibid.

5   古典社會「紳士」是指有權力的上層社會，羅馬時期自蠻族入侵，「紳士」是北
    方蠻族，「文明人」是南方教士，一直到文藝復興，將教化「紳士」的範圍擴及
    至所有教外俗人，以促進獲得文化薰陶，亦因此基督教文明乃有自我馴化之意，
    至法國大革命紳士的意義再變動為今日之通行概念。Russell, B. 1972:194-95.

6   Bullock 指出，雅典時期教育的四個特點：1. 對人類知認做系統的整理；2. 重視語
    言論辯；3. 塑造人類的個性；4. 發展人的優越性。以上四個特點更成為 17 世紀以
    來，抑制青年熱情的理論。Bullock, A. 2000:17-18.

7   理解此一背景，由電影「鵝毛筆」（Quill）神父為禁止男爵書寫，何以不斷其手
    卻割其舌，並神父最後自己也精神失常的電影語言，當可以明白，即神父硬將人
    變為非人（失去語言能力），乃逾越了上帝的權力，終將天譴之涵。

8   西方世界以三種不同模式看待宇宙和人：1. 超越自然的，即超越宇宙的模式，集
    焦點於神（God），人乃神創造的一部分；2. 自然的，即科學的模式，集焦點於自然，
    人乃自然秩序的一部分，與其他生物無差異；3. 人文主義模式，集焦點於人，以
    人的經驗作為人對自己、對上帝、對自然了解的出發點。第一種模式在中古時期，
    第二種模式到 17 世紀形成，第三種於 16 世紀文藝復興時期鼎盛，以繪畫為例，
    即將古典神話與古典模特兒融入基督教傳統，此有如佛教在中國的中國化。

9   宗教革命基本上是形成民族國家對義大利（或教皇）在知識統治上的反叛，莎士
    比亞作品相當忠實地反映了當時的社會心理，其劇中有不少惡棍是義大利人似可
    做為各國反義大利知識霸權的情緒反應。路德與喀爾文的神學都以清除教廷的聖
    經詮釋為目標，為此，結合國家權力即成為最有利的手段，經由此一過程，自然

加速了王權的提高，另外的發展則是個人主義成為新教徒重視的成分。相信自由意志，強調人為自己而思想，以及為基本信仰問題而思想的自由。凡此，均為啟蒙運動以及 18、19 世紀的浪漫主義、自由主義提供了靈感。Heer, F. 2003:285, 309-11, 322.

10 對於此種心緒，康德的一句「鼓起勇氣」或「勇於求知」（Sapere aude）最傳神。杜美，1993:112. Bullock, A. 2000:108.

11 佩托拉克於 1337 年初訪羅馬，深為其遺址折服，感動莫名，著述傳說，改變時人歷史觀，將羅馬輝煌時代與羅馬黑暗時代對比，認為黑暗時代將由過去失傳的藝術文化取代、復活，固此開啟了古人世界的重新發現、重新想像的文藝復興時代。

12 柏拉圖於「齊埃梯特斯」（Theaetetus）一書中說：「在我看來，一個人知道某些東西，是在感覺到所知道的東西，目前我能看到的東西無他，感覺而已。」柏拉圖在「梅諾」對話錄中引伸的知識回憶論，或笛卡兒的觀念論，認為許多觀念早就「印」在胎兒的心靈中，此即「知識即感覺」。蔡信安，1988:16-17, Russell, B. 1972:149-50, 609-10.

13 「人類理解論」對啟蒙運動影響頗大，並為自由主義理論奠定基礎。本書洛克費時 10 年完成，當其出版時共有三件稿本，兩件完成於 1671 年，第三件於 1685 年成稿。1690 年出版時，對當時知識界的衝擊不亞於 1688 年牛頓的「自然哲學中的數學原理」在物理學的威力。本書其後又分別於 1694、1695、1700 再版，至 1706 年出第五版時，洛克已過世兩年。

14 洛克於否定天賦觀念說之後，於「人類理解論」第二冊第一章第二段再闡釋：「那麼我們就假定心靈像我們說的那樣，是一張白紙，上面沒有任何記號，沒有任何觀念。心靈是怎樣得到那些觀念的呢？它是從那裡獲得由人的忙碌而不受約束的幻想，以幾乎無限的花樣描畫在它上面那許多東西呢？它是從那裡得到理性和知識的全部材料呢？我用一句話來答覆這個問題：是從經驗得來。」「我們的全部知識是建立在經驗上面；知識歸根到底都是導源於經驗的。我們對於外界可感物的觀察或者對於我們自己知覺到，反省到的我們心靈的內部活動的觀察，就是供給我們理智以全部思維的材料。」陳俊輝，1992:118. Kramnick, I.（ed.）1995:185.（本譯文取自仰哲出版社，1984 年出版「英國經驗論哲學資料選輯」）；Tarnas, R. 1991:333-34.

15 Dann, J. 1990:82-89, Thilly, F. 1972:347-65.

16 洛克的思想介於理性主義與經驗主義之間，他的理性是經驗中的理性，並非純理性；他的經驗，也為理性的經驗，並非事實經驗；雖然在「人類理解論」中有專章論理性，但是其作用是在反證天賦觀念或天賦知識的不存在，因此對於洛克理性一詞的解釋，必須經由其所有論述中加以歸納。羅素認為理性包括兩部分：第一，究明什麼是我們確實知道的；第二，調查在實際上宜於接受的主張。洛克舉暹邏

王為例，當歐洲人談及「冰」的時候，他不相信有此物。參 . Russell, B. 1972:607-08.

17 江宜樺 , 2001:53-54. Russell, B. 1972:609

18 Thilly, F. 1972:362-63.

19 笛卡兒在近代哲學發展上的地位是無庸置疑的，哲學史家更稱其為近代哲學思想的啟蒙者。笛卡兒的我思故我在（Ego Cogito, Ego Sum）此一命題確定理性和自我獨立地位，因此有學者稱其學說為反思哲學，發展如笛卡兒的「理性反思」、洛克的「經驗反思」、萊布尼茲的「邏輯反思」、康德的「先驗反思」、費希特的「自我反思」、黑格爾的「絕對思辯反思」。佘碧平 , 2000:4-8.

20 Bullock, A. 2000:97.

21 在文化溯源的過程中，雖然洛克並未論及文化概念，但是他實應是文化概念的真正源頭之一。因為洛克確曾一再強調人類具有吸收消化集體知識的傾向，具有學習、傳布知識（文化）的能力。Jenks, C. 1993:13-14, Thilly, F. 1972:365-66, Dunn, J. 1990:23-24, Parekh, B. 2000:36-39.

22 啟蒙運動是由重疊的三代知識分子組成：第一代為伏爾泰（1694-1778），孟德斯鳩（1689-1755），此代思想深受洛克與牛頓影響；第二代包括休姆（1711-76），盧梭（1712-81），狄德羅（1713-84），逖林堡（1717-83），彼等著迷於以科學律則作為現代進步的主要途徑，以及在行動上反教會；第三代以康德（1727-81），亞當史密斯（1723-90），康多塞（1743-94），林爾弋（1727-81）為主，渠等將啟蒙世界作進一步發展。康德為啟蒙運動之集大成者，其所藉用賀拉斯的詩句：「鼓起勇氣」或「勇於求知」（Sapere Aude/Dare to Know）可作為生動的註腳。由於這些思想家率皆出身於地主、都市新貴或貴族，普遍具有良好的教育學養，這種身分對人性的善良面，對秩序的穩定均深懷信心，亦因此其趨向於將價值觀置於如亞當史密斯所說的「開明的自利」的功利原則基礎上。Bullock, A. 2000:110-111. Hampson, N. 1984:40-46, 48-50, 61-62, 93-85, Hamilton, P.「The Enlightenment and the Birth of Social Science " in Hall, S.（eds.） 1995:26-24,31-33.

23 牛頓哲學影響歐洲產生一種心態，即認為人類本身及其四週上帝所安排均為一種「善意原則」，人若能依此「天意」努力發揮其能力，則可形成在道德意義上的世界秩序。當時歐洲人最熟知。波普（A. Pope）的「人類論」（Essay on Man, 1733）中對於人與自然狀態的觀點最具代表，即認為自然狀態乃上帝的安排，文明的腐敗則來自於人類的墮落。此外，休姆在「人類悟性論」（Enquiry Concerning Human Understanding, 1748）論說人類行為變世化的原則，其有關人類歷史規則化，以及野蠻區分的觀點，均影響當時主流思想。劉世銓 1992:233-36, 246-49, 253-54, Tarnas, R. 1991:269-71, Hampson, N. 1984:95-99, 105-113,

123-24, Windelband, W. 1998:581-83, Hamilton, P. ibid, in Hall, S.（eds.）1995:23-24, 35-37, 42-44.

24 羅靜蘭 1994:321-24, Bullock, A. 2000:138, Jenks, C. 1993:13-14, Windelband, W. 1998:450, Geertz, C. 1973:33-34.

25 維柯特認為人類各民族所有的發展必須經過三個時代：神的時代、英雄時代、人的時代。這三個時代代表人類三個演化階段，「因此我們可以肯定的說，人在禽獸階段只知道自己的好處；到了娶妻生子，那麼他就知道自己家庭的福利了；而到了群居生活，那麼他便知道他所居社團的福利了。最後，各民族國家之間一旦有了交戰，締約與貿易的關係，那麼他就全在自利之外，更兼及人類全體的福利了。」本段引自「新科學」譯文，取自李弘祺，1982:237-38。另關於「社會文化薰陶」參. Jenks, C. 1993:14-15.

26 維柯特的整個思想體系以其「新科學」一書為核心，本書全名為「民族共同性的新科學原理」（Principj d'una Scienza Nuova d'Intorno alla Commune Natura Della Nazioni / Principles of a new Science of the Common Nature of Nations）曾先後於 1725、1730、1744 年出版，1924 年由伊 · 奧爾巴克譯為德文，維柯之命運有如齊克果，至 20 世紀方為世人視為奇才。維柯的思想包括：1. 歷史不同於自然科學，它自有自己的方法；2.「人創造歷史」是指人可以了解歷史過程中人性的改變與發展；3. 語言、法律、風俗、信仰等的改變可以反映出人性的改變；4. 各民族的發展均經歷相同的程式，但各自境遇不同，許多經歷與作為卻都符合「神意」（Providence）所定下的結局。維柯與浪漫主義思想家赫德，以撒 . 柏林認為，雖然赫德在形成自己的歷史理論之前，未曾接觸過維柯的作品，但是兩人在論點上都不謀而合。李弘祺 , 1982:232. Bullock, A. 2000:138, Windelband, W. 1998:283, Ramin, J. 1994:113-114, Nathan, G. 2000:102-103, Hardy, H. 2001:53-67.

27 Windelband, W. 1998:450-51, Hardy, H. 2001:7-8, 59-61.

28 Jenks, C. 1993:13-14, Bullock, A. 2000:138-39.

29 羅靜蘭 , 1994:346.

30 李 弘 祺 , 1982:243-244, Nathan, G. 2000:102-103, Bullock, A. 2000:138-40. Windelband, W. 1998:584-86.

31 17 世紀的德國當其與毗鄰的法、義、英、西、荷、比相對比，實為一相對落後地區，以致事事以法國為模仿對象。1670 年虔教派（Pietism）民族主義反挫運動已然展開，至 1720 年，托馬修司（Thomasias）首先以日爾曼語取代拉丁文在大學授課，此乃民族自信、自負開啟的表徵。赫德、康德、哈曼（Johann George Hamann 1730-88 宗教學者）等普魯士大師即在此一氛圍下成長，反法國文化霸權亦突顯出狂飆運動年輕人，對以法國為主體的啟蒙運動的理性主義的反動，彼

等譴責理性主義將情感的自發性、人的個性、天才的靈感從屬於冰冷的古典主義理性化規則和不自然的趣味，歸其根源即是不願讓自己的國家處於低劣地位。杜美 . 1993:134. Bullock, A. 2000:134. Garden, N. 2000:104-105, Hauser, A. 1990:72, Heer, F. 2003:528, Dumont, L. 2003:105-106.

32 啟蒙運動與浪漫主義之間以相互交疊，這兩種精神並非一前一後的繼承關係，而是同源於文藝復興，是同時存在的兩種不同的文化潮流，但亦並非毫無交集，互為影響的。從啟蒙運動的發展來看，基本上它不是政治運動，而是思想運動，其對像是受過教育的階級，不是群眾，實際除盧梭外，其餘各啟蒙思想家是輕視群眾的，亦因此法國大革命亦非意識形態性質的，對於法國大革命而言，啟蒙運動之所以對其有深遠影響，原因在於：1. 啟蒙運動破除了意識形態的防禦及對舊制度的信心，使當時的貴族、中產階級與教士普遍以懷疑一切宗教的、世俗的權威為風尚；2. 當革命將政權由貴族手中變至第三階級時，這批人士正是啟蒙批判的影響者，隨著對立的加劇，啟蒙運動的詞句、思想成為政治領袖的口號，如公民、社會契約、全意志、人權、自由、平等、博愛等。法國大革命的影響觸動了 18 世紀法國知識分子崇拜激情的傾向，特別是基於同情的激情，彼等會為農民困苦而落淚，但是對如何改善其境遇則不予思考，對於窮人的狀況只存在於想像中；同時也鄙視習俗束縛，這種解放束縛的情緒由服裝而至藝術、愛情再至傳統道德，並開始對 17 世紀牛頓式的靜態宇宙觀，抑制熱情的紳士教育產生厭倦。在 18 世紀 70 年代的德國不甘日爾曼處於劣勢，對法國文化霸權的反動所形成熱衷自由反對理性的狂飆運動的風潮，這股風潮釀成浪漫主義，並蔓延至法、英，尤其與法國知識分子結合，牽動了 19 世紀的兩個反叛：一個是對工業文明的反叛，資本家與勞工均以君主為反對對象；另一個是浪漫主義的反叛，這種反叛一部分是反動的（不同情工業文明），一部分是革命的（民族主義），尤其後者逐漸將民族主義牽入政治，使其成為 19 世紀革命中最有活力的動因。Hell, V. 1990:79-80. Bullock, A. 2000:134-40, Hauser, A. 1990:72-74, 101-104, Nathan, G. 2000:103-105, Russel, A. 1972:675-678, Tarnas, R. 1991:366-67, Hardy, H. 2001:200-201.

33 歷經三十年戰爭和七年戰爭，霍亨索倫王朝所統治的德意志經濟蕭索落後，在政治上是王室與貴族嚴重分裂，王權旁落，貴族壟斷政府大小職位，面對以上政、經亂象，中產階級受害最深，不但喪失他們於 14 世紀所獲取的一切權益，並且更飽受來自王室、貴族的欺凌壓制，被摒棄於一切政治大門之外的中產階級形成一股消極疏離的心態，非理性主義的反專制、反封建、反腐敗和反教權反抗運動於焉雀起，赫德和歌德引發了狂飆運動（Sturm und Drang）。這個運動的本質不是在直接推翻貴族專制統治的政治運動，而是一次具有政治意義的文化運動，這股運動根植於中產階級，由 1770 年代形成以來，十五年內整個文化為中產階級所掌握，其中心漸由耶拿而海德堡而柏林，使德國幾成為「中產階級之都」，

由 1780 到 1820 短短四十年間使德國精神與思想發展出輝煌燦爛的黃金時代。浪漫主義促使新的文藝復興意識的產生以撒·柏林在其「浪漫的根源」（Sources of Romantic Thought）中指出浪漫主義之前，在哲學觀點上均認定：1. 任何一個真實的問題，必定具有確定的答案；2. 所有這些真理均適用於全人類；3. 所有真實問題的正確答案，也必定彼此相容。浪漫主義者如歌德和哈曼認為事實上所有這些律則（或正確的答案）實際上是對真理的阻礙，人是一種富於想像力的動物，他們可以透過勞動和藝術創造自己的本性與個性。「深刻的思想只有經過一個人的深刻感情才能獲得」（柯立芝）由於人的思想與本性並非自始相同，因此真理對於不同人群亦各有差異，為此，人的知識理解能力是有限的，在這層意義上，浪漫主義雖然激發西方的「內在」文化，但當其面對科學所支配的客觀世界，浪漫主義乃必然感受受限於主觀世界，而使其只能作為現代宇宙的一個組成部分，形成中世紀以來所發展的信仰理信：宗教／科學，主體／客體，內在／外在，人類／世界，人文／科學的二元論，並因此重新樹立一個具有雙重真理的宇宙。杜美 1993:134-57, 高宣揚 1991:115-21, Hauser, A. 1990:68-73, 96-97, Windelband, W. 1998:588-89, Ignatieff, M. 2001:322-73, Tarnas, R. 1991:368-70, 375-78, Seigel, L「Problemtizing the Self"in Bonnell, V.（eds.）, 1999:291, Hardy, H. 2001:50-52.

34. 盧梭於「愛彌爾」第一冊中，自然的引用了當時習以為常的「文化」字義，即「以耕作來栽培植物，用教育來培養人類」。文化與培植具相似意含，浪漫主義的發展將文化理念與「塑造教養」（Bildung）接合，因此乃有將康德至黑格爾所謂德國唯心主義時代稱為「教育啟迪的世紀」（Bildungs Zeitalter）。在此處 Bildung 確定比政治地位重要，天下最重要的事不是什麼偉大的政治計畫，而是人類本身，因此 Bildung 不是方法，而是目的，其所體現的是文化理念發展過程中的一個重要環節，即人類知識、倫理及美學方面的教育，因此就浪漫主義而言，Bildung 在文化上的功能是決定群眾教育與其情感，不過 Hell 認為以後教育範疇裡將 Bildung 一字不但做為文化的同義詞，而且更將其納入文化體系，而其重點在強調紀律，於是連帶亦使文化成為陽剛性質。再進一步發展，德文「文化」與「塑造教養」開始分離，「Kultur」被指為「到國外進行文化工作」（Kulturarbeit im Ausland）而「Bildung」則轉為內向的「教育系統」（Bildungs System），泛指國家所有教育機構。參 . Jenks, C. 1993:9-10, Hell, V. 1990:63-77, 108-123, Hauser, A. 1990:74, Bullock, A. 2000:182.

35「天才」是當時日爾曼中產階級解脫宗教與政治束縛的代言人，理想中的「天才」（英雄）集膽識、智慧、正義於一身，他既反專制，也反理性，在當時的日爾曼知識分子與中產階級眼中，所謂「理性」乃是專制王權箝制自由的工具，因此「反理性」情緒反映了對王權與教權的仇恨，而這些仇恨的來源，尤其以宗教迫害最

深，8 世紀以來，日爾曼人一直處於宗教高壓的迫害氣氛之中，Heer 近一步指出這種出於對環境高壓的反抗導致日爾曼民族思想的偏激發展，既表現於狂飆運動，也表現於歌德、席勒、費希特和尼采身上，也浮現於 1933 年青年運動中陶醉於希特勒的代。關於此一論點，以撒．柏林也有類似看法。杜美 . 1997:142-45, Heer, F. 2003:528-29, 540-41, Ignatieff, N. 2001:376-81.

36 1782 年 1 月 13 日《海盜》一劇在曼海姆劇院首次公演，據當年目擊者描繪，劇院幾乎成為瘋人院，觀眾相互擁泣，人人圓睜雙眼，緊握雙手，其氣氛猶如陰霾盡除，曙光在望，此一情境實反映出時人的苦悶與期望的雙重情緒。杜美 1997:155, 羅靜蘭 , 1994:366-67, 裔昭印 , 2000:405.

37 少年維特既反映了專制王權下青年人的憂鬱苦悶，也反映了青年人的憤怒與憎恨，維特的自殺既被看作是憤怒與反抗的表現，也是中產階級在專制王權壓力下的軟弱退讓。歌德對俗世王國的否定是深受虔教派和熱誠派教會的影響，而其對天才的理解，則受狄德羅的法國啟蒙理性和古羅馬古典理性的影響。歌德自稱是「在自然科學和哲學上是個無神論者，在藝術上是個異教徒，而在感情上是個基督徒。」浮士德的寫作則將之連串起來，他代表當時知識分子的多重身分以及永不失敗的信念。杜美 . 1997:152-53, 羅靜蘭 , 1999:366, Heer, F. 2003:566-68, Van Doren, C. 1991:255-57, Bell, D. 1996:158-61.

38 浪漫主義以至日後德國哲學關於「自我」的理解，相當受康德的影響，康德的三大批判集焦點於人，不是超驗的或自然的世界而是人的經驗、人的思考和人的想像的創造力。康德分「自我」（Ego）為經驗自我與先驗自我，前者是形式性的，是一種統一性的功能；後者是以自由與責任的接受為前提，它在於一個與現象不同的領域。在「純粹批判理性」裡，康德將此兩種自我構成後天與先天（經驗與先驗）的兩種認識，現像是憑人的感覺經驗取得的，是感性認識，但屬於「物自體」（Ding an Sich, das）則非感性的知可以認識，因為吾人認識事物時，就會與該事物發生相互作用，個人主觀的經驗知覺乃成為判斷的依據，當然客觀的事物那不能存在，在此如同每個人對自己的世界皆有理解，但是卻只是各自的有限經驗，事實上真實的世界不是可以經驗的。藉由「實踐理性批判」康德提出了可知與不可知的見解，對於可知的，有賴人的思考與才智去作深入認識（有如對科學世界的理解），對於不可知的則依賴信仰，這是一種「絕對律令」（Categorical Imperative），也是直覺的信念與意義，是來自人對自己義務的承擔，當人作為自己行為的主人之際人是自由的，並且唯有真正的自由與自主時，才有道德性，而且也才真正成為人。康德對於「自我」的論述，使浪漫主義者理解，自我不是依賴於文化的經驗被給予，而是一種意識，即我意識到我自身，因此這個自我意識到的自我就是存在著。楊祖陶 , 2001:54-55, 168, 174-175, 188, 嚴春友 , 2001:389-92, 409-14, 杜美 , 1993:127-28, Bullock, A. 2000:141-43, Mead, G. H. 2003:80-83,

96-101, Russell, V. 1972:706-11, Tarnas, 1991:342-51, Hardy, H. 2001:301-31.

39 歐洲浪漫主義往兩個方向衍展，一條是對法國大革命失望之情引來的 18 世紀懷古風，以重回中世紀田園生活為寄託；一條是流行於 19 世紀強烈批判工業革命以來的資本主義，寄情於重新改造社會的社會革命。羅素認為既使沒有德國的浪漫主義在英、法尤其是英國仍會流行，推其思想上的因素，盧梭的影響應為主因，因為盧梭所推崇的「心的語言」，單純自發勝於複雜做作，愛自然和信任自然，對城市生活的反感等都深具浪漫主義那種所謂「感覺方式」的性格。羅素指出浪漫主義將其對教會的反叛帶入道德領域，由於鼓勵新而無法律約束的自我，當面臨選擇的困境時（無政府或專制統治）此種自我主義（Egoism）先是期望來自他人的關愛，當企求無所得時，乃轉為仇恨與暴亂。對於此一發展 Heer 與 Tarnas 皆有更深入的分析，尤其是關於德國底層社會形成為納粹的發展方面更是精采。裔昭印 . 2000:208, Heer, F. 2003:577-84, Russell, B. 1972:679-84, Tarnas, R. 1991:388-90.

40 路德可能沒想到二百年後的發展，當時他只以羅馬教會為對敵，藉用日爾曼語來作差異區隔，而且歷史的發展路德派成為國教，不但把俗世事務劃歸國家管轄，而且將教會靈性活動以外的活動亦交由國家監控，不過路德派對底層民眾影響是不容忽視的，或許因著這股底層的力量，尤其多虧 1648 年西法利亞和約以及路德派與羅馬教會無分勝負的僵持局面，乃使這股以底層力量為骨幹的日爾曼精神維持下來。杜美 . 1993:79-86, Heer, F. 2003:285, 527-29.

41 杜美 , 1993:114-124, Heer, F. 2003:528-32, 536-37, 541-43.

42 Bullock, A. 2000:138-39, Ignatieff, M. 2001:373-74, Appleby, J. 1996:59-60, Eagleton, T. 2004:12-13, Parekh, 2000:71-72.

43 直到赫德那個時代，由於統治者基於對政治與宗教雙重控制的需要，對於日爾曼語不但鄙視而且禁止使用，然而「德文」是所有日爾曼人的文化紐帶，它是一種自然語言，不但是族群身分認同的標誌，也是血緣承認的符號，有如民族意識，它是潛伏地下趁勢待發的，只待有人深深一掘。杜美 . 1993:149-151, 陳振昌 , 2001:94-95, McClelland, J. S. 2003:678, 683-88, Heer, F. 2003:544-46, 555-57.

44 浪漫主義留給後世一個政治認同的暴政，即非常重視自己民族的身分，強調區隔差異。此外由於以底層的大眾作為對象，19 世紀以來浪漫派和理想派那些俚俗，激烈的思想滲入群眾，轉化為政治信仰，一種大眾意識形態，並且導為民粹化發展，其對 20 世紀政治非理性主義的影響，就是將領袖人物美化為「藝術巨匠」，以及將暴力浪漫化，在此情境之下，人類乃被分為兩類群體—「人類」和「低等人類」。以撒‧柏林更認為希特勒與史達林是這種思想的禍源。Ignatieff, M. 2001:376-78, Heer, F. 2005:557-84, Anderson, B. 1999:95-96, Appleby, J. 1996:59-60.

45 19 世紀，英、法對於「文化」與「文明」二字經常交互使用，德國則將法文的 Zivilization 引來借用，並與其原有的 Kultur 作明顯區隔。以 Kultur 代表知識、藝術及個人完美精緻的精神層面範疇，而 Zivilization 則指一般禮貌、儀態方面的一種社交用語。若借用康德式的概念，則前者為「價值」，後者為「事實」。赫德復將文化複數化，形成為具有區隔意義的術語，原本用意在強調文化的多元性，並以此反對將歐洲（法國）中心主義的文化當做普世文明，由 19 世紀以來，文化乃被視為有機體，不幸的是這個「有機體」卻被轉為對立的工具，納粹的種族優越論為期極至。Jenks, C. 1993:9-11, Bullock, A. 2000:140, Eagleton, T. 2004:12-14, Thompson, J. B. 1990:124-27, Bocock, R. Ibid. in Hall, S.（edc.）1995:152, Smith, P. 2001:2.

46 14 到 15 世紀對非西方世界的了解多來自商旅，傳教士或航海探險的片斷紀錄，由於未受專業訓練，因此多為片段臆測或所記不實。由 16 世紀起歐洲各國的「海外研究」重點在記錄可供掠奪的財富和對象，雖然如此，但是卻為日後的人類學研究，在思想上擺脫宗教的桎梏，走向系統化並為進化觀念奠下基礎。戴裔煊 . 2001:21-25, Wolf, W. 1982:1-23, Ashcroft, B. 1995:358-69, Hall, S."The west and the Rest：Discourse and Power" in Hall, S.（eds.）1995:220.

47 1804 年拉馬克（Jean Baptiste Antione Pierre Monet de Lamarck）發表「動物學的哲學」（Philosophie Zoologique），以生活環境變遷及器官的使用等影響決定物種變化的「物種變化論」推翻物種固定觀念，其後普利查德（James C. Prichard）、沃雷斯（A. R. Wallace）、勞倫斯（Sir. W. Lowerence）、查姆柏茲（R. Chambers）、斯賓賽（H. Spencer）等學者均為文跟進，支持進化論觀點，凡此皆為突破所謂「教父民族學」的聖斷支配地位。戴裔煊 . 2001:25-41, Tarnas, R. 1991:310-18.

48 類此觀念的發展，「文化」逐漸有機化、機械化，並且具有部落性質，文化甚至成為描繪野蠻或者原始文化的生活方式，經由此一逆轉，似乎野蠻人方有文化，而文明人反而沒有，若要有也是屬於次一級的類如工人文化、辦公室文化、黑手黨文化、家庭文化等這類概念，這其中實際上亦是西方傳統思維即邏格斯中心主義（Logocentrism）下二元對立命題的反映。Eagleton, T. 2002:13-30, Geertz, C. 1973:51-52, Hall, S. Ibid, in Hall, S. 1995:217-19, Jenks, C. 1993:l34-35, Morgon, L.H. 2000:3-15, Kant, I. 2002:248-63.

49 Thompson 將此一特點理解為文化的描繪性概念（Descriptive Conception of Culture）。Thompson, J. B. 1990:127-29.

50 在概念上將人類領域視為集合名詞，將人類本體（Ontology）與自然範疇區隔，動物屬於自然界與自然一體，人類則透過象徵語詞經驗自然，經由語言延生其他方式如風俗、社會習慣、技藝等構成人類的知覺象徵，並以此人類將其世界轉換

為一連串的象徵式再現（Symbolic Representation），這種種象徵形式均有被再詮釋與形塑的可能。Gross, F. 2003:125-27, Barker, C. 2001:121-23.

51　18 世紀以來由於啟蒙運動的影響，關於人類進步或進化的觀念已普遍根植於認知之中，達爾文的貢獻是將進化論用在特定的研究領域—生物學，並且其學說一出後不但成為唯一物種演化的解釋，並且亦幾乎被認定為可以放諸一切類似皆準的唯一工具，例如對於法國大革命失望之情所轉到政治現象的解釋上，即形成「進化」是自然，而「革命」是非自然的論點，其言外之意即是進步非一蹴可成，必須審慎的追求進步。這一調性固然頗為符合維多利亞時代的味口，亦不為自由主義、保守主義所排斥。至於赫胥黎為進化論的狂熱支持者，不過有趣的是 1887 年其確曾以文嚴厲批評早在達爾文以前「創造自然史的遺跡」（Vestiges of The Natural History of Creation）提出進化論的查姆柏茲，指責該著作是「不可思議的蒙昧及徹底非科學的性質。」不過最後他還是表示有錯並致歉。戴裔煊 . 2001:35, 45, 59-60, 王銘銘 , 1998:23-24, McClelland, J. S. 2003:529-30, Dickens, P. 2005:10-27.

52　除史賓賽屬社會學範疇，其餘均歸為人類學界，一般並將彼等列為「進化論派」。進化論與人類學的結合雖然其最早所關注的是人類社會起源，但是由於發展背景上是與歐洲資本主義體系的海外拓展緊密依託，因此乃產生一套關於人類目的與命運的新神話，這種神話在某方面是為殖民主義政策建立一套合理的基礎，並且克服自然等等優勝劣敗的觀念亦形成進化論派人類學理解世界的基礎。王銘銘 , 1998:24, Jenks, C. 1993:30-32.

53　戴 裔 煊 , 2001:36-37, McClelland, J. S. 2003:533-44, Turner, J. H. 2001:83-85, Hardy, H. 2001:136-37, Turner, B. S. 1991:25-27.

54　一般以此依定義為人類學對文化或文明的最早定義，此說：1. 說明知識、信仰等元素具有相互關係；2. 肯定任何社會個體成員均具有學習能力；3. 各社會可以不同的時空條件予以區分。Taylor, E. B. 1958:1-2, Thompson, J. B. 1990:128

55　戴裔煊 , 2001:128-47, Jenks, C. 1993:32-34, Thompson, J. B. 1990:126-29

56　Morgon, L. H. 2000:3-12, 29-31

57　戴裔煊 , 2001:124-127, 王銘銘 , 1998:25-26, Jenks, C. 1993:32-33, Morgon, L. H. 2000:15, 35-36

58　「模擬巫術」是根據「相似」的聯想而建立，其所犯的錯誤是將彼此相似之物視為同一物件。「接觸巫術」是根據「接觸」的聯想而建立，其錯誤是將凡接觸過的物，必然會一直保持接觸。在實踐中兩種巫術常結合一起進行。此巫術的嚴重缺點在於它以完全錯誤的認識來作為控制程式的特殊規律，在時空中以錯誤的相似聯想形成「模擬巫術」；以錯誤的接觸聯想形成「接觸巫術」，但是由於這種「聯想」具有原科學（proto-scientific）的知識論性質，因此他是人類最基本的思維活

動，即與科學一樣都相信一種內在規律的存在，因此「如果巫術能真實並卓有成效，那他就不再是巫術而是科學了。」另外弗萊哲的「模擬接觸」的區分，影響日後李維史陀結構主義「隱喻 - 換喻」的區分，兩者皆認為此類區分對原始思維的理解與分析至為重要。高宣揚 , 1983:9, 21. Frazer, J. G. 1991:21-23, 76-77, 1019-1022, Jenks, C. 1993:34

59　弗萊哲以黑線（巫術）、紅線（宗教）、白線（科學）代表人類不同進化階段的特徵，此三色線併綴成人類演化的歷史。幾個世紀以來人類如此編織、著色，不斷的改變思想的顏色，緩慢進步。Frazer, J. G. 1991:65-69, 1022

60　此部分之觀念主要引自 Johannes Fabian。另 H・Lefebvre 亦將時間、空間關係分成三階段：第一階段人類依賴自然生存，時間與空間結合；第二階段，由史前時代社會產生開始，空間開始高出於原有的自然內容，時間與空間雖然斷裂，不過卻受空間所累積的慣行所影響；第三階段，即近代世界，時間或空間重新結合，在資本主義體系下，新的社會關係形成商品世界、全球市場、全球空間，並占據所有空間。Fabian, J. 1983:26-27, Lefebvre, H. 2002:120-127.

61　林惠祥 , 1968:62-65. 陳慶德 , 2001:50, 55, Jenks, C. 1993:34-35.

62　此處所述第一個侷限是以生物學的類型學為基礎；第二階段是強調「文明」與「野蠻」或「高等」與「低等」等二律背反（Paradox）邏輯，使以時間或歷史的序列來作空間想像或重繪，於是乃有所謂「東方」的發明或發現，並成為西方殖民主義自我言明的基礎；第三個侷限既發生於馬克思主義的唯物史觀建構，亦出現於藉助「家族制度」、「一夫一妻制度」以反制唯物史觀並為資本主義制度辯護的論述之中。事實上不同立場的二派都落入以單一價值作普遍價值，以單一階段立場作為文化總像的泥淖。參 . 林惠祥 , 1968:56-71, 王銘銘 , 1998:39-40, 戴裔煊 , 2001:328, 蔡俊生 , 2003:44, Steward, J. H. 1984:18-19, Malinowski, B. 2002:12-13,.

63　王銘銘 , 1998:29-40, 蔡俊生 , 2003:45-78, Steward, J. H. 1984:16, 20-21, 35, Geertz, C. 2002:12-13.

64　Mills, C. W. 1995:207-224.

65　在此地所謂「有機」所隱含的是生物學而非物理學的隱喻，即生命有機體是由每一個互異的結構所組成，所隱含的意義是指彼此的運作是互補的，是互相協調的。據此，塗爾幹認為社會不是個體的簡單統合，而是彼此結合的一種體系，此一體系是具有自身特徵的一種特殊現實，因此社會學研究的對象應是「社會現象」。蔡俊生 , 2003:52, Dodd, N. 2003:20, Giddens, A. 1971:65-66, 73, 79. Cuff, E. C. 1998:70-71, Tucker, Jr. 2002:124-25, Aron, R. 1970:17.

66　Aron, R.1970:11-13. Tucker, Jr. 2002:140-41, 122-24.

67　塗爾幹認為「社會現象」外在於個人意識，換言之，個人意識狀態與集體心靈所結合構成的集體意識狀態，基本上並不相同。社會雖由個人組合而成，但此種結

合中所產生的現象即不再與個人現象相同。另外，一個「事物」的最要特質是它不能因意志的運用而有所變化，如果不分清此一特質，則只會是一些模糊的概念和混淆的觀念，以及偏見與情緒的混合體。李建立, 2000:35-36, Giddens, A. 1971:89-90.

68 「社會學研究方法論」（1895）在塗爾幹社會學思想與方法的奠定上占有相當關鍵的位置，其社會學中心概念即建立在社會唯實論上，即認為社會不能微縮至個人的，因為社會的實際存在是基於團體而非個人。對於此種集體性的申論，又可在其「自殺論」（1897）與「分工論」（1893）取得實證基礎，對於 Constraint 的範疇，Aron 認為塗爾幹在此有兩個岐義：1. 意義太模糊、廣泛，事實上，日常生活中的服裝、信仰等並不如塗爾幹所說般的強；2. 將外在性與本質混淆。因此 Aron 認為應作廣義解釋為宜。李建立, 2000:34-36, Giddens, A. 1971:86-87, Cuff, F. C. 1998:65, Aron, R. 1970:17-18, 71-72.

69 Cuff, E. C. 1998:66-67.

70 塗爾幹認為「個人」（社會成員）對現代社會均有一種「解放性的依賴」（Liberating Dependence），亦即根據有機運作的現代社會，社會透過一系列的道德義務形成個人對特定規範與價值正當性的認知，社會做為一種「道德迫力」乃是一種善意的迫力，換言之，社會提供條件，供個人自由選擇，而其所選擇的道德義務是客觀的，個人的體驗則是主觀的，這些主觀的認知是經由教育而獲得的。此一論述是以「雙重人」為基礎概念。Durkheim, E. 2002:161-63, Dodd, N. 2003:16-17, Tucker, Jr. 2002:124, 133-35, Ritzer, G. 2004:188-191.

71 關於第一組謬誤，塗爾幹認為對於社會分析固然應重視經濟因素，但是社會分化下的分工是現代社會的特徵，因此任何社會經濟活動的本質均具有文化和社會面向，塗爾幹舉對經濟進步概念的理解為例，指出若忽略其中的道德因素，將不可能理解經濟發展的概念。經濟與道德是不可分的兩個因素，也是社會行動的結果。至於第二組謬誤，塗爾幹於「社會研究方法論」中指出：社會是一個事實、是一個事物，而對社會事實的解釋必須根據別的社會事實來解釋，即社會事實決定原因，只能求諸先存在的社會事實，而非個人的意識狀態之中。社會現象的原因，必須從社會環境中去尋找，即從社會內部去進行，相反的如果認為社會是由個人現象產生出來的學說，則恰是由社會外部去說明社會現象的原因，諸如孔德、史賓塞、穆勒等以個人的動機為解釋的基礎，事實上是陷入目的論的困境。李建立, 2000:40-41, Durkheim, E. 2000:55-62, 67-70, Giddens, A. 1971:89-91, Dodd, N. 2003:24-25, Turner, J. 2000:12, Aron, R. 1970:70-72, Tucker, Jr. 2002:135.

72 楊祖陶, 2001:55, 嚴春友, 2001:389-92,Russell, B. 1972:708-09, 712-13, Kant, I, 1982:50-58, Tucker, Jr. 2002:122.

73 李建立, 2000:48-49, Giddens, A. 1971:113-114, Cuff, E. 1998:67-68, Tucker, Jr.

2002:141-143.

74 學界如 L.A.White 即認為塗爾幹由於缺少專門術語以區別社會與文化，事實上其所討論「集體意識」等概念即屬文化範疇。蔡俊生, 2003:52-53, Billington, R. 1991:4, Wuthnow, R. 1984:3-4, Tucker, Jr. 2002:146, Boyne, R." Structuralism" in Turner, B.S.（ed.）2000:162.

75 R. Boyne 於 B. S. Turner 所編之書中之「Structuralism」之中稱英國功能學派人類學為「結構人類學」（Structural Anthropology），以其承自塗爾幹。結構主義理論在社會學中的發展則始自史賓賽與塗爾幹，並且塗爾幹之 Social Fact 從英式的意義上而言，即是一種「結構」。王銘銘, 1998:31-32, Boyne, R. Ibid. in Turner, B. S.（ed.）2000:160-64, Marcus, G. E. 2004:26.

76 Malinowski, B. 2002:18-19, 26-27.

77 王銘銘, 1998:36-37, Malinowski, B. 2002:99-104.

78 論者謂以較嚴苛的條件來說，馬林諾斯基並非結構主義者，其所關心的是如何藉田野調查更具體的理解說明社會實踐，因此其較傾向於功能主義的思維途徑，而芮克里夫－布朗則廣泛承接塗爾幹社會有機整體、社會生活是結構發揮功能的過程的邏輯思維。C. Jenks 更進一步指出，亦由於芮克里夫－布朗在方法論上的過分堅持傾向塗爾幹的有機類比概念，致使時人塗爾幹作狹隘性的詮釋。蔡俊生 2003.60 Boyne, R. Ibid. in Turner, B.S.（ed.）2000:164. Jenks. C. 2005:39-40

79 Applebaum, H. 1987:32, Kuper,A.1973:70-71, Kuper, A. 1996:52

80 蔡俊生, 2003:60-63 Boyne, R. Ibid. in Turner, B.S. （ed.）2000:164-65, Clifford, J. 1996:31-32, Jenks, C1993:39-40

81 功能論結構功能論有組前提假設：1. 視人類社會為一種生物的有機體，不過動物所表現的只是「社會現象」，而人類則為「文化現象」，此一文化現象是社會結構的一個特徵，換言之，是「結構」生成文化；2. 既然結構生成文化，因此各不同結構自有不同文化型態；3.同時文化是一個整合的統一體，是一個「社會的遺產」或「歷史殘跡」表顯出來的是穩定合諧的特性。於以上的前提假設乃使功能論在方法上必須依賴停滯，強調系統的平衡、內部的穩定以及結構的永恆性，其結果乃過份偏向「共時性」（Synchronicity）而疏忽「歷時性」（Diachronicity）概念，以致落入人類進步並不存在的極端立場。此種原來以進化論的線性思維為挑戰對象的論述，最後似乃陷入線性思維的泥沼中或乃始料未及。因此之故 Geertz 等一則指出功能論以綜合性的社會結構概括一切，以致失諸粗糙，以致無法妥善解釋文化與社會變遷根本癥結；一則希望藉由區別文化與社會體系的途徑以尋得更適切的解釋。陳慶德,2001:56-62, 王銘銘, 1998:38 Edles,L.O.2002:94-95, Geertz, C. 1973:143-146,

82 Edles, L.D. 2002:4-5,18-19, Geertz, C. 1973:142-147

83 關於此一論點主要因 Berezin 提出，Edles 因之。在詞義上，Interpret 是指就已經存在或已知的知識，再作深入說明；Explain 則是就不明瞭之事物作解釋。於文化及社會學研究方法上，Interpretation 是一種深度描繪法（Thick Descriptions）例如在人類學中的社會論述流（The Flow Of Social Discourse）先就一般日常生活習性、規範疇等細小事物作闡明，最後發展為廣泛的解釋和抽象分析，因此亦有以描繪研究法名之。Explanatory 則就不同的現象、情況或樣態作更清晰的解釋與辯明，此種研究方法途徑亦可進一步發展為「可行性研究」（Feasibility Study）與「領航研究」（Pilot Study）。Edles, L.R. 2002:12-13 Berezin, B.1994:91-116, Murdock, G.″ Thin Descriptions: Questions of Method in Cultural Analysis ″ in McGuigan, J. 1997:188-91, Geertz, C. 1973:20-22, Kumar, R. 2005:10-11, Giddens, A. 2003:235-42, Babbie, E. 2005:420-422.

84 塗爾幹於其「社會研究方法論」中強調：社會學是一種科學，而此門科學只是在認識到，將社會事實作為實在物來研究時才能誕生。於社會學的分類上有學者將塗爾幹歸為「社會學主義」（Sociologism）蘇國勛。2005:6-11, Aron,R. 1970:224-28, Giddens, A. 1971:133 Turner, J.H. 2001:11-12

85 「掙扎」（Floundering/Scheitern）一詞係借用雅斯培（K. Jaspers）對韋伯追求知識的形容，認為韋伯的學術著作大多停留在片段而不完整，並非其研究不力，而是他認為真理即如此，因此乃不免在各門知識中交相錯雜，處「掙紮」不已。Jasper, K. 1992:89-91.

86 新康德學派起於 19 世紀末的德國, 以復歸康德（Zurück zu Kant）為訴求顧名思義乃以重新詮釋康德為期學派要旨。本學派分為「馬堡學派」（Marburger Schule）與「海德堡學派」（又稱西南學派）（Heidelberger Schule）兩大派。前者主要人士有那多普（Natorp）科恩（Cohen）及凱西爾（Cassirer）以復歸康德知識論哲學和排除思辯性問題為主；後者以李克特（H. Rickert）與文德爾班（W.Windelband）為主，關注如何去發現康德的批判哲學所尋求解答的道德層面的根本問題。韋伯深受李克特及文德爾班的影響。李克特主張人類在認識外在世界時，常會發現概念與外在現實之間存在著一個難以接合的鴻溝。這個外在現實的鴻溝是一個非理性的斷層，之所以稱其為非理性乃因外在現實的多變性與不可掌握的混亂性質，如何解決？則有賴人類藉助本身的理性通過 Reshap/ Remodel 途徑予以「改造」（Umbilden）概念，改造現實，目的在藉助一個劃定的界線通過認識以簡化，把現實改造成同質的不連續體的特性，此即形成自然科學的基本特質。另外亦可改造為異質的連續體，即把握現實之中時間連續的特色，在認識上將之區隔，以形成時間與時間上的差異，此即「歷史」，由於這種雖然連續但卻每一個時間點都不同的特性，乃形成歷史文化科學的基本特質。李克特據以將現實或知識劃分為自然科學與文化科學。文德爾班則劃分為自然科

使用的普遍規律法則（General Laws/Nomothetic）和文化科學的特殊表意行動分析（Idiosyncratic Actions/Ideogrphic），此乃意味自然科學與文化科學之間存在差異，彼此之間互不相干，尤其屬於表意的行動分析的文化領域，吾人只能獲得表象或現象形式，無法接受任何本質或本體形式。顧忠華 1994:190-195, Kroner, R,J.2004:44-45,Lichtblau, K.2004:154-55, Giddens, A.1971:133-38,Ritzer, G.2004:198-99, Jenks, C.1993:44-47, Aron, R. 1970:249-50

87 顧忠華，1994:194, Jenks, C.1995:47, Giddens, A 1971:138,

88 楊祖陶 2001:55-59. Kant, I.1982:50-58

89 Kroner 認為此種自然與道德之間的對比，可理解為最高對比，康德哲學最後相信此些分立領域之間存在統一性，此統一性則來自人類自身的奮鬥，因為人類是自然領域與道德領域兩個相對立世界得以接觸的樞紐點，透過道德理性的力量，人類可以為自己及其行為建立一種價值，而此價值又以超越一切時空並接觸永恆，是此，就一種自然從屬於道德目的下的統一性而言，康德乃是一個一元論者。康德於此將人彰舉，並其彰舉的人並非一個認知的主體，而是一個道德實踐主體，而且此一道德實踐的自我應非孤立的獨我（Solus Ipse），而是一個當下原始地，同時肯定他人與自己一樣具有相同尊嚴的 Person。 Kroner, R. J. 2004:69-95.

90 Jenks, C. 1993:45.

91 顧忠華 , 1994:195, Lichtblau, K. 謝寧譯「作為文化學的社會學」見「人文新視野」第二輯 2004:155, Giddens, A. 1971:133.

92 Weber, M. 2005:20-25, Weber, M. 1949:80, Giddens, A. 1971:138-141.

93 Weber, M. 2005:5-7.

94 Weber, M. 1949:187, Giddens, A. 1971:139-40.

95 韋伯以理解（Verstehen）一詞乃源自雅斯培的「普通心理病學」、李克特的「自然科學概念建構的界限」以及齊美爾的「歷史哲學之問題」各著作中之觀念。韋伯認為人類的行為在某種意義上是可以直接理解的，因為人類具有意識，因此其行為具有一種內在的可理解性，因此社會行為亦具有一種可以理解的結構，所以「理解」應類似於「詮釋」（Hermeneutics），即作為一種「詮釋性的工具」去理解社會的角色互動乃至整個人類歷史。Weber, M. 2005:10-15, Aron, R. 1970:225-27, Ritzer, G. 2004:201.

96 Weber, M. 2005:3, 25.

97 Wertfreiheit 直譯為價值自由或免於價值的判斷，韋伯認為社會學家有時會避免不了將自己的價值觀置入其研究內容之中，未免於此種謬誤，社會學家應以 Wertfreiheit 的態度躲開或不介入價值觀的評斷之中。翟本瑞 , 1989:10, Callinicos, A. 2004:204.

98 韋伯所指的理性的研究方法包括以系統分明的概念進行經驗性資料的歸類，資

料的運用必須符合證據原則，以及只作邏輯性推論而不作價值判斷。Weber, M. 1949:143.

99 Weber, M. 2005:2, 9-11.

100 雅斯培指「理念型」就韋伯而言是協助吾人了解現實的認知技術工具（Perceptive-Technical Means），理念型名詞係韋伯借用憲法學者 Jellinek。顧忠華認為在會通「理解」與「解釋」的考量中，韋伯偏好的理念型方法扮演了一個重要角色。理念型是一種概念工具，是由紛雜的現實中抽離出某些特徵，整理為邏輯一致性的「思想秩序」，並作為衡量現實的尺度。理念型亦與一般意義下的理論「假設」不同，其屬於更基本的「概念建構」層次。理念型得否發揮作用，不僅取決於其本身的「意義妥當性」（理解），更須配合其「因果妥當性」（解釋），據此，韋伯「社會行動理論」的最終目的，即在於提供一系列有清楚定義的理念型概念，使社會科學（或廣義的文化科學）創造新的理念型概念以滿足作為測度、分析的需求。顧忠華 , 1994:204, Jasper, K. 1992:61, Weber, M. 2004:10-11.

101 目的理性（Zweckrational / Instrumentally Rational）和價值理性（Wertrational / Value-Rational）在韋伯理論中占有核心位置，前者其行動是朝向多元目標，是一種經過理性計算的目的（Ends）的「條件」或「手段」。學界於評介法蘭克福學派之論述時，習慣將「目的理性」以「工具理性」之詞用的原因或源自霍克海默「工具理性」批判（Kritik der Instrumentellen Vernunft）一書，顧忠華以仍宜以「目的理性」為譯詞較佳，因為「工具理性」偏重手段選擇，只呈現了「目的理性」較化約的一個面向，而「目的理性」則包含了兩個層面的關係，即目的設定的合宜程度，以及目的和手段之間的聯繫。後者「價值理性」其行動者由有意識的信念所決定，只在乎某些倫理、審美觀、宗教信仰或其他行為形式本身所具有之價值，而不在乎行動能否成功。至於「情感式」（Affektuell/Affectual），尤其是「情緒式」（Emotional）是通過當下情感和感覺狀態所決定的行動。「傳統式」（Traditional）是經由根深蒂固的習慣下所決定的行動。韋伯所用的「情感式」和「傳統式」概念源自德國心理分析，而此一來諸德國心理分析的概念也影響英美心理學派。Kalberg 認為此四類行動是審視社會文化理性化過程的啟發工具。Weber, M. 2005:31-35, Callinicos, A. 2004:222-223, Kalberg, S." Max Weber' S Types of Rationality: Cornerstones for the Analysis of Ratonalization Process in History" in American Journal of Sociology, 85. 1980:1172.

102 Hekman 進一步以四種理念型來充實以上論述，分別是歷史的理念型（Historical Ideal Types），一般社會學的理念型（General Sociological Ideal Types），行動理念型（Action Ideal Types）及結構理念型（Structural Ideal Types）, Weber, M.1968:13, Ritzer,G. 2004:204-206 Inglis, D.2003:29, Hekman, S. 1983:38-59.

103 Weber, M. 2005:16-23, 30, Weber, M. 1968:VOL. I:13, Bendix, R. 1998:504-506.

104 韋伯以「社會行動」作為最基本的分析單位，在此地既強調社會行動中的個人性，也強調其社會性，此一概念雖相似於塗爾幹和齊美爾的集體意識或他人導向概念，但是韋伯一則認為社會學研究不應走向形而上的抽象思考，再則，個人在社會行動中也有個人向度，即允許人們不考慮人際關係（即特殊性），因此乃以「有意義的行動」來圓融一切行動都是個人面向與社會面向的統一。人類行為在這兩個面向上在現實上是相聯的，而在分析時則又可以分開，針對此，Geertz 做進一步的闡釋，認為人類是懸於自身意義網狀的動物，試將文化視為網絡（Webs）則對其分析並不是經驗科學法則式的，而是一種對意義的闡釋。Weber, M. 2005:35-37, Weber, M. 1947:88. Geertz, C. 1973:5.

105 Weber, M. 2005:38-41, 45-48, Weber, M. 1968:VOL, I：341. Aron, R. 1970:275-277, Giddens, A. 1971:153-54, Dobbin, F.R." Cultural Models of Organization: the Social Construction of Rational Organizing Principles" in Crane, D.（ed.）1994:117-118

106 高承恕 , 1992:3-4, 18-19. Weber, M. 2002:10-31

107 Bendix, R. 1998:504:506.

108 韋伯的「新教倫理與資本主義精神」即在藉歷史的特殊性闡述來為「何以在西方文明中，而且只有在西方文明，出現了一個其發展具有世界意義價值的文化現象？」尋覓答案及獲得驗證。此外他也強調歷史個體是相互關聯的各因素的複合體，它是由文化意義的觀點出發，將各因素組合為一個概念整體，而此一歷史概念並無公式以進行定義，而必須由歷史現實中取出個別部分逐漸組合而成。Weber, M. 2002:10, 25-31（導論），17-18.

109 Jasper, K. 1992:62-64, Ritzer, G. 2004:201-202.

110 Weber, M. 2005:7-10, 25-25, Aron, R. 1970:219-278, Jasper, K. 1992:174-178.

111 Weber, M. 1993, 16-17（帕深思導言），Giddens, A. 1971:141-43, 147-48, Jasper, K. 1992:61.

112 德文 Herrschaft 具有 Domination 與 Authority 含意，雖然在英譯上爭議頗多，不過一般較以 Authority 用之。另外，Charisma 語出希臘文，意為「恩寵賜禮」為早期基督教經典引用此詞，難以一詞窮盡全意，乃多採音譯。韋伯認為卡裡斯瑪型、傳統型和法理型的結合，混合適應或修正，形構成歷史上所有政治形勢。其中對於卡裡斯瑪型和傳統型兩種「理念型」是「理解」現代西方法理型統治的參照物。對於各種類型的理解是由統治制度的正當性、制度運作的組織機構與權力鬥爭的經常性三方面切入，在分析步驟上，韋伯對於卡裡斯瑪型及傳統型是分三步進行：1. 對各有關資料做比較研究；2. 形成概念；3. 審視有關正當性和組織的重要變化過程。而至於法理性則散見於其有關法律社會學、法律制度組織的比較研究。另於權力現象，韋伯亦作三重區分，即 1. 以利益整合為基礎的權力；

2. 以既定權威為基礎的權力；3. 以領導能力為基礎的權力。經由此三重區分，將三組權威及支配類型做概念上的區別，其中卡裡斯瑪型與傳統型雖皆屬個人統治，但前者是植基於使命的揭示，是危機與狂熱的產物，與集體亢奮（Collective Excitement）有關，韋伯的宗教社會分析與此方面的分析密切關聯；後者為家父長權威，傳統神聖不可侵犯與承傳是其權威來源。其權威是建立在社會動盪和社會變遷的背景下，而非來諸經濟上的考量，復加其領導人往往及一代而終，因此易於經由常規化而為科層式（官僚體系）支配取代。關於理性化、合理化與除魅諸概念則可藉對此一類型之分析而獲得更清晰的理解。傳統型在歷史上屬小規模和前工業社會外主要支配類型。法理型則強調依法律程式、效率為基石，除魅（Disenchantment）則生於此階段。Weber, M. 1968:9, 217-45, Weber, M. 2005:31-47. Smith, P. 2001:16-17. Bendix, R. 1998:Ch.10-12.

113 韋伯於「新教理論」中認為世界文化歷史上，既使僅由純經濟來看，也終究不是資本主義活動本身的發展，中產階級作為一個階級先於形式獨特的資本主義發展而存在，也僅限於西半球，另於「社會科學方法論」中指出過去觀念以為所有文化現象皆可視為「物質」的雖不否定對經濟條件與類別的參證在對社會與文化現象的分析上具有作用，但終究不能做教條式的運用。Weber, M. 2002:23-31.（導論），17-28, 174-178. Weber, M. 1993:48-50, 94-95, 155-156, Weber, M. 1949:166. Smith, P. 2001:54, Collinicos, A. 2004:223-224, Bendix, R. 1998:413-14, Edles, L. D. 2002:36-38. Barrelmeyer, U. 謝寧譯「馬克思韋伯的方法論與當代文化社會學接軌嗎？」，見「人文新視野」第二輯，2004:171-180.

114 Bauman, Z. 2000:28-29,91,93-94, Jenks, C. 1993:54-56, Barrelmeyer, U. 2004:171-182

115 胡賽爾的意向性理論，互為主體和生活世界觀念構成舒茲社會現象學的理論基礎。舒茲指出由於胡賽爾對於一些名詞的不當使用，例如本質直觀（Wesensschau），因而使人產生現象學屬哲學的誤認。實則現象學—如其他科學一樣是一種方法，是一種以嚴謹方式說明生活世界意義的文化科學，而韋伯在其「詮釋社會學」中已卓有貢獻，並且其理念型理論與理念型模式形成的法則均已構成科學特徵，不過此些方法似應以現象學的研究作為補強，以使充分理解。舒茲復認為韋伯有待進一步充實內容的方向有五個重點：1. 社會行動概念不僅只觸及行動者與他人的關係，而應考慮互動關係所產生的複雜影響；2. 應區別主、客觀意識；3. 宜以「生活世界」與「想像世界」間的區別取代「直接觀察的理解」與「解釋性理解／動機性理解」之間的區別；4.應以「目的動機」和「原因動機」來充實韋伯的「動機」，以解決動機和意義之間的模糊；5. 應將行為分為「行動」與「行為」以解決韋伯「行動」與「想像」之間的曖昧關係。李猛，「舒茲和他的現象社會學」見楊善華 1992:9-12，Schute, A. 1967:19-42, Schute, A. 1992:10-11, 78-79, 121-123, 154-

159, Jenks, C. 1993:56-57.

116 M. Natanson 曾指出「理解」包含三個層面：對人類經驗常識性認識的經驗形式；
一個認識論的問題以及社會科學特有的方法。舒茲的理解是植基於胡賽爾所指的
生活世界內，而此一生活世界是認識第三種意義的理解基礎，亦即社會科學特有
的方法。李猛，同前註引書 1992:10-13, Schute, A. 1992:10-11, 124-136, Cohen,
I.J." Theories of Action and Praxis" in Turner, B.S.（ed.）2000:101-103

117 舒茲認為此一「互為主體」亦即「社會化」，在此有三個層面：觀點的相互性或
知識的結構社會化知識的社會起源或知識的起源社會化；以及知識的社會分佈。
此一常識建構所形成的社會世界結構及其類型化，曾協助齊美爾克服塗爾幹的個
體意識與集體意識的困境，並位於庫裡（C. H. Cooley）透過鏡子作用（Looking
Glass Effect）所形成的自我起源的基礎上，也導引米德發展出「概念化他者」
（Generalized Other）概念。Schutz, A. 1992:32-39.

118 Schutz, A. 1992: 79-85, 143-49, 152-54, 236-49, 270-81, 340-66, Münch,
R." Parsonian Theory Today" in Giddens, A.（eds.）1987:135, Heritage,
J.C." Enthnomethodolgy" in Giddens, A（eds.）1987:230-31, Jenks, C.
1993:57-58, Vaitkus, S." Phenomenology and Sociology" in Turner, B. S.（ed.）
2000:282-284, 李猛, 同註 115 引書 1992:12-35.

119 「單位元行動」具有行動目的、行動手段、情境條件、行動規範、行動者努力等
互動特性，其內容包括物質的、觀念的、客觀的、主觀的等因素。手段和條件外
在於行動者，為行動的物質限制；規範和努力是主觀的過程。帕深思藉此發展出
多面向的行動型模，取代單面向的如觀念論、唯物論、理性論等行動解釋。高承
恕, 1992:38, Smith, P. 2001:23-25, Turner, J. H. 2001:30-31, Jenks, C. 1993:58-59,
Bendix, R. 1998:8-9.

120 一般以 1937 年的「社會行動的結構」為帕深思早期階段，理論重心在意願行動論。
以 1951 年的 The Social System 與 Toward a General Theory of Action 兩本著作
為系統理論階段。1956 年與 Neil Smelser 合著 Economy&Society 提出結構功能
為滿足系統的必要條件觀念後，乃步入結構功能論階段。Craib, I. 1986:54-55.

121 Smith, P. 2001:26-27, Lechner, F.J. 「System Theory and Functionalism" in
Turner, B.S.（eds.）2000:115-19, Turner, J.H. 2001:32-35

122 Parsons, T. 1981:108-116, Münch, R. Ibid. in Giddens, A. 1987:122-127.

123 Parsons, T. 1951:36-37, 41-42, 205, 262, Parsons, T. 1971:114-16, Smith, P.
2001:29-30.

124 Turner, J. H. 2001:81-83.

125 1964 年德國社會學學會於海德堡的第 15 屆年會，就「韋伯社會學與當代社會學」
主題，開啟了「重回韋伯」、「韋伯復興」運動，於此一運動的餘波之中，亦展

開重新研討古典社會學理論，重新評價帕深思想理論模式對當代社會之適用性問題。70 至 80 年代，帕深思想論面臨來自兩方面的挑戰：1. 認為帕深思過度強調有機整體，其理論內容是反個人主義和決定論的，實為反意志論者；2. 以該理論忽視明顯加諸個體的強制因素，從而使意志自由完全不受限制，而成為一個唯意志論和唯心主義者。批評者包括 Marcuse, Lefebvre, Gouldner, Herbmaas, Schutz, Mills, Giddens, Luhamann 等。

126 Mills 即認為理論物化的結果，使所謂合理化只是權力擁有者對制度統治合理化的企圖，尤其往往將符號擬人化（Personalized）或賦與自覺（Self-Consciousness）一詞，因此而反映出所謂的「價值取向」、「規範結構」等討論正當性的符號，並不是一個自主的領域，其意義只在舖陳權力分配與地位分配。Mills, 1995:57-58.

127 蘇國勛 :13-31.

128 蘇國勛 :16-20, 44-51, Turner, B. S. 2000:123-30.

129 關於以上諸觀念請參閱：葉啟政 ,2004:Ch.6. Williams, R. 1995:Ch.1. Ch.10, Chaney, P. 2004:Ch.1, Alexander, J. C. 2000:

130 Bocock 分文化為五個面向：1. 文化等同於墾植（15 世紀）；2. 文化是心智的培育（17 世紀）；3. 文化作為區分、比較，並具有普世性（啟蒙運動以來）；4. 文化是生活方式，並由特定的族群所擁有，同時是歐洲中心主權的（18 世紀以來）；5. 文化作為意義的實踐（結構主義發展以來）。Bocock, R. Ibid. in Hall, S. 1995:150-154.

131 張西平 , 1997:83-85.

132 張西平 , 1997:105-109.

133 張西平 , 1997:117-122, 葉啟政 , 2004:212-213, 王曉升 , 2006:234-241.

134 Morris, M. Ibid. in Meanjin, 1990:474-75.

135 Gramsci, A. 2000:268-69, 279-80.

136 Gramsci, A. 2000:286-87.

137 Swingewood, A. 1998:13-21, Hall, S. " Gramsci's Relevance for the Study of Race and Ethnicity" in Moley, D（eds.）1996: 414-40.

138 葉啟政 , 2004:217, Hall, J.

參考書目

中文書目

杜小真編選 . 福柯集 . 上海：上海遠東出版社 . 1994.

李天鐸編 . 文化創意產業讀本：創意管理與文化經濟 . 台北：遠流 . 2012.10.1.

林炎旦主編 . 文化創意產業國際經典論述 . 台北：失大書苑 2010.11.

林拓 . 李惠斌 . 薛曉源編 . 世界文化產業發展前研報告 . 北京：社會科學文獻出版社 . 2004.

柄谷行人著 . 林暉鈞譯 . 帝國的結構 . 台北：心靈工坊文化事業 . 2015.7.

邱天助 . 布赫迪厄文化再製理論 . 台北：桂冠 . 2002.

姜浩數據化：由內而外的智能 . 北京：中國傳媒大學出版社 . 2017

夏鑄九，王志弘編譯空間的文化形式與社會理論讀本 . 台北：明文書局 . 2002.12.

馬馳 . 新馬克思主義論 . 山東：山東教育出版社 .2016.

馬克思恩格斯選集（第一卷）. 北京：人民出版社 . 1977.4.

馬克思恩格斯選集（第四卷）. 北京：人民出版社 . 1977.4.

陳光興 . 陳明敏編 . 內爆麥當奴 . 台北：島嶼邊緣雜誌社 . 1992.5.1.

陳瑞文 阿多諾論美學：雙重的作品政治 . 台北：五南 . 2010.4.

許紀霖主編帝國、都市與現代性 . 南京：江蘇人民出版社 . 2006.

黃瑞祺主編 . 再見傅柯：傅柯晚期思想新論 . 台北：松慧文化 . 2005.

張勝冰 . 徐向昱 . 馬樹華 . 世界文化產業概要 . 雲南：雲南大學出版社 . 2006.

張文喜 . 馬克 思論「大寫的人」. 北京：社會科學文獻出版社 . 2004.2.

郭軍 . 曹雷雨編 . 論瓦爾特 . 本雅明：現代性、寓言和語言的種子 . 吉林：吉林人民出版社 . 2003.12.

楊小濱 . 否定的美學 . 台北：麥田 .

趙勇 . 整合與顛覆：大眾文化的辯證法 . 北京：北京大學出版社 . 2005.6.

畢佳 . 龍志超編著 . 英國文化產業 . 北京：外研社 . 2007.

鄒崇銘 . 流動、掠奪與抗爭：大衛 . 哈維對資本主義的地理批判 . 台北：南方家園 . 2015.10.

瞿宛文 . 全球化下的台灣 . 台北：唐山 . 2003.

薛曉源 . 曹榮湘主編 . 全球化與文化資本 . 北京：社會科學文獻出版社 . 2005.4.

蕭新煌編 . 低度發展與發展 . 台北：巨流圖書 . 1985.6.

Althusser, louis & Etienne Ballbar. Lire le Capital. 李其慶、馮文光譯 . 讀「資本論」. 北京：中央編譯社 . 2001.

Althusser, louis. Pour Marx. 陳璋津譯 . 保衛馬克思 . 台北：遠流 . 1995.6.1.

Anderson, Benedick. Imagined Communities : Reflections on the Origin and Spread of Nationalism.

吳叡人譯想像共同體：民族主義的起源與散布 . 台北：時報出版 . 1999.

Anderson, Perry. The Origins of Postmodernity. 王晶譯 . 後現代性的起源 . 台北 ：聯經 1999.

Arendt, Hannah.ed . Illumination : Essays and Reflections. 張旭東 . 王斑譯 . 啟迪：本雅明文選 .

香港：牛津大學出版社 . 1998.

Barthes, Roland. Mythologies. 許薔薔 . 許綺玲譯 . 神話學 pp.169-177. 台北：桂冠圖書 1997.

Barthes, Roland. Critique et verité. 溫晉儀譯 . 批評與真實 . 台北：桂冠圖書 1997.

Barthes, Roland. Systeme de la mode. 敖軍譯 . 流行體系：符號學與服飾符碼 . 台北：桂冠圖書 1998.

Barthes, Roland. Systeme de la mode. 敖軍譯 . 流行體系：流行的神話學 . 台北：桂冠圖書 1998.

Bonnewiz, Patrice. Premieres lecons sur La sociologie de Pierre Bourdieu.

孫智綺譯布赫迪厄：社會學的第一課 . 台北：麥田 . 2002.2.

Bourdieu, Pierre. Le scns Pratique. 蔣梓驊譯 . 實踐感 . 南京：南京譯林出版社 .2003.12.

Bourdieu, Pierre. Contre-Feux 2. 孫智綺譯 . 以火攻火 . 台北：麥田 . 2003.12.

Dreyfus, Hubert l. & Paul Rabinow.Michel Foucalt :Beyond Structuralism and Hermeneutics. 錢俊譯

傅柯 – 超越結構主義與詮釋學 . 台北：桂冠 . 2005.

Ehrenreich, Barbara. Dancing in the Streets : A History of Collective Joy. 胡訢諄譯 . 嘉年華的誕生 . 新北市：左岸文化 . 2015.2.

Fabiani, Jean-Louis. Pierre Bourdieu.Un structuralisme. 陳秀萍譯 . 布赫迪厄 . 台北：麥田 . 2019.11.

Fairbank, John. China : A new History. 薛絢譯費正清論中國台北：正中 .1994.

Foucault, Michel. L'archeologie du savoir. 王德威譯 知識的考掘 . 台北：麥田 . 1998.

Foucault,Michel. Surveillieret Punir. 劉北成 . 楊遠晏譯 . 規訓與懲罰 . 北京：三聯書店 .2003.

Foucault, Michel.Maladie Mental et Psychologie. 王楊譯 . 精神病學與心理學 . 上海：上海譯文出版社 .2013.11.

Fukuyama, Francis. The End of History and the Last Man. 李永熾譯 . 歷史之終結與最後一人 . 台北：時報文化 . 1993.

Furedi, Frank. How Fear Works: Culture of Fear in the 21st Century. 蔡耀緯譯 恐懼如何被操

弄 . Pp.197-199. 台北： 時報出版 .2019.

Hickel, Jason. A Short History of Neoliberalism（And How WeCan Fix It）. 吳奕辰譯 .「國際：縮短貧富差距？新自由主義簡史」.（New Left Project. 2012.4.9.）

Hill, Matt. Fan Cultures. 朱華瑄譯 . 迷文化 . 台北：韋柏文化 . 2005.9.

Horrocks, Christopher. Marshall McLuhan andVirtuality. 劉千立譯 . 麥克魯漢與虛擬實在 . 北京：北京大學出版社 . 2005.3.

Huntington, Samuel P. The Clash of Civizations and the Remaking of World Order. 黃裕美譯 文明衝突與世界秩序的重建 . 台北：聯經 . 1997.

Judis,John B. The Populist Explosion: How the Great Recession Transformed American and European Politics. 李隆生、張逸安譯 . 民粹大爆炸 . 台北：聯經出版 .2017.

Kalar,Virinder.RaminderKaur,John Hutnyk. Diaspora and Hybridity. 陳以新譯離散與混雜 . 台北： 國立編譯館 2008.1

Kellner, Douglas. Baudrillard : A Critical Reader. 陳維振等譯波德里亞：批判性的讀本.南京：江蘇人民出版社 . 2005.1.；

Levinson, Paul. Digital McLuhan : A Guide to the Information Milleniun. 宋偉航譯 . 數位麥克魯漢 . 台北：貓頭鷹 . 2000

Lewis, Oscar. Five families : Mexican case studies in the culture of poverty. 丘延亮譯 . 貧窮文化 . 台北：巨流 . 2004.

Lukacs, Georg. Geschichte und Klassenbewusstsein. 杜章智、任立、燕宏遠譯 . 歷史與階級意識 . 北京：商務印書館 .2014.

Mahbubani, Kishore. Has China Won : The Chinese Challenge to American Primacy. 林添貴譯 . 中國贏了嗎？ 台北：遠見天下文化 .

Mansvelt, Julian. Geographiesof Consumption. 呂奕欣譯 消費地理學 . 台北：韋柏文化 . 2008.2.

Marx, Karl. Economic and Philosophical Manuscripts. 伊海宇譯 . 1844 年經濟學哲學手稿.台北：時報文化 . 1990.

McLuhan, Marshall. Understanding Media : The Extension of Man. 何道寬譯理解媒介 ： 論人的延伸 . 北京：商務印書館 . 2004.

McLuhan, Marshall. Understanding Me : Lectures and Interviews. 何道寬譯 .

麥克魯漢如是說：理解我 . 北京：中國人民大學出版社 . 2006.

McLuhan, Eric and Frank Zingrone ed. 何道寬譯麥克魯漢精粹 . Pp.148-160. 南京： 南京大學出版社 .2000.10.

Poster, Mark. The Second Media Age. 范靜嘩譯 . 第二媒介時代 . 南京：南京大學出版社 .2000.9.

Postman, Neil. Amusing Ourselves to Death : Public discourse in the age of show business. 蔡承

志譯 . 台北：貓頭鷹出版 . 2007.9

Soja, Eddard W. Journeys to Los Angeles and OtherReal-and Imagined Place. 陸揚、劉桂林、朱志榮、路瑜 譯 . 第三空間 . 上海：上海教育出版社 .2005.8.

Sontag, Susan. Illness as Metaphor AIDS and Its Metaphors. 刁筱華譯 . 疾病的隱喻 . 台北：大田出版 . 2000.

Swingewood, Alan. The Myth of Mass Culture. 馮建三譯 . 大眾文化的迷思 . 台北：遠流 1997.

Virilio, Paul. Esthetique de la disparition. 楊凱麟譯消失的美學 . 台北：揚智文化 . 2001

Wallerstein, Immanuel.After Liberalism. 彭淮棟譯自 由主義之後 . 台北：聯經出版 . 1995.

Warnier, Jean-Pierre. La mondialisation de la culture. 吳錫德譯 . 文化全球化 . 台北：麥田 . 2003.

Wolf, Michael J. The Entertainment Economy : How Megamedia Force are Transforming our Lives.
汪睿祥譯 . 無所不在：娛樂經濟大未來 . 台北：中國生產力 . 2000.

外文書目

Abbinnett, Ross. Culture and Identity : Critical Theories. London : Sage. 2003.

Adorno, Theodor W. Lectures on Negative Dialectics. UK : Polity. 2010

Amoore, Louise ed. The Global Resistance Reader. Pp.244-250. London: Routledge. 2005

Badiou, Alain. The Century. UK : Polity. 2008.

Barker, Chris. Cultural Studies : Theory and Practice. London : Sage.2000.

Baudrillard, Jean. The Consumer Society. London : Sage. 2003.

Baudrillard, Jean. Simulacra and Simulation. Ann Arbor : The University of Michigan Press.2004.

Bauman, Zygmunt. Culture as Praxis. London : Sage. 2000a

Bauman, Zygmunt.Liquid Society.UK : Polity. 2000b

Bauman, Zygmunt.Liquid Society.UK : Polity. 2000c

Bauman, Zygmunt & Keith Tester. Conversation with Zygmunt Bauman. UK : Polity. 2001.

Bank, Mark. The Politics of Cultural Work. New York : Palgrave Macmillan. 2007.

Bauman, Zygmunt. Liquid Life. UK : Polity. 2005.

Beck, Urich. Risk Society. London : Sage. 2003.

Bello, WaldenDeglobalization : Ideas for a New World Economy. New York :
Bloomsbury Publishing PLC. 2005.

Benzecry, Claudio E, Monika Krause, Isaac Ariail Reed. Social Theory Now. Chicago : Chicago University Press. 2017.

Boggs, Carl. The End of Politucs : Corporate Power and the Decline of the Public Sphere. New

York : The Guilford Press. 2000.

Bourdieu, Pierre. Distinction : A Social Critique of the Judgement of Taste. USA : Harvard University Press. 1984.

Bourdieu, P. & Loic J.D. Wacquant. AnInvitation to Reflexive Sociology. Chicago : Chicago University Press.1992.

Bourdieu, Pierre. The Social Structures. UK : Polity. 2005.

Bullock, Marcus & Michael W. Jennings.ed. Vol.1. USA : Harvard University Press.2004.

Burchell, Graham ,Colin Gordon & Peter Miller ed. The Foucault Effect : Studies in Governmentality.

Chicago : The University of Chicago Press. 1991.

Calhiun, Graig, Joseph Gerteis,James Moody, Steven Pfaff, and Indermohan Virk ed. Contemporary Sociological Theory. London : Blackwell. 2003.

Carens, Joseph H. Culture, Citizenship, and Community. UK : Oxford. 2000.

Carty, Anthony "The Third World Debt Crisis : Toward New International Standers for Constriction of Public Crisis" （ in Verfessung und Recht in Ubersee/ law & Politics in Africa,

Asia & Latin America. Vol.19.No.4 .1986. Namos Verlagsgesell & Haft Co. ）

Castells, Manuel. The Rise of the Network Society. London : Blackwell.1996.

Castells, Manuel. The Power of Identity. London : Blackwell.1997.

Castell, Manuel.End of Millennium.London : Blackwell. 1998.

Castells, Maneul and Martin Ince.Conversations with Maneul Castells.Pp.65-78. UK : Polity. 2003.

Castree, Noel. And Derek Gregory ed. David Harvey : A critical Reader. London : Blackwell. 2006.

Cohen, Robin& Paul Kennedy. Global Sociology.New York : Palgrave. 2000.

Croteau, David. Politics and the Class Divide : Working People and theMiddle-Class Left. Philadelphia : Temple University Press. 1995.

Cutrofello, Andrew. Continental Phioosophy : AContemporary Introduction. London : Routeledge.2005.

Davies, Rosamund and Gauti Sighthorsson.Introducing the Greative Industries : From Theory to Practice. London : Sage. 2013.

Delanty, Gerard ed. Hand Book of Contemporary European Social Theory. London : Routledge. 2014.

Deleuze, G. &F.Guattari. A Thousand Plateaus: Capilitalism and Schizophrenia. London: Athlone,1988.

Dodd, Nigel. Social Theory and Modernity. UK : Polity. 2005.

Du Gay, Paul, Jessica Evans and Peter Redman. Identity : A Reader. London ; Sage. 2002.

Duncombe, Stephen ed.Cultural Resistance Reader. London : Verso. 2002.

Dworkin, Dennis. Cultural Marxism in Postwar Britain. London : Duke University Press. 1977.

Eiland, Howard & Michael W. Jennings ed. Walter Benjamin : Selected Writing
Vol.3. USA : Harvard University Press. 2006

Featherstone, Mike. Consumer Culture & Postmodernism. London : Sage. 1998.

Fowler, Bridge. Reading Bourdieu on Society and Culture. London : Blackwell. 2000.

Gibson, Nigel & Andrew Rubin ed. Adorno : A Critical Reader. London : Baackwell.2002.

Giddens Anthony. Beypnd Left and Right : The Future of Radical Politics. UK : Polity.1998.

Grimm, Reinhold & Bruce Armstrong ed. Hans Magnus Enzensberger Critical Essays.
New York : The Continuum Publishing Company. 1982.

Guins, Raiford & Omayra Zaragoza Cruz ed. Popular Culture .London : Sage. 2005.

Hall, Stuart and Paul Du Gay ed. Questions of Cultural Identity. London : Sage. 1998.

Hall, Stuart ed. Representation : Cultural Representations and the Signifying Practices. London :
Sage. 2003.

Harari, Noah Yuval.Homo Deus : A Brief History of Tomorrow. UK : Vintage PenguinRandom
House. 2017.

Harari, Yuval Noah.Dataism is Our God. （2017.5.15.Wiley Online Library.）

Harari, Yuval Noah. 21 Lessons for the 21st Century.London : Jonathan Cape. 2018.

Hardt, Michael and Kathi Weeks. The Jameson Reader. London : Blackwell. 2001.

Hardt, Michael and Antonio Negri. Empire. USA : Harvrd University Press.2001.

Hartley, John ed. Creative Industries. London : Blackwell. 2005.

Harvey, David. Space of Hope.UK：Edinburgh University press.2000.

Harvey, David. Space of Capital : Toward a Critical Geography.UK : Edinburg University Press.
2001.

Harvey, David. Space of Global Capitalism. London : Verso. 2006.

Hegarty, Paul. Jean Baudrillard : Live Theory. London : Continuum. 2007.

Hesmondhalgh, David. The Cultural Industries.London: Sage. 2002.

Hobsbawm, Eric. Hoe to Change the World : Tales of Marx and Marxism.Uk：Abacus. 2013.

Horkheimer, Max & Theodor W. Adorno.Dialectic of Enlightenment . Stanford : Stanford
University Press. 2002.

Huntington, Samuel P. The Third Wave : Democratization in the Late Twentieth Century.
Norman : University of Oklahoma Press. 1993.

Inglis, David and John Hughson. Confronting Culture : Sociological Vistas. UK : Polity. 2003.

Jacobs, Mark D. and Nancy Weiss Hanrahan. The Blackwell Companion to the Sociology of Culture. London : Blackwell. 2005.

Jamson,Fredric.Postmodernism or The Cultural Logic of Late Capitalism.London : Verso. 1991.

Jennings, Michel., Howard Eiland,Gary Smith ed. Walter Benjamin : Selected Writing. Vol. 2-1. USA : Harvard University Press.2005.

Jones, Paul. RaymondWilliams's Sociology of Culture.New York : Palgrave. 2004.

Klare, Michael & Daniel Thomas ed. World Security Challenges for a New Century. New York : St. Martin's Press.1994.

Kockel, Ullrich ed. Culture and Economy: Contemporary Perspectives. UK : Ashgate. 2002.

Kotler, Philp. Marketing 4.0.New Jersey : Wiley.2017

Kotler, Philp. Marketing 5.0.New Jersey : John Wiley & Sons. Inc. 2021.

Laclau, Enresto & Chantal Mouffe., Hegemony and Socialist Strategy: Toward a Radical Democratic Politics. London : Verso. 1985.

Lane, Richard. Jean Baudrillard. London : routledoge.2000.

Lash, Scott and Celia Lury. Global Culture Industry. UK : Polity.2011.

Lefebvre, Henri.（Translated by Donald Nicholson-Smith）. TheProduction of Space.London : Blackwell. 2002.

Lovell, Terry. Picture of Reality.London : British Film Institute. 1980.

Marcuse, Herbert.The One-Dimensional Man : Studies in the Ideology ofAdvanced Industrial Society. USA :Becon Press. 1991.

Machlup, Fritz. The Production & Distribution of Knowledge in the United States. New Jersey : Princeton University Press.1963.

McGuigan, Jim. Cultural Populism. London : Routledge.1993.

McGuign, Jim. Culture and the Public Sphere. London : Routledge. 1996.

Nash, Kate. Reading in Contemporary Political Sociology. London : Blackwell. 2000.

Ollman, Bertell. Alienation : Marx's Conception of Man in Capitalist Society. UK.: Cambridge University. 1998.

Pryke, Michael & Paul du Gay ed. Cultural Economy.London : Sage. 2002.

Rabinow, Paul ed. The Foucault Reader. New York : Pantheon Books. 1984.

Ritzer, George. The McDonaldization of Society. London : Sage. 2000.

Ritzer, George. Exploration in Social Theory : From Metatheorizing to Rationalization. London : Sage. 2001.

Robertson, Roland. Globalization : Social Theory and Global Culture. London : Sage. 2000.

Rojek, Chris. Cultural Studies. UK : Polity. 2007.

Shusterman, Richard ed.Bourdieu : A Critical Reader. London : Blackwell. 2000.

Sim, Stuart ed. Post-Marxism . UK :Edinburgh University Press.1998.

Smart, Barry. Foucault, Marxism and Critique. London : Rouledge.1983.

Smart, Barry ed. Resisting McDonaldization. London : Sage. 1999

Srnicek, Nick & AlexWilliams. Inventing the Future :Postcapitalismand a World Without Work. London :Verso. 2016.

Stalder, Felix.Manuel CastellThe Theory of the Network Society.UK : Polity. 2003

Stiegler, Bernard. The Age of Disruption. London : Polity. 2016.

Storey, John. Cultural Theory and Popular Culture : An Introduction. UK : Pearson Education Ltd. 2001.

Throsby, David. Economics and Culture.UK : Cambridge University Press. 2003.

Tormey, Simon & Jules Townshend .Key Thinkers from CriticalTheory to Post-Marxism.London: Sage.2011.

Turner, Bryan S. The Blackwell Companion to Social Theory.London : Blackwell.2000.

Turner, Graeme. British Cultural Studies : An Introduction. （3rd edition）.

London : Routledge. 2003.

Van Dijk, Teun A. Discourse Studies : A Multidisciplinary Introduction. London : Sage. 2009.

Wallerstein, Immanuel. The End of the World As We KnowIt. . Minneapolis : University of Minnesota Press. 1999.

Wallerstein, Immanuel. The Essential Wallerstein. New York : The New Press.2000.

Wallerstein, Immanuel. World System Analysis. London : Duke University Press. 2005.

Wasko, Jannet & Graham Murdocked.The hand Book of Political Economy of Communication. London : Blackwell. 2011.

Williams, Raymond. The Long Revolution.UK : Parthian. 2011.

Zizek, Slavoj.The Ticklish Subject : The Absent Centre of Political Ontology.London : Verso. 1999a.

Zizek, Slavoj.The Sublime Object of Ideology.London : Verso. 1999b.

Zizek, Slavoj.The Plague of Fantasies. . London : Verso.2008.

Zizek, Slavoj.In Defense of Lost Cause. London : Verso.2009.

Zuboff, Shoshana. The Age of Surveillance Capitalism. London : Profile Book Ltd. 2019.

期刊、網頁

2020 文創產業年報 .

2021 誠品統計網頁 .

2014.1.24. 新竹科學園區網頁更新版

資策會網頁 .

經濟部網頁 .2021.

國發會網頁 .2021.

文化部網頁 .2021.

工業技術研究院網頁（2021）

國家發展委員會資訊網 （2021）

國家發展委員會產業人力供需資訊網 （2021）.

台灣經濟研究院 .2020.12.21.

產業雜誌七月號專論 .

公眾外交協會，ROC 外交部全球資訊網 .

台灣社會學第二十五期 .2013.6.

南京大學學報：哲學 . 人文科學 .2016 年 第 20164 期 .

人民網頁 . 2020.10.15.

中國人民外交學會：外交季刊 123 期 .

The Economist .2018.10.6.

The Economist. 2018.1.26.

Journal of Cultural Economic.Vol. 32（3）.

Millennium Development Goals. ECOSOC. 2015.7.19.

Technology, Business & Society Programmer Paper. No.11, . 2003. （ UN Research Institute for Social Development.）

New Left Project. 2012.4.9.

The Cultural Industries Sectoral advisory Group onInternational Trade. 1999.2.& Global Affairs

Creating a Strong Culture of Security with Organization" in Security Brief. 2021.2.23.

Canada.

Innovation: The European Journal of Social Science Research. London :

Routledge.2016.7.14.. http:// lesenjeux.u-grenoble 3.fr/n" 17/2.2016

Education Socioculturelle. （ENSFEA/ EcoleNationale Superieure de Formation de I'Enseignement Agricole）.

le theorie des industries culturelles（et informationelles）, compass des SIC., Revue Francaise des Sciences de I'information et de la Communication.

Poliques de la Culture Semina. .（2015.5.18）.

World Economic Outlook Data Base. （WED）2013.

http://www.valt.helsinki.fi/staff /jproos/sicinski.htmi. 2007.6.6.

http:// www. Truenew.cc/ftalk/viewtopic.php?=67t=332.2009.6.24

附錄參考書目

一、中文專著

- 大學學術講演錄編輯委員會
  2002 中國大學學術講演錄, 桂林: 廣西大學
- 王銘銘
  1998, 想像的異邦－社會與文化人類學散論, 上海: 人民出版社
- 王逢振
  2000, 文化研究, 台北: 揚智
- 甘紹平
  1996, 傳統理性哲學的終結, 台北: 唐山
- 江宜樺
  2001, 自由民主的理路, 台北, 聯經
- 杜美
  1993, 德國文化史, 台北: 揚智
- 佘碧平
  2000, 現代性的意義與侷限, 上海, 三聯
- 李亦園
  1977, 人類學與現代社會, 台北, 牧童
- 李建立等著
  2000, 西方社會學名著提要, 台北: 昭明
- 林惠祥
  1968, 文化人類學, 台北: 商務
- 洪鎌德
  1998, 二一世紀社會學, 台北: 揚智
- 高承恕
  1992, 理性化與資本主義－韋伯與韋伯之外, 台北: 聯經
- 高宣揚
  1983, 結構主義概說, 香港: 天地圖書
- 高宣揚
  1991, 德國哲學的發展, 台北: 遠流
- 陳光興編
  2000, 發現政治社會－現代性、國家暴力與後殖民民主, 台北: 巨流
- 陳俊輝
  1992, 西洋哲學思想的古今, 台北: 水牛

- 陳啟偉
  1998, 西方哲學論集, 瀋陽 : 遼寧大學
- 陳振昌, 相艷
  2001, 德意志帝國, 西安 : 三秦
- 陳慶德
  2001, 經濟人類學, 北京 : 人民出版社
- 楊祖陶
  2001, 康德黑格爾哲學研究, 武昌 : 武漢大學
- 楊善華編
  1992, 當代西方社會學理論, 北京 : 北京大學
- 鄒文海
  1972, 西洋政治思想史稿, 台北 : 鄒文海先生獎學金基金會
- 葉啟政
  2004, 進出「結構－行動」的困境, 台北 : 三民
- 蔡信安
  1998, 洛克悟性哲學, 台北 : 長橋
- 蔡源煌
  1996, 當代文化理論與實踐, 台北 : 雅典
- 蔡俊生, 陳荷清, 韓林德
  2003, 文化論, 北京 : 人民出版社
- 蔡錦昌
  1994, 韋伯社會科學方法論釋義, 台北 : 唐山
- 喬健, 李沛良編
  2001, 二十世紀的中國社會學與人類學, 台北 : 麗文
- 劉世銓, 金正娥編
  1992, 新編歐洲哲學史, 台北 : 水牛
- 羅靜蘭, 賀熙煦, 王瑞, 楊書安
  1994, 西方文化之路, 台北 : 揚智
- 蘇國勛
  2005, 社會理論與當代現實, 北京 : 北京大學
- 裔昭印編
  2000, 世界文化史, 上海 : 華東師大
- 嚴春友
  2001, 西方哲學新論, 北京 : 中國社會科學社
- 戴裔煊
  2001, 西方民族學史, 北京 : 新華

■ 顧忠華
　1994, 韋伯學說新探, 台北 : 唐山
■ 翟本瑞 , 張維安 , 陳介玄
　1989, 社會實體與方法－韋伯社會學方法論 , 台北 : 唐山

二、中文譯著

■ Alexander, J. C. 賈春增譯
　2000, 社會學二十講 : 二次大戰以來的理論發展 Twenty Lectures: Sociological Theory Since World War Ⅱ , 北京 : 華廈
■ Andreson, Benedict, 吳叡人譯
　1999, 想像的共同體 : 民族主義的起源與散布 , Imagined Communities: Reflections on the Origin and Spread of Nationaism, 台北 : 時報
■ Hauser, Arnold, 邱彰譯
　1990, 西洋社會藝術進化史 , 台北 : 雄獅美術社
■ Appleby, Joyce & Lynn Hunt, 薛絢譯
　1996, 歷史的真相 , Telling the Truth About History, 台北 : 正中
■ Babbie, E, 邱澤奇譯
　2005, 社會研究方法 , The Practice of Social Research, 北京 : 華廈
■ Bendix, Richard, 劉北成譯
　1998, 韋伯思想與學說 , Max Weber: An Intellectual Protrait, 台北 : 桂冠
■ Bottomore, T. 蔡伸章譯
　1993, 社會學與社會主義 , Sociology & Sociolism, 台北 : 桂冠
■ Bronowski, J & Bruce Mazlish, 賈士衡譯
　1996, 西方思想史 , The Western Intellectual Tradition, 台北 : 國立編譯館
■ Bullock, Alan. 董樂山譯
　2000, 西方人文主義傳統 . The Humanist Tradition in the West, 台北 : 究竟出版社
■ Callinicos, Alex. 簡守邦譯
　2004, 社會理論思想史導論 , Social Theory: A Historical Introduction, 台北 : 韋伯
■ Cassier, Ernst. 陳日章譯
　1984, 啟蒙運動的哲學 , The Philosophy of the Enlightenment, 台北 : 聯經
■ Chaney, D. 戴從容譯
　2004, 文化轉向 : 當代文化使概覽 , The Cultural Turn, 南京 : 江蘇人民出版社
■ Craney, IAN, 廖立文譯
　1986, 當代社會理論－從派深思到哈伯瑪斯 Modern Social Theory: From Parsons to Hebermas, 台北 : 桂冠

- Dickens, Peter. 涂駿譯
  2005, 社會達爾文主義, Social Darwinism, 長春, 吉林人民出版社
- Dodd, Nigel. 張君玫譯
  2003, 社會理論與現代性, Social Theory and Modernity. 台北：巨流
- Dumont, Louis, 谷方譯
  2003, 論個體主義－對現代意識型態的人類學觀點. Essais Sur Lindividualism-Une Perspective Anthropologiqme Sur Lideologie Moderne. 上海：人民出版社
- Dunn, John. 李連江譯
  1990, 洛克 John Lock. 台北：聯經
- Frazer, James, G. 汪培基譯
  1991, 金枝 The Golden Bough: A Study in Magic & Religion, 台北：桂冠
- Gardels, Nathan, P. 薛絢譯
  2000, 烏托邦之後：世紀之反思 At Century's End:Great Minds Reflect On Our Times. 台北：立緒
- Geertz, Clifford. 楊德睿譯, 2002, 地方知識：全是人類學論之集. Local Knowledge: Further Essays in Interpretive Anthropology. 台北：麥田
- Giddens, A. 田佑中，劉江濤譯
  2003, 社會學方法的新規則, New Rules of Sociological Method. 北京：社會科學文獻社
- Gramsci, A. 曹雷雨譯
  2000, 獄中札記 The Prison Note. 北京：中國社會科學出版社
- Gross, Feliks, 王建娥，魏強譯
  2003, 公民與國家, The Civic And the Tribal State. 北京：新華
- Hall, JR. & Mary J. Neitz. 周曉虹，徐彬譯
  2002, 文化：社會學的視野 Culture:Sociological Perspective, 北京：商務
- Hampson, Norman, 李豐斌譯
  1984, 啟蒙運動, The Enlightenment, 台北：聯經
- Hell, Victor. 翁德明譯
  1990, 文化理念, L'idee de Culture, 台北：遠流
- Heer, Friedrick. 趙復三譯
  2003, 歐洲思想史, The Intellectual History of Europe, 香港：中文大學
- Iggers, Georgr. 楊豫譯
  2003, 二十世紀的史學 Historiography in the Twentieth Century 台北：昭明
- Ignatieff, Micahael, 高毅，高煜譯
  2001, 他鄉：以撒・柏林傳 A Life Isaian Berlin 台北：立緒
- Jaspers, K.（Dreijmanis, John ed.）魯燕萍譯
  1992, 論韋伯 Karl, Jaspers on Max Weber. 台北：桂冠

- Jahanbegloo, Ramin. 楊孝明譯

  1994, 以撒‧柏林對話錄 . Conversations with Isaian Berlin 台北 : 正中
- Kant, I. 牟宗三譯註

  1998, 康德 : 純粹理性批判 . 台北 : 學生
- Kant, I. 鄧曉燕譯

  2002, 實用人類學 , Anthropologie in Pragmatischer Hinsicht. 上海 : 人民出版社
- Kant, I. 龐景仁譯

  1982, 未來形而上學導論 . 北京 : 商務
- Kant, I. 李明輝譯

  2002, 康德歷史哲學論文集 . 台北 : 聯經
- Kessing, Roger, M. & Andrew J. Strathern, 吳佰祿、李子寧譯

  2000, 文化人類學 : 當代的觀點 Cultural Anthropology:A Contemporary Perspective. 台北 : 桂冠
- Kroner, Richard Jacob. 鄭子平譯

  2004, 論康德與黑格爾 On Kant Bis Hegel, 上海 : 同濟大學
- Levi-Strauss, Claude & Eribon Dider, 陳俊傑譯

  1994, 李維史陀對話錄 De Préset de Loin 台北 : 正中
- Locke, John. 葉啟芳、瞿菊農譯

  1986, 政府論次講 Second Treatuse of Government. 台北 : 唐山
- Locke, John. 江宜樺導讀

  1999, 洛克作品選讀 . John Locke, 台北 : 誠品
- Lukacs, G.

  1989, 歷史和階級意識 History and Class Consciousness, 重慶 : 重慶出版社
- Malinnowski, b. 黃春通譯

  2002, 文化論 , The Scientific Theory of Culture. 北京 : 華廈
- Mcclelland, J. S. 彭懷棟譯

  2003, 西方政治思想史 A History of Western Political Thought. 海口 : 海南出版社
- Mead, George Herbert. 陳虎平 , 劉芳念譯

  2003, 十九世紀的思想運動 , Movements of Thought in Nineteenth Century, 北京 : 中國城市出版社
- Morgon, Lewiss Henry. 楊忠 , 馬雍 , 馬巨譯

  2000 古代社會 Ancient Society, 台北 : 商務
- Mill, Wright. 張君玫、劉鈴佑譯

  1995, 社會學的想像 The Sociological Imagination. 台北 : 巨流
- O'Connor, D. J. 謝啟武譯

  1979, 洛克 John Locke. 台北 : 長橋

- O'Connor, D. J. 洪漢鼎譯
  1998, 批評西方哲學史 , A Critical History of Western Philosophy. 台北：桂冠
- Parsons, t. 黃瑞祺譯
  1981,「結構功能論在當前社會學中的地位」The Present Status of Structural-Functional Theory in Sociology, 現代社會學結構功能論選讀 . 台北：巨流
- Rawlinson, G. etc. 李弘祺編譯
  1982, 西洋哲學名著選 . 台北：時報
- Schech, Susann. 沈台訓譯
  2003, 文化與發展 Cultural development, , 台北：巨流
- Smith, Anthony, d. 龔維斌 , 良警宇譯
  2002, 全球化時代的民族與民族主義 . Nations and Nationalism in a Global Era. 北京：中央編譯社
- Stewaru, Julian, h. 張恭啟譯
  1984, 文化變遷的理論 . Theory of Culture Change:The Methodology of Multilinear Evolution. 台北：允晨
- Storey, John. 周憲 , 任天石譯
  2001, 文化理論與通俗文化導論 . An Introductory Guide to Cultural Theory and Popular Culture. 南京：南京大學
- Thilly, Franic. 陳正謨譯
  1972, 西洋哲學史 A History of Western Philosophy.
- Turner, J. H. 邱澤奇譯
  2001, 社會學理論的結構 , The Structure of Sociological Theory. 北京：華夏
- Watuns, Fredrick, 李豐斌譯
  1999, 西方政治傳統－近代自由主義之發展 . The Political Tradition of the West:A Study in the Development of Modern Liberalism. 台北：聯經
- Wallerstein, Immanueul, 彭淮棟譯
  2001, 自由主義之後 After Liberalism. 台北：聯經
- Weber, M. 彭強 , 黃曉宗譯
  2002, 新教倫理與資本主義精神 . 西安：陝西師大
- Weber, M. 王予文譯
  1993, 宗教社會學 . 台北：桂冠
- Windelband, Wilhelm, 羅達仁譯
  1998, 西洋哲學史 Lehrbuch der Geschichte der Philosophie. 台北：商務
- Wolin, Richard, 張國清譯
  2000, 文化批評的觀念 . The Terms of Cultural Citicism. 北京：商務

三、外文專著

- Aron, Raymond
  1930, Main Currents in Sociological Thought. New York：Anchor Books.
- Ashcroff, Bill. Gareth Griffiths & Halen Tiffin（eds.）
  1999, The Post-Colonials Studies Reader. New York：Routledge
- Barker,Chris
  2000.Cultural Studies：Theory and Practice. London：Sage
- Barker, Chris & Dariusz Galasinski
  2001.Cultural Studies and Discourse Analysis：A Dialogue on Language and Identety. London：Sage
- Bauman, Zygmunt
  2000, Culture as Praxis. London：Sage
- Bell, Daniel
  1996.The Cultural Contradictions of Capitalism, New York：Basic Books.
- Belliah, Robert.N.
  1973, Emile Durkheim on Morality and Society, Chicago：U. of Chicago Press.
- Bennett, Tony
  1998, Culture：A Reformer's Science. London：Sage
- Bonnell, Victoria E. & Lynn Hunt（eds.）
  1999 Beyond the Cultural Turn. Barkgley：U. of California.
- Billington, R. S.Strawbridge, L.Greensides, & A.Fitzsimons
  1991, Culture and Society：A Socology of Culture. Basingstoke：MacMillan Education
- Calhoun, Craig. Joseph Gerteis, James Moody, Stnven Pfaff & Indermohan Virk（eds.）
  2002, Contemporary Sociological Theory. Oxford：Blackwell.
- Clifford, James
  1996. Predicament of Culture-Twentieth-Century Enthnography, Literature, and Art. Mass：Haruard U. Press
- Crane, Dianna,（ed.）
  1994, The Sociology of Culture, Oxford：Blackwell
- Cuff, E.C.W.W.Sharrock&d.W.Francis
  2001, Perspectnes in Sociology, London：Routeledge
- Duncombe, Stephen（ed.）
  2002 Cultural Resistance Reader, New York：New Leftbooks.
- Eagleton,Terry
  2004,the Idea of Culture, Oxford：Blackwell

- Edles, Laura Desford
  2002,Cultural Sociology in Practice, Oxford：Blackwell
- Fabian,Johnnes
  1983, Time and Order：How Anthropology Makes Its Object, New York：Columbia U.Press
- Gannon,Martin.J
  2001.Understanding Global Cultures. London：Sage
- Geertz, C.
  1973 The Fnterpretation of Cultures, New York：Basic Books.
- Giddens,Anthony
  1971, Capitalism and Modern Social Theory, London：Cambridge U. Press.
- Giddens, A.& L.J. Turner（eds.）
  1987 Social Thory Today.London：Polity
- Hall, Stuard. David Held, Don Hurbert & Kenneth Thompson（eds.）
  1995.Modernity：An Introduction of Modern Science, London：Polity
- Cfannzre, Ulf
  1992, Cultural Complexity：Studies in the Social Organization of Meaning, New York：Columbia U.Press
- Hardy,Henry（ed.）
  2001,Isaiah Berlin：The Power of IDea, London：Pimli Co.
- Hekman, Susan
  1983, Weber, The Ideal Type, And Contemporary Social Theory, Motre Dame, Ind.U. of Notre Dame Press.
- Inglis, David & John Hughson
  2003,Confronting Culture-Sociological Vistas, London：Polity
- Kramnick, Isaac（ed.）
  1995,the Portable Enlightenment Reader, New York：Penguin Books.
- Jenks,Chris
  1993.Culture, London：Routledge
- Kumar, Ranjit
  2005, Research Methodology,London：Sage
- Kuper, Adam
  1973.Anthropologists & Anthropology：The British School.1922-72 London：Allen Lane
- Lefebure,Henri
  2002,The Production of Space, Oxford：Blackwell
- Malinowski,B.
  1965,The Dynamic of Cultural Change, New Haven：Yale U.Press

- McGuigan,J.（eds.）1996.Stuart Hall：Critical Dialogues in Cultural Studies, Londn：Routledge.
- Murphey,Murray,G.
  1994,Philosophical Foundations of Historical Knowledge.Acba,N.Y:State U. of New York
- Pareka, Bhikau
  2000, Rethinking Multiculralism：Cultural Diversity and Political Theory. London：Macmillan Press.
- Parsons,T.Alcott
  1951,The Social System. Glencoe, Ill. Free Press
- Parsons,T. & Neil.Smelser
  1966（1956）Economy & Society,London Routledge
- Parsons,T.
  1971（1966）The System of Modern Society, Englewood Cliffs, NT：Prentice Hall.
- Radcliffe-Brown, Alfred
  1987（1940）" On Social Structure" in Applebaum, Herbert,（ed.）Perspectives in Cultural Anthropology, Albany：State U. of New York Press.
- Ritzer, George, Pouglas J. Goodman
  2004,Classical Sociological Theory, New York：The Mcgraw-Hill.
- Russell, Bertrand
  1972. A History of Western Philosophy. New York:Tiuchstone.
- Schutz, A.
  1967, The Phenomenology of the Social World, Evanston：Northwestern U. Press.
- Smith, Philp
  2001, Cultural Theory：An Introduction, Malden, MS：Blackwell.
- Swingewood, Alan
  1998, Cultural Theory and The Problem of Modernity. New York：Palgrave.
- Tarnas, Richard
  1991, The Passion of the Western Mind, New York：Random House, inc.
- Taylor, E. B.
  1958（1871）Primitive Culture：Researches Into The Development of Mythology, Philosophy, Religion, Art and Custom. Glousester, Ma：Smith Books.
- Thompson, John. B.
  1990. Ideology And Modern Culture. Standford：Stanford U. Press.
- Thompson, Kenneth（ed.）
  2004, Reading Form Emile Durkheim, London：Routledge.

- Tucker, JR. H. Kenneth
  2002, Classical Social Theory, Oxford：Blackwell.
- Turner, Bryan. S. （ed.）
  2000, The Blackwell Companion to Social Theory, Oxford：Blackwell.
- Turner, Bryan. S. & Chris Rojek
  2001, Society and Culture：Principles of Scarcity and Solidarity, London：Sage.
- Turner, Jonathan. H. Leonard Beeghley & Charled H. Power
  1997, The Emergence of Social Theory, New York：Wadsworth Purlishing CO.
- Van Deren, Charles
  1991, A History of Knowledge：Ballantine Books.
- Weber, M.
  1949, The Methodology of the Social Science, Shill, Edward & Henry Y. A. Finch （ed.）
  New York：Free Press.
- Weber, M.
  1968, Economy & Society, 3.Vol. Totowa, NJ：Bedminster Press.
- Williams, Raymond
  1981. Culture, London：Fontana.
- Williams, R.
  1985, Keywords：A Vocabulary of Culture and Society, New York：Oxford U. Press.
- Williams, R.
  1995. The Sociology of Culture. Chicago：U. of Chicago Press.
- Wolf, Eric
  1982, Europe and the People Without History, Berkeley：Clifornia U. Press.
- Wuthnow, Robert. James Davison Hunter, Albert Bergesen Edith Kurzweil 1984, Cultural Analysis：The Work of Peter L. Berger, Mary Douglas, Michel Foucault and Jürgen Hebermas. Boston, MS. Routledge & Kegan Palil plc.

四、期刊

- 文化研究（台北）
- 文化研究（北京）
- 社會理論學報（香港）
- 人文新視野（天津）
- 當代月刊（台北）
- Meanjin （Melbourne）. V. 49. No.3. spring, 1990:470-480.
- American Journal of Socilogy（New York）, 85, 1980:1145-1179.

hello! Design 65

從文化到文創：迎向數位、佈局全球的文化政策與文創產業

作者	洪孟啟
照片提供	李亭香餅店、享媛藝術珠寶、陳光中
特約編輯	葉惟禎
主編	謝翠鈺
封面設計	陳文德
美術編輯	趙小芳

董事長	趙政岷
出版者	時報文化出版企業股份有限公司
	108019 台北市和平西路三段二四〇號七樓
	發行專線｜(〇二)二三〇六六八四二
	讀者服務專線｜〇八〇〇二三一七〇五｜(〇二)二三〇四七一〇三
	讀者服務傳真｜(〇二)二三〇四六八五八
	郵撥｜一九三四四七二四時報文化出版公司
	信箱｜一〇八九九　台北華江橋郵局第九九信箱
時報悅讀網	http://www.readingtimes.com.tw
法律顧問	理律法律事務所｜陳長文律師、李念祖律師
印刷	勁達印刷有限公司
初版一刷	二〇二二年一月十四日
初版二刷	二〇二二年三月二十八日
定價	新台幣四二〇元

（缺頁或破損的書，請寄回更換）

從文化到文創：迎向數位、佈局全球的文化政策與文創產業/
洪孟啟作. -- 初版. -- 臺北市：時報文化, 2022.1
　面；　公分. -- (Hello! design ; 65)
ISBN 978-957-13-9915-7(平裝)

1.CST: 文化政策 2.CST: 文化產業 3.CST: 創意

541.29　　　　　　　　　　　　　　110022383

ISBN 978-957-13-9915-7
Printed in Taiwan